2021年国家统一法律职业资格考试

2021年

民事诉讼法主观题

戴鹏——编著

冲刺版④

专题讲座

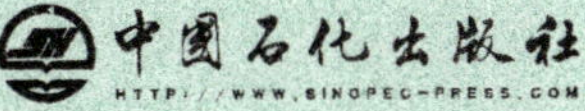

图书在版编目(CIP)数据

主观题民事诉讼法专题讲座:冲刺版 / 戴鹏编著. —
北京 : 中国石化出版社, 2020. 9(2021. 9 重印)

ISBN 978-7-5114-5941-1

Ⅰ. ①主… Ⅱ. ①戴… Ⅲ. ①民事诉讼法-中国-资格考试
-自学参考资料 Ⅳ. ①D925. 1

中国版本图书馆 CIP 数据核字(2020)第 170597 号

中国石化出版社出版发行

地址:北京市东城区安定门外大街 58 号
邮编:100011 电话:(010)57512500
发行部电话:(010)57512575
http://www. sinopec-press. com
E-mail:press@ sinopec. com
大厂回族自治县彩虹印刷有限公司印刷
全国各地新华书店经销

*

787×1092 毫米 16 开本 11 印张 240 千字
2020 年 10 月第 1 版 2021 年 9 月第 3 次印刷
定价:62. 00 元

目 录

Contents

主观题分析方法初探

第一部分

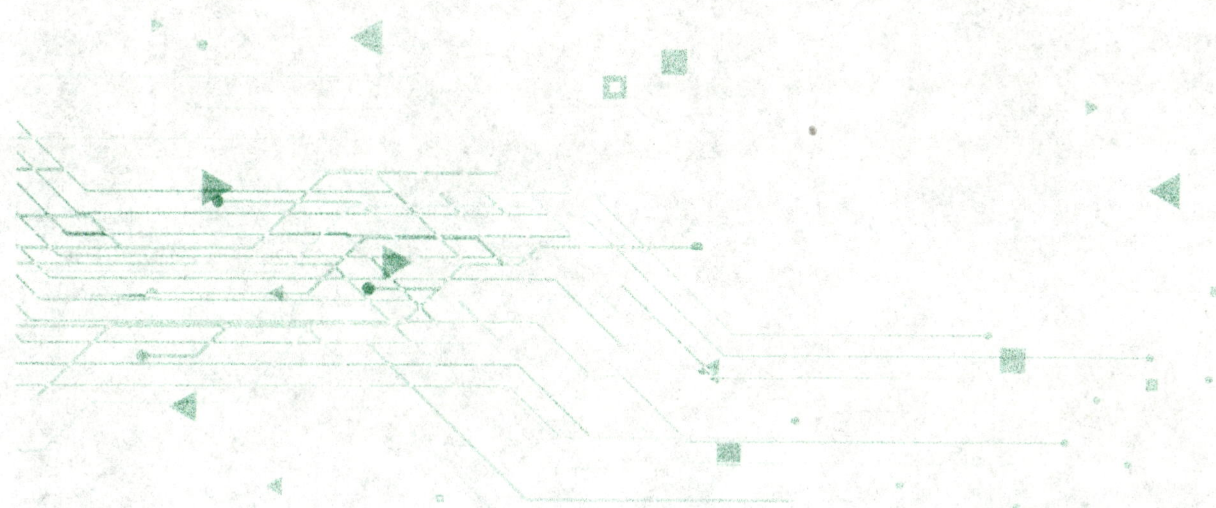

一、临床症状及诊断结论

1. 时间不够用。

这是考生普遍反映的问题，也是最直观的感受。上了考场感觉答题时间不够，做案例分析题时就开始紧张答题时间，做到最后的论述题时，时间真不够用，草草收尾交卷，出了考场便感觉不佳。

其实，卷三总共需要同学们分析 5 道题目（卷面为 6 道题目，但其中两道题目为选做），240 分钟（4 小时）答题时间，平均每道题有 48 分钟答题时间，时间是绰绰有余的。而考生感觉时间不够用，原因有三：

（1）分析案例缺乏针对性。读完案例没有多少印象，在做题目的时候再次细读案例，导致时间被耽误。

（2）对重点考点不熟练。对考点不熟练，题目思考时间过长。

（3）答题缺乏针对性。答题时不知何为考点，胡子眉毛一把抓，不论是不是考点，先答上再说，此种情形下不仅感觉时间不够用，甚至感觉答题空间不够用，最后得分偏低。

综上，时间不够用本身并不是问题，而是以下病症的并发症。

2. 心有千言万语，不知从何说起。

尤其对于“为什么”一问，考生不知道题目问的是什么，自然也就不知道该答什么，于是将自己知道的相关知识点如竹筒倒豆子一般，和盘托出。结果要么就是感觉时间不够用，空间不够写，要么就是答题如行云流水，自我感觉良好，但是最后得分偏低。

3. 在案例中满篇找答案，最后依然遗漏要点。

考生在分析案例以及解题中不注意分析考点，看到题目再返回案例满篇找答案，虽能找出答案，但难免遗漏要点，甚至根本就找不出答案，在类似“法院的一审判决存在什么问题”“法院的二审判决存在什么问题”“如何评价仲裁庭和仲裁委的做法”等问题中更加明显。

[例] 试分析解答如下案例（节选自 2009 年卷四第五题）

刘某向 M 仲裁委员会申请仲裁，请求何某履行交房义务，M 仲裁委员会受理了此案。在仲裁庭人员组成期间，刘某、何某各选择一名仲裁员，仲裁委员会主任直接指定了一名仲裁员任首席仲裁员组成合议庭。第一次仲裁开庭审理过程中，刘某对何某选择的仲裁员提出了回避申请。刘某申请理由成立，仲裁委员会主任直接另行指定一名仲裁员参加审理。第二次开庭审理，刘某请求仲裁程序重新进行，何某则对仲裁协议的效力提出异议，主张仲裁协议无效，请求驳回刘某的仲裁申请。经审查，仲裁庭认为刘某申请仲裁程序重新进行、何某主张仲裁协议无效的理由均不成立。仲裁庭继续进行审理并作出裁决。

第三问“如何评价仲裁庭（委）在本案审理中的做法？理由是什么？”

考生往往能给出的答案如下：

1. 仲裁委主任直接指定首席仲裁员做法错误，因为首席仲裁员应当由当事人共同选定或者共同委托主任指定。

2. 仲裁员回避后，主任直接另行指定仲裁员参加审理的做法错误，此时应当由何某重新选定或者委托主任指定仲裁员。

但是，如此答案遗漏众多得分要点，案例中提到，仲裁员回避后，刘某请求仲裁程序重新进行，显然是想考查仲裁员回避后，程序是否需要重新进行应当由仲裁庭决定；案例中提到，何某主张仲裁协议无效显然是想考查对仲裁协议效力的异议应当在仲裁庭首次开庭前提出。同时，题目设问“如何评价仲裁庭（委）在本案审理中的做法”并非“仲裁庭（委）的做法存在哪些错误”，显然对于仲裁庭的正确做法也应当予以评价。故还应有两处重要得分要点：第一，“仲裁庭认为刘某关于仲裁程序重新进行的理由不成立，仲裁庭继续审理并作出裁决”的做法正确。理由在于仲裁员回避后，仲裁程序应否重新进行仲裁庭有权决定。第二，“仲裁庭认为何某主张仲裁协议无效的理由不成立而继续仲裁”的做法正确，理由在于对仲裁协议效力的异议应当在仲裁庭首次开庭前提出，在首次开庭前当事人未对仲裁协议效力提出异议的，仲裁庭有权继续仲裁。

故本题参考答案要点如下：

要点一：仲裁委主任直接指定首席仲裁员的做法错误，首席仲裁员应当由双方当事人共同选定或者共同委托主任指定。

要点二：仲裁员回避后，仲裁委主任直接另行指定仲裁员的做法错误，应当由何某重新选定或者重新委托主任指定。

要点三：仲裁庭认为刘某申请重新进行仲裁程序的理由不成立，继续开庭的做法正确，因为仲裁员回避后仲裁程序是否重新进行，由仲裁委员会决定。

要点四：仲裁庭认为何某对仲裁协议效力的异议不成立，继续开庭的做法正确，因为当事人对仲裁协议效力有异议的应当在仲裁庭首次开庭前提出。在首次开庭前当事人没有对仲裁协议效力提出异议的，仲裁庭有权继续仲裁。

从本例中可以看出，考生给出的答案并没有错误，自然考生答完题目后感觉非常不错，但是得分要点中给出了4个要点，而考生仅仅答出了2个要点，故只能得到本题一半的分值。

这就是为什么很多考生答完题目后，甚至对完答案后感觉不错，觉得自己每道题目都做对了，但得分却不理想——并不是因为考生答错了，也不是因为考生不会，只是因为考生并不知道有些理所当然的结论也是得分要点。

二、解决方案——带着考点读案例。从“我知道什么”向“命题人想考什么”转变

以上症状的原因均在于考生分析案例和解答题目缺乏针对性，还不知道命题老师想考什么，便就在自己的答题卡上作答，最后要么遗漏要点，要么行云流水，却得分不高。

法考主观题阅卷是按照得分要点给分，命题人命题时会给出这道题目的得分要点，阅卷人根据得分要点给分，答对一个要点给一个要点的分，错答和漏答的不给分。所以考生在解题的时候一定要分析得分要点，即分析命题人想考什么，在其想考查的知识点内组织答案作答。同时，答题条理要清晰，将一个个你认为的得分要点清晰明了地展现在试卷上。

如何分析得分要点，分析命题人想考什么，就需要考生在第一遍分析案例的时候做到精读案例，带着考点读案例——读到案例的每一句话即应当想到这句话中可能包含什么重

要考点。如此一来，案例读完后几乎能够准确判断后面的题目会问什么、答案是什么、应该答什么，答题时早已成竹在胸，再结合问题将这些考点条理清晰地展现在答题卡上。

三、主观题分析思路

第一步：精读案例，分析考点；
第二步：结合题目，锁定要点；
第三步：结合要点，组织答案。

四、主观题分析示例

示例一（改编自2009年卷四第五题）

［案情］甲市A县的刘某与乙市B区的何某签订了房屋租赁合同，租赁何某位于丙市C区的一套房屋。合同约定，因合同履行发生的一切纠纷，应提交设立于甲市的M仲裁委员会进行仲裁。之后，刘某与何某又达成了一个补充协议，约定合同发生纠纷后也可以向乙市B区法院起诉。

刘某按约定先行支付了部分租金，何某却迟迟不将房屋交付刘某使用，双方发生纠纷。刘某向M仲裁委员会申请仲裁，请求何某履行交房义务，M仲裁委员会受理了此案。在仲裁庭人员组成期间，刘某、何某各选择一名仲裁员，仲裁委员会主任直接指定了一名仲裁员任首席仲裁员组成合议庭。第一次仲裁开庭审理过程中，刘某对何某选择的仲裁员提出了回避申请。刘某申请理由成立，仲裁委员会主任直接另行指定一名仲裁员参加审理。第二次开庭审理，刘某请求仲裁程序重新进行，何某则对仲裁协议的效力提出异议，主张仲裁协议无效，请求驳回刘某的仲裁申请。

经审查，仲裁庭认为刘某申请仲裁程序重新进行、何某主张仲裁协议无效的理由均不成立。仲裁庭继续进行审理并作出裁决：何某在30日内履行房屋交付义务。因何某在义务履行期间内拒不履行房屋交付义务，刘某向法院申请强制执行，何某则向法院申请撤销仲裁裁决。

［问题］

1. 刘某、何某发生纠纷后依法应当通过什么方式解决纠纷？理由是什么？

2. 刘某提出的回避申请和重新进行仲裁程序的申请，何某提出的仲裁协议效力的异议，分别应由谁审查并作出决定或裁定？

3. 如何评价仲裁庭（委）在本案审理中的做法？理由是什么？

4. 刘某可以向哪个法院申请强制执行？何某可以向哪个法院申请撤销仲裁裁决？对于刘某、何某的申请，法院在程序上如何操作？理由是什么？

5. 如法院认为本案可以重新仲裁，应当如何处理？理由是什么？

6. 如法院撤销仲裁裁决，刘某、何某可以通过什么方式解决他们的纠纷？理由是什么？

第一步：精读案例，分析考点

案例 ⇨ 结合案例拆解背后的考点；结合考点分析命题的意图

读案例	析考点
甲市A县的刘某与乙市B区的何某签订了房屋租赁合同，租赁何某位于丙市C区的一套房屋①。合同约定，因合同履行发生的一切纠纷，应提交设立于甲市的M仲裁委员会进行仲裁。之后，刘某与何某又达成了一个补充协议，约定合同发生纠纷后也可以向乙市B区法院起诉②	①专属管辖。 ②或裁或审的仲裁协议无效；管辖协议违背专属管辖无效
刘某按约定先行支付了部分租金，何某却迟迟不将房屋交付刘某使用，双方发生纠纷。刘某向M仲裁委员会申请仲裁，请求何某履行交房义务，M仲裁委员会受理了此案③。在仲裁庭人员组成期间，刘某、何某各选择一名仲裁员，仲裁委员会主任直接指定了一名仲裁员任首席仲裁员组成合议庭④。第一次仲裁开庭审理过程中，刘某对何某选择的仲裁员提出了回避申请。刘某申请理由成立，仲裁委员会主任直接另行指定一名仲裁员参加审理⑤。第二次开庭审理，刘某请求仲裁程序重新进行⑥，何某则对仲裁协议的效力提出异议，主张仲裁协议无效⑦，请求驳回刘某的仲裁申请	③仲裁协议无效，但一方向仲裁委申请仲裁，另一方当事人在仲裁庭首次开庭前未对仲裁协议效力提出异议，仲裁委有权继续仲裁。 ④仲裁庭的组成：当事人各自选定或者各自委托主任指定一名仲裁员，由当事人共同选定或者共同委托主任指定首席仲裁员。主任直接指定首席仲裁员的做法错误。 ⑤仲裁员的回避：仲裁员的回避由主任决定；何某选择的仲裁员回避后，应当由何某重新选定或者由何某重新委托主任指定仲裁员。主任直接另行指定仲裁员的做法错误。 ⑥仲裁员回避后，仲裁程序是否重新进行应当由仲裁庭决定。 ⑦对仲裁协议效力提出异议应当在仲裁庭首次开庭前提出
经审查，仲裁庭认为刘某申请仲裁程序重新进行、何某主张仲裁协议无效理由均不成立。仲裁庭继续进行审理并作出裁决⑧：何某在30日内履行房屋交付义务。因何某在义务履行期间内拒不履行房屋交付义务，刘某向法院申请强制执行⑨，何某则向法院申请撤销仲裁裁决⑩	⑧仲裁员回避之后，仲裁程序是否需要重新进行由仲裁庭决定；对仲裁协议效力提出异议应当在仲裁庭首次开庭前提出。 ⑨仲裁裁决的执行，由被执行人住所地或者被执行财产所在地中院管辖。 ⑩撤销仲裁裁决：由仲裁委所在地即甲市中院管辖；中院应当组成合议庭审查；仲裁裁决被撤销后，当事人可以起诉或者重新达成仲裁协议申请仲裁；一方申请执行仲裁裁决，一方申请撤销仲裁裁决，法院应当裁定中止执行

第二步：根据题目，锁定要点

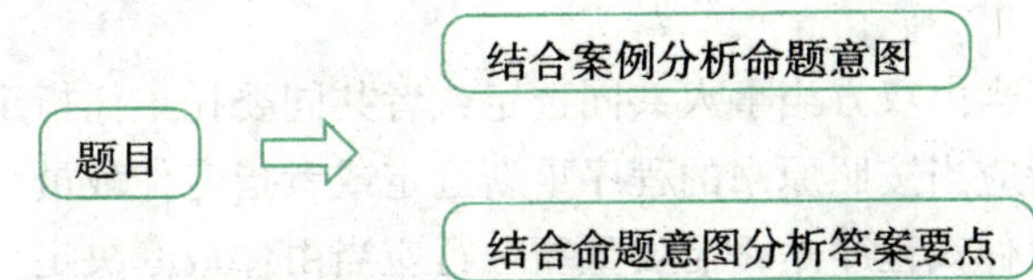

问题一：刘某、何某发生纠纷后依法应当通过什么方式解决纠纷？理由是什么？

Step 1：考什么？

首先，分析答案，本案应当由C区法院专属管辖。

其次，值得注意的是案例中设置了一个或裁或审的仲裁协议，以及一份违背了专属管辖的管辖协议，显然是希望据此干扰同学们，并且涉及或裁或审的仲裁协议无效以及管辖协议违背专属管辖无效这两个重要的考点，故这两个考点应当成为答案要点。（定位考点①②）

Step 2：答什么？

（1）房屋租赁合同纠纷，由不动产所在地法院专属管辖。

（2）约定或裁或审的，仲裁协议无效。

（3）管辖协议违背专属管辖无效。

问题二：刘某提出的回避申请和重新进行仲裁程序的申请，何某提出的仲裁协议效力的异议，分别应由谁审查并作出决定或裁定？

Step 1：考什么？

本题属于典型的一问一答，且不要求说明理由，同学们直接根据提问，逐一作出准确回答即可。考点在于仲裁员的回避由主任决定，回避后由仲裁庭决定程序是否重新进行；仲裁协议的效力由仲裁委员会决定。

Step 2：答什么？

（1）仲裁员的回避应当由仲裁委主任决定。

（2）仲裁员回避后程序是否需要重新进行由仲裁庭决定。

（3）仲裁协议效力应当由仲裁委员会决定。

问题三：如何评价仲裁庭（委）在本案审理中的做法？理由是什么？

Step 1：考什么？

（1）案例给出仲裁委主任直接指定首席仲裁员的做法明显错误，显然考查要点在于仲裁庭的组成程序。

（2）案例给出主任直接另行指定一名仲裁员继续审理这一明显错误的做法，显然考查要点在于仲裁员回避之后应当按照原来的程序重新选定或者指定仲裁员。

（3）案例给出刘某申请仲裁程序重新进行这一信息，显然考查要点在于仲裁员回避后，仲裁程序是否需要重新进行应当由仲裁庭决定。

（4）案例给出何某主张仲裁协议无效这一信息，显然考查要点在于对仲裁协议效力提出异议应当在仲裁庭首次开庭前提出。

案例中给出“经审查，仲裁庭认为刘某申请仲裁程序重新进行、何某主张仲裁协议无效的理由均不成立。仲裁庭继续进行审理并作出裁决”显然是希望同学们结合上述（3）

（4）对该仲裁庭继续审理的做法进行评价。（定位考点③④⑤⑥⑦⑧）

Step 2：答什么？

（1）首席仲裁员应当由双方当事人共同选定或者共同委托主任指定。

（2）仲裁员回避后应当按照原来的程序重新选定或者指定仲裁员。

（3）仲裁员回避后仲裁程序是否需要重新进行应当由仲裁庭决定。

（4）当事人对仲裁协议的效力提出异议应当在仲裁庭首次开庭前提出。

问题四：刘某可以向哪个法院申请强制执行？何某可以向哪个法院申请撤销仲裁裁决？对于刘某、何某的申请，法院在程序上如何操作？理由是什么？

Step 1：考什么？

本题属于典型的一问一答，直接从问题中能够读出考点在于执行仲裁裁决的管辖；撤销仲裁裁决的管辖；以及一方申请执行仲裁裁决，一方申请撤销仲裁裁决时法院的处理。（定位考点⑨⑩）

Step 2：答什么？

（1）执行仲裁裁决由被执行人住所地或者被执行财产所在地中院管辖。

（2）撤销仲裁裁决由仲裁委所在地中院管辖。

（3）一方申请执行仲裁裁决，另一方申请撤销仲裁裁决，法院应当裁定中止执行。

问题五：如法院认为本案可以重新仲裁，应当如何处理？理由是什么？

Step 1：考什么？

本题直接从问题中能够读出考点在于重新仲裁程序，法院在撤销仲裁程序中发现存在伪造或者隐瞒证据的情形时，可以通知仲裁庭重新仲裁，并在通知中说明理由。

Step 2：答什么？

法院在撤销仲裁程序中发现对方伪造或者隐瞒证据的情形时，可以通知仲裁庭重新仲裁；仲裁庭重新仲裁的，法院裁定中止撤销程序；仲裁庭拒绝重新仲裁的，法院恢复撤销程序。

问题六：如法院撤销仲裁裁决，刘某、何某可以通过什么方式解决他们的纠纷？理由是什么？

Step 1：考什么？

从问题可以直接读出考点在于仲裁裁决被法院依法撤销后当事人应当如何解决纠纷。仲裁裁决已经作出，纠纷经过实体裁决，原仲裁协议失效，故当事人可以通过起诉或者重新达成仲裁协议申请仲裁的方式解决纠纷。

Step 2：答什么？

仲裁裁决被撤销后，当事人可以起诉或者重新达成仲裁协议申请仲裁。

第三步：结合要点，组织答案

问题一：刘某、何某发生纠纷后依法应当通过什么方式解决纠纷？理由是什么？	
怎么答	刘某与何某可以向C区法院起诉（要点1）；本案虽有仲裁协议，但该仲裁协议约定既可以诉讼又可以仲裁，该仲裁协议无效（要点2）；本案属于不动产租赁合同纠纷，应当由不动产所在地法院专属管辖（要点3）；本案虽然存在管辖协议，但该管辖协议违背专属管辖无效（要点4）

续表

<table>
<tr><td>点评</td><td>很多同学能够得出正确答案，但是在答题时往往只答出了专属管辖这一要点，而遗漏了对仲裁协议以及管辖协议效力的评价。明明是专属管辖，而案例却给出了或裁或审的仲裁协议以及管辖协议，命题老师显然是希望通过仲裁协议以及管辖协议对考生进行干扰，故同学们在答题时应当准确地指出这两处陷阱背后的考点，大声告诉命题老师，你挖的这个陷阱我看出来了，给分吧</td></tr>
<tr><td colspan="2">问题二：刘某提出的回避申请和重新进行仲裁程序的申请，何某提出的仲裁协议效力的异议，分别应由谁审查并作出决定或裁定？</td></tr>
<tr><td>怎么答</td><td>刘某提出的回避申请应当由仲裁委员会主任（要点1）审查并决定。
刘某提出的仲裁程序重新进行的申请应当由仲裁庭（要点2）审查并决定。
何某提出的仲裁协议效力的异议应当由仲裁委员会（要点3）审查并决定</td></tr>
<tr><td>点评</td><td>这个问题属于典型的一问一答方式，同学们根据设问，逐一回答即可，一般不会遗漏要点</td></tr>
<tr><td colspan="2">问题三：如何评价仲裁庭（委）在本案审理中的做法？理由是什么？</td></tr>
<tr><td>怎么答</td><td>1. 仲裁委主任直接指定首席仲裁员的做法错误。首席仲裁员应当由双方当事人共同选定或者共同委托主任指定（要点1）。
2. 仲裁委主任直接另行指定仲裁员的做法错误；仲裁员回避后应当按照原来的程序重新选定或者指定仲裁员，即应当由何某重新选定或者委托仲裁委主任指定仲裁员（要点2）。
3. 仲裁庭认为刘某的申请不成立而继续审理的做法正确；仲裁员回避后，仲裁庭有权决定仲裁程序是否重新进行(要点3)。
4. 仲裁庭认为何某主张仲裁协议无效的请求不成立，继续仲裁的做法正确；虽然仲裁协议无效，但一方当事人向仲裁委申请仲裁，另一方当事人在仲裁庭首次开庭前没有对仲裁协议效力提出异议的，仲裁委有权继续仲裁（要点4）</td></tr>
<tr><td>点评</td><td>很多同学都能作出准确判断，但是在答题时往往只答出了要点1和要点2，遗漏要点3和要点4。
首先，“请评价本案仲裁程序存在什么错误？”与“请评价本案仲裁庭的做法？”两种设问方式完全不同，前者只需要对错误的做法进行评价，后者不仅要对错误的做法进行评价，也要对正确的做法进行评价。
其次，结合我们刚才对案例的分析以及对考点的归纳，仲裁员回避后，刘某申请仲裁程序重新进行，显然涉及“仲裁员回避后程序是否需要重新进行应当由仲裁庭决定”这一重要考点；何某主张仲裁协议无效，显然涉及“当事人对仲裁协议的效力提出异议应当在仲裁庭首次开庭前提出”这一重要考点。同学们应当将以上要点组织在答案中</td></tr>
<tr><td colspan="2">问题四：刘某可以向哪个法院申请强制执行？何某可以向哪个法院申请撤销仲裁裁决？对于刘某、何某的申请，法院在程序上如何操作？理由是什么？</td></tr>
</table>

续表

怎么答	刘某应当向乙市中院或者丙市中院申请执行（要点1）；执行仲裁裁决应当向被执行人住所地或者被执行财产所在地中级人民法院申请（要点2）。乙市中院为被执行人住所地，丙市中院为被执行财产所在地。 何某应当向甲市中院申请撤销仲裁裁决（要点3）；撤销仲裁裁决应当向仲裁委所在地中院申请（要点4）。甲市中院为仲裁委所在地的中院。 法院在程序上应当裁定中止执行（要点5）；一方申请执行仲裁裁决，一方申请撤销仲裁裁决，法院应当裁定中止执行(要点6)
点评	本题为典型的一问一答，同学们根据问题逐一回答即可。值得注意的是题目中要求说明理由，理由就是你得出这个结论的法律依据，即“三段论”中的大前提。 [注意] 三段论包括大前提、小前提和结论。 “结论”一般用于回答第一问，即“怎么做?” “大前提”是你得出这个结论的法律依据，一般用于回答第二问，即“为什么?”或者“并说明理由?”等。 “小前提”是案件事实，是案例中已经给出的信息，同学们为了表述完整可以将其写在答案中，但参考答案中一般不会将其作为要点。 如针对本题“刘某应当向哪个法院申请执行，并说明理由。” 首先在答案中给出结论：应当向乙市中院或者丙市中院申请执行。这是“应当向哪个法院申请执行?”这一问题的得分要点。 其次在答案中给出大前提：仲裁裁决的执行由被执行人住所地或者被执行财产所在地中级人民法院管辖；这是“请说明理由”这一问题的得分要点。 最后同学们为了分析严谨，可以结合小前提分析：乙市为被执行人住所地，丙市为被执行财产所在地。但是这个信息是题目中已经给出的信息，在当年的答案中并未将其作为要点
问题五：如法院认为本案可以重新仲裁，应当如何处理？理由是什么？	
怎么答	法院可以通知仲裁庭重新仲裁，如果仲裁庭重新仲裁，法院裁定中止撤销程序；如果仲裁庭拒绝重新仲裁，法院应当恢复仲裁程序
点评	本题是直接问法律规定的程序，并没有结合案例分析的问题，所以答案和理由是一样的，都是法律规定，所以同学们直接答出法条规定中重新仲裁的程序即可
问题六：如法院撤销仲裁裁决，刘某、何某可以通过什么方式解决他们的纠纷？理由是什么？	
怎么答	法院撤销仲裁裁决后，刘某、何某可以直接向法院起诉或者重新达成仲裁协议申请仲裁（要点1）。根据法律规定，仲裁裁决被撤销后，当事人可以起诉或者重新达成仲裁协议申请仲裁（要点2）

续表

点评	本题考查仲裁裁决被撤销后纠纷的解决方式。在回答“理由是什么?”这一问题时，可以有两种回答： 由于“仲裁裁决被撤销后，当事人可以起诉或者重新达成仲裁协议申请仲裁”是法律的直接规定，并且根据这个规定能够直接得出“起诉或者重新达成仲裁协议申请仲裁”的结论，故同学们可以直接将该法条作为理由作答。 同学们也可以将该结论的理论推导过程作为答案。如“由于纠纷已经经过实体仲裁，故原仲裁协议已经失效，故此时当事人可以起诉或者重新达成仲裁协议申请仲裁”

[作答点评] 本题问题一和问题三的作答最能体现主观题的答题思路，也最能暴露同学们答题存在的问题：题目都会，答案都对，但是遗漏要点导致丢分。

如在回答问题一时，绝大多数同学能够回答出向C区法院起诉这一结论，并在说明理由中能够回答出专属管辖这一要点。但遗漏了对仲裁协议以及管辖协议效力的评价。那这道题目的分值如果是4分，同学们这一完全正确的答案却只能得到2分。一道完全会做的题目只得到一半的分值!

如在回答问题三时，绝大多数同学能够回答出仲裁委主任直接指定首席仲裁员的做法错误，以及在仲裁员回避后仲裁委主任直接另行指定仲裁员的做法错误。但遗漏对仲裁庭认为刘某关于仲裁程序重新进行的申请不能成立，认为何某关于仲裁协议无效的申请不能成立而继续仲裁这一正确做法的评价。同样，这道题目如果分值是4分，同学们给出的答案完全正确，却只能得到2分。一道完全会做的题目只得到了一半分值!

所以在回答主观题时，分析出正确答案仅仅是一方面，而更重要的是完整地给出答案要点！如何完整地分析出答案要点呢？这就需要同学们在精读案例过程中分析考点，即“带着考点读案例”——读案例的时候边读边分析，这句话可能包含什么考点？命题老师说这句话想表达什么？命题老师设置这个情形是挖了一个什么陷阱等等。案例中包含的考点，命题老师设置的陷阱都有可能是组织答案时的要点。在此基础之上，结合题目，组织答案，将这个题目中可能涉及的考点逐一答出。

举个简单的例子，在前进的道路上，命题老师给同学们埋下了很多地雷。在做客观题时，同学们是后续部队，只要不踩雷，安全通过雷区，你就胜利了。但是在做主观题时，你是部队里的工兵，你不踩雷，安全通过雷区还不够，你必须要准确识别每一个地雷，并且将其准确标出，你才算是完成了你的职责。

示例二（2016年卷四第六题）

[案情] 陈某转让一辆中巴车给王某但未办过户。王某为了运营，与明星汽运公司签订合同，明确挂靠该公司，王某每月向该公司交纳500元，该公司为王某代交规费、代办各种运营手续、保险等。明星汽运公司依约代王某向鸿运保险公司支付了该车的交强险费用。

2015年5月，王某所雇司机华某驾驶该中巴车致行人李某受伤，交警大队认定中巴车一方负全责，并出具事故认定书。但华某认为该事故认定书有问题，提出虽肇事车辆车速过快，但李某横穿马路没有走人行横道，对事故发生也负有责任。因赔偿问题协商无果，李某将王某和其他相关利害关系人诉至F省N市J县法院，要求王某、相关利害关系人向其赔付治疗费、误工费、交通费、护理费等费用。被告王某委托N市甲律师事务所刘律师担任诉讼代理人。

案件审理中，王某提出其与明星汽运公司存在挂靠关系、明星汽运公司代王某向保险公司交纳了该车的交强险费用、交通事故发生时李某横穿马路没走人行横道等事实；李某陈述了自己受伤、治疗、误工、请他人护理等事实。诉讼中，各利害关系人对上述事实看法不一。李某为支持自己的主张，向法院提交了因误工被扣误工费、为就医而支付交通费、请他人护理而支付护理费的书面证据。但李某声称治疗的相关诊断书、处方、药费和治疗费的发票等不慎丢失，其向医院收集这些证据遭拒绝。李某向法院提出书面申请，请求法院调查收集该证据，J县法院拒绝。

在诉讼中，李某向J县法院主张自己共花治疗费3.665万元，误工费、交通费、护理费共计1.2万元。被告方仅认可治疗费用1.5万元。J县法院对案件作出判决，在治疗费方面支持了1.5万元。双方当事人都未上诉。

一审判决生效一个月后，李某聘请N市甲律师事务所张律师收集证据、代理本案的再审，并商定实行风险代理收费，约定按协议标的额的35%收取律师费。经律师说服，医院就李某治伤的相关诊断书、处方、药费和治疗费的支付情况出具了证明，李某据此向法院申请再审，法院受理了李某的再审申请并裁定再审。

再审中，李某提出增加赔付精神损失费的诉讼请求，并要求张律师一定坚持该意见，律师将其写入诉状。

[问题]

1. 本案的被告是谁？简要说明理由。

2. 就本案相关事实，由谁承担证明责任？简要说明理由。

3. 交警大队出具的事故认定书，是否当然就具有证明力？简要说明理由。

4. 李某可以向哪个（些）法院申请再审？其申请再审所依据的理由应当是什么？

5. 再审法院应当按照什么程序对案件进行再审？再审法院对李某增加的再审请求，应当如何处理？简要说明理由。

6. 根据律师执业规范，评价甲律师事务所及律师的执业行为，并简要说明理由。

第一步：精读案例，分析考点

读案例	析考点
陈某转让一辆中巴车给王某但未办过户。王某为了运营，与明星汽运公司签订合同，明确挂靠该公司①，王某每月向该公司交纳500元，该公司为王某代交规费、代办各种运营手续、保险等。明星汽运公司依约代王某向鸿运保险公司支付了该车的交强险费用②	①挂靠致人损害，如果权利人主张挂靠方与被挂靠方承担责任的，挂靠方和被挂靠方为共同被告； ②鸿运保险公司对受害人有赔偿责任，应当作为共同被告

续表

读案例	析考点
2015年5月，王某所雇司机华某驾驶该中巴车致行人李某受伤③，交警大队认定中巴车一方负全责，并出具事故认定书④。但华某认为该事故认定书有问题，提出虽肇事车辆车速过快，但李某横穿马路没有走人行横道，对事故发生也负有责任⑤。因赔偿问题协商无果，李某将王某和其他相关利害关系人诉至F省N市J县法院，要求王某、相关利害关系人向其赔付治疗费、误工费、交通费、护理费等费用。被告王某委托N市甲律师事务所刘律师担任诉讼代理人	③提供劳务致人损害，由接受劳务方为被告，提供劳务方不能作为被告； ④书证； ⑤受害人李某有故意、属于免责事由，应当由被告承担证明责任
案件审理中，王某提出其与明星汽运公司存在挂靠关系、明星汽运公司代王某向保险公司交纳了该车的交强险费用、交通事故发生时李某横穿马路没走人行横道等事实；李某陈述了自己受伤、治疗、误工、请他人护理等事实⑥。诉讼中，各利害关系人对上述事实看法不一。李某为支持自己的主张，向法院提交了因误工被扣误工费、为就医而支付交通费、请他人护理而支付护理费的书面证据。但李某声称治疗的相关诊断书、处方、药费和治疗费的发票等不慎丢失，其向医院收集这些证据遭拒绝。李某向法院提出书面申请，请求法院调查收集该证据，J县法院拒绝⑦	⑥当事人的事实主张，可能涉及证明责任的分配：王某应当对其主张的与明星公司存在挂靠关系、明星公司代其投保了交强险、李某横穿马路的事实承担证明责任；李某对其受伤、治疗、误工、请人护理等事实承担证明责任； ⑦“对审理案件需要的主要证据，当事人因客观原因不能自行收集，书面申请人民法院调查收集，人民法院未调查收集的”当事人可以据此申请再审（《民事诉讼法》第200条）
在诉讼中，李某向J县法院主张自己共花治疗费3.665万元，误工费、交通费、护理费共计1.2万元。被告方仅认可治疗费用1.5万元。J县法院对案件作出判决，在治疗费方面支持了1.5万元。双方当事人都未上诉。 一审判决生效一个月后，李某聘请N市甲律师事务所张律师⑧收集证据、代理本案的再审，并商定实行风险代理收费，约定按协议标的额的35%收取律师费⑨。经律师说服，医院就李某治伤的相关诊断书、处方、药费和治疗费的支付情况出具了证明，李某据此向法院申请再审，法院受理了李某的再审申请并裁定再审⑩	⑧同一律师事务所律师不能同时担任双方当事人的代理人； ⑨风险代理的收费不能超过标的额的30%； ⑩申请再审：申请再审应当向上一级法院申请，但当事人一方人数众多或者双方都是公民的案件当事人可以选择向原审法院申请再审；本案不存在一方人数众多，也不存在双方都是公民，故当事人应当向N市中院申请再审。 此时需要注意，因当事人申请而裁定再审的案件应当由中级以上法院审理，故本案应当由N市中院提审
再审中，李某提出增加赔付精神损失费的诉讼请求⑪，并要求张律师一定坚持该意见，律师将其写入诉状⑫	⑪再审范围有限原则：再审以原审范围为限，当事人超出原审范围增加、变更诉讼请求的，不属于再审范围； ⑫明知不能得到支持的请求，律师仍然写入诉状，律师违背了勤勉义务

第二步：根据题目，锁定考点

问题一：本案的被告是谁？简要说明理由。

Step1：考什么？

本题考查当事人，首先，题目提及挂靠，显然涉及以挂靠方式从事民事活动，如果权利人主张挂靠方和被挂靠方承担责任的，由挂靠方与被挂靠方作为共同被告这一考点；

其次，题目提及在鸿运保险公司承保交强险，故鸿运公司对受害人有赔偿义务，应当作为被告；

最后，题目提及司机华某开车致人损害，显然涉及提供劳务致人损害，以接受劳务方为被告这一考点。

Step2：答什么？

（1）鸿运保险公司为被告；

（2）挂靠方式从事民事活动致人损害，如果权利人主张挂靠方与被挂靠方承担责任，将其列为共同被告；

（3）提供劳务致人损害由接受劳务方为被告，提供劳务方不能作为被告。

（定位考点①②③）

问题二：就本案相关事实，由谁承担证明责任？简要说明理由。

Step1：考什么？

本题考查证明责任的分配，在机动车致人损害的案件中不存在证明责任倒置的规定，故按照“谁主张，谁举证”的原则逐一确定当事人分别对其主张的事实承担证明责任即可。

（定位考点⑤⑥）

Step2：答什么？

逐一梳理当事人的事实主张，分别确定由主张该事实的一方当事人承担证明责任。理由就是本案中不存在举证责任分配的特殊规定，应当按照“谁主张，谁举证”分配证明责任。

问题三：交警大队出具的事故认定书，是否当然就具有证明力？简要说明理由。

Step1：考什么？

交通事故认定书为书证，其证明力大小应当由审判人员进行审查判断。（定位考点④）

Step2：答什么？

首先，给出结论，并不是当然具有证明力；

其次，指出交通事故认定书的性质——书证，证明力的有无和大小应当由审判人员依法进行审查、判断。

问题四：李某可以向哪个（些）法院申请再审？其申请再审所依据的理由应当是什么？

Step1：考什么？

第一问考查申请再审的管辖，申请再审应当向上一级法院提出，但当事人一方人数众多或者双方都是公民的案件，当事人可以选择向原审法院提出。

第二问考查申请再审的情形，本案属于《民事诉讼法》第200条中“对审理案件需要的主要证据，当事人因客观原因不能自行收集，书面申请人民法院调查收集，人民法院未调查收集的”这一情形。

（定位考点⑦⑩）

Step2：答什么？

应当向N市中院申请再审。申请再审应当向上一级法院提出，但一方人数众多或者双方都是公民的案件，当事人可以选择向原审法院提出。

申请再审的理由是“对审理案件需要的主要证据，当事人因客观原因不能自行收集，书面申请人民法院调查收集，人民法院未调查收集的”。

问题五：再审法院应当按照什么程序对案件进行再审？再审法院对李某增加的再审请求，应当如何处理？简要说明理由。

Step1：考什么？

应当适用什么程序重新审理？同学们觉得就本案案情而言，最大的陷阱在哪？基层法院做生效判决，当事人向中院申请再审，法院裁定再审后应当由中级以上法院审理，故本案应当由中院提审。故此处的提审应当是命题老师设置的最大陷阱，同学们在回答时应当重点突出此处的提审。

李某在再审中增加诉讼请求，涉及考点是再审范围有限原则，即再审应当以原审范围为限，当事人超出原审范围增加、变更诉讼请求的，不属于再审范围。

（定位考点⑩⑪）

Step2：答什么？

“按照什么程序对案件进行再审？”结论是适用二审程序再审，理由应当突出提审。即因当事人申请而裁定再审的案件由中级以上法院审理，故本案应当由中院提审。

“对于新增诉讼请求如何处理？”结论是不予审理，理由应当是再审范围有限原则。

问题六：根据律师执业规范，评价甲律师事务所及律师的执业行为，并简要说明理由。

Step1：考什么？

题目设问很清晰——评价甲律师事务所与律师的执业行为。同学们需要在案例中找到提及律所和律师的所有行为并进行逐一梳理、评价。

（1）提及甲律师事务所的地方：“被告王某委托N市甲律师事务所刘律师担任诉讼代理人”“李某聘请N市甲律师事务所张律师代理再审”——同一律所的律师接受了双方当事人的委托；

（2）提及律师的地方：①“约定按协议标的额的35%收取律师费”——代理费超出标的额的30%；

②“律师将其写入诉状”——明显不能得到支持的请求仍然写入诉状，肯定不对，违反律师的勤勉义务。

（定位考点⑧⑨⑫）

Step2：答什么？

对以下事实逐一评价：

（1）N市甲律师事务所的张律师和刘律师同时接受了原告李某和被告王某的委托；

（2）律师与李某约定风险代理，按照标的额的35%收取律师费；

（3）律师将不能得到支持的请求写入诉状。

第三步：结合要点，组织答案

问题一：本案的被告是谁？简要说明理由	
怎么答	本案应当视权利人主张确定被告：如果权利人只主张王某承担责任，应当将王某和鸿运保险公司为共同被告（要点1）；如果权利人主张王某和明星汽运公司承担责任，应当将王某、明星汽运公司和鸿运保险公司列为共同被告（要点2）；华某不能作为被告（要点3）。 理由：1. 以挂靠方式从事民事活动致人损害，如果权利人主张挂靠方与被挂靠方承担责任，将其列为共同被告（要点4）。 2. 提供劳务致人损害由接受劳务方为被告，提供劳务方不能作为被告（要点5）
点评	很多同学直接给出如下答案“本案应当以王某、明星汽运公司、鸿运保险公司为被告。因为挂靠致人损害，如果权利人主张挂靠方与被挂靠方承担责任，将其列为共同被告；因为鸿运保险公司承保了该车的交强险，对受害人李某有赔偿义务，所以应当作为被告。” 假设这个题目分值为5分，按照上述5个要点给分，我们来点评一下这一答案： 首先：挂靠形式从事民事活动，如果权利人主张挂靠方与被挂靠方承担责任的，将其列为共同被告。故将王某与明星汽运公司列为共同被告的前提是权利人主张其承担责任，该答案遗漏这一前提，直接给出共同被告的答案，结论错误，不给分。虽然在解释理由部分答出了“挂靠致人损害，如果权利人主张挂靠方与被挂靠方承担责任，将其列为共同被告”这一要点，但是由于答案错误，理由一般不给分，所以如果阅卷稍微严格一点，对这一要点也不给分。 其次：题目明显设置了华某为王某聘请的司机，显然涉及提供劳务致人损害以接受劳务方为被告这一考点，并希望把司机华某开车将李某撞伤这一情节作为干扰信息。那么同学们应当准确指出这一陷阱——“华某不能作为本案的被告”及其背后的考点——“提供劳务致人损害，由接受劳务方为被告”。而该答案遗漏这一要点，故对该要点不给分。 综上所述，该答案在阅卷时，如果阅卷严格，得分为0；如果阅卷稍微宽松，对其给出的“挂靠致人损害，如果权利人主张挂靠方与被挂靠方承担责任，将其列为共同被告”这一要点给1分，最终得分为1分。 同学说：“我答了‘本案应当以王某、明星汽运公司、鸿运保险公司为被告’显然司机华某不能做被告，为什么还要明确写出了呢？” 阅卷老师说：“明明题目给了司机华某这一信息，希望据此考查‘提供劳务致人损害以接受劳务方为被告’这一考点，你没答，我就不给分！” 同学说：我答案中没写“华某作为共同被告”，显然我知道这是陷阱，并且绕开了，你为什么不给我分？ 阅卷老师说：你没写，我以为你只是没看见，或者写漏了，或者不知道这个考点，当然不能给你分
问题二：就本案相关事实，由谁承担证明责任？简要说明理由	
怎么答	（1）王某应当对其主张的与明星汽运公司存在挂靠关系（要点1）、明星汽运公司代其投保了交强险（要点2）、李某横穿马路的事实承担证明责任（要点3）； （2）李某对其受伤、治疗、误工、请人护理等事实承担证明责任（要点4）； 理由：本案中不存在法律的特殊规定，故应当依照“谁主张，谁举证”原则，由主张该事实的一方当事人对其主张的事实承担证明责任（要点5）

续表

点评	首先关于本题的结论，题目很简单，但是需要同学们逐一梳理出当事人主张的事实，分别分析证明责任，不要遗漏。 注意在主观题中分析证明责任非常简单，基本上就是把题目中提及的当事人主张的所有事实直接抄下来，评价一句由主张该事实的当事人承担证明责任就行；然后检查一下是否有涉及证明责任倒置的特殊规定，如果有的话，将该事实倒置给对方当事人证明即可。 其次关于说明理由部分，在本案中不存在证明责任倒置的特殊规定，故进行证明责任分配的依据就是“谁主张，谁举证”，将这句话展开一下就是理由。展开的方式可以用自己的语言组织，如“由主张该事实的一方当事人对其主张的事实承担证明责任”，也可以用司法解释中的规范表述“主张法律关系存在的当事人，应当对产生该法律关系的基本事实承担举证证明责任。主张法律关系变更、消灭或者权利受到妨害的当事人应当对法律关系变更、消灭或者权利受到妨害的基本事实承担举证证明责任”（《民诉解释》第91条）
问题三：交警大队出具的事故认定书，是否当然就具有证明力？简要说明理由。	
怎么答	事故认定书不是当然具有证明力（要点1）。因为该事故认定书作为书证，是一种证据，其证明力的有无和大小应当由审判人员进行审查后判断（要点2）
点评	本题属于送分题，就算我们什么都不知道，也能得分。 关于结论——人世间哪有什么当然的事情，肯定回答不是。 关于理由——首先我们对该认定书的性质进行评价——书证。那证明力应当如何确定？——审判人员审查判断。 当然，关于证明力的有无和大小问题的确定，同学们可以直接答出由审判人员审查判断。也可以答出司法解释的标准表述“审判人员应当依照法定程序，全面、客观地审核证据、依据法律的规定，遵循职业道德，运用逻辑推理和日常生活经验，对证据有无证明力和证明力大小独立进行判断”（《证据规定》第85条）
问题四：李某可以向哪个（些）法院申请再审？其申请再审所依据的理由应当是什么？	
怎么答	李某应当向N市中院申请再审（要点1）。当事人申请再审应当向上一级法院提出，但一方人数众多或者双方都是公民的案件，当事人可以选择向原审法院提出（要点2）。本案不存在一方人数众多、也不存在双方都是公民的情形，故当事人应当向上一级法院申请再审。 李某申请再审的理由是“对审理案件需要的主要证据，当事人因客观原因不能自行收集，书面申请人民法院调查收集，人民法院未调查收集的”（《民事诉讼法》第200条）（要点3）
点评	本题考查申请再审的管辖以及申请再审的理由，比较简单。关于申请再审的理由有13项之多，同学们无需专门记忆，记住《民事诉讼法》第200条，考试时直接翻着法条逐一对比就好
问题五：再审法院应当按照什么程序对案件进行再审？再审法院对李某增加的再审请求，应当如何处理？简要说明理由	
怎么答	法院应当适用二审程序对案件进行再审（要点1）。理由：根据《民事诉讼法》规定，因当事人申请而裁定再审的案件，由中级以上法院审理（要点2），但当事人依法选择向基层法院申请再审的除外。故本案应当由N市中院提审（要点3），提审适用二审程序。 再审法院对李某新增的再审请求不予审理（要点4）。理由：根据司法解释规定，再审以原审范围为限，当事人超出原审范围增加、变更诉讼请求的，不属于再审范围（要点5）

续表

点评	对于“法院应当按照什么程序重新审理”一问，显然是在考查提审问题。同学们在答案中应当将这一考点表述清楚，即说清楚本案为什么要适用二审程序——因为要提审。为什么要提审——因当事人申请而裁定再审的案件应当由中级以上法院审理。 对于“再审法院对李某增加的再审请求应当如何处理”，显然是考查再审范围有限原则，同学们将这一原则组织到答案中即可。可以直接答出“再审范围有限原则”，也可以对该原则进行阐述，也可以引用法条规定“当事人的再审请求超出原审诉讼请求的，不予审理”（《民诉解释》第405条）
问题六：根据律师执业规范，评价甲律师事务所及律师的执业行为，并简要说明理由	
怎么答	1. N市甲律师事务所的张律师和刘律师同时接受了原告李某和被告王某的委托违反了律师执业规范，因为同一律师事务所律师不能同时担任双方当事人的代理人（要点1）； 2. 张律师与李某约定风险代理，按照标的额的35%收取代理费违反律师执业规范，因为风险代理收费不能超过标的额的30%（要点2）； 3. 李某的诉讼请求不能得到支持，律师应当指出而未予指出，仍然将其写入诉状，违反了律师的勤勉义务（要点3）
点评	本题没有难点，如果同学们在读题的过程中能够带着考点读案例，便能在读案例的过程中逐一分析出以上考点，在答题时将其组织在答案中即可

示例三（2017年卷四第六题）

［案情］2013年5月，居住在S市二河县的郝志强、迟丽华夫妻将二人共有的位于S市三江区的三层楼房出租给包童新居住，协议是以郝志强的名义签订的。2015年3月，住所地在S市四海区的温茂昌从该楼房底下路过，被三层掉下的窗户玻璃砸伤，花费医疗费8500元。就温茂昌受伤赔偿问题，利害关系人有关说法是：包童新承认当时自己开了窗户，但没想到玻璃会掉下，应属于窗户质量问题，自己不应承担责任；郝志强认为窗户质量没有问题，如果不是包童新使用不当，窗户玻璃不会掉下；此外，温茂昌受伤是在该楼房院子内，作为路人的温茂昌不应未经楼房主人或使用权人同意擅自进入院子里，也有责任；温茂昌认为自己是为了躲避路上的车辆而走到该楼房旁边的，不知道这个区域已属个人私宅的范围。为此，温茂昌将郝志强和包童新诉至法院，要求他们赔偿医疗费用。法院受理案件后，向被告郝志强、包童新送达了起诉状副本等文件。在起诉状、答辩状中，原告和被告都在协商过程中坚持自己的理由。开庭审理5天前，法院送达人员将郝志强和包童新的传票都交给包童新，告知其将传票转交给郝志强。开庭时，温茂昌、包童新按时到庭，郝志强迟迟未到庭。法庭询问包童新是否将出庭传票交给了郝志强，包童新表示4天之前就交了。法院据此在郝志强没有出庭的情况下对案件进行审理并作出了判决，判决郝志强与包童新共同承担赔偿责任：郝志强赔偿4000元，包童新赔偿4500元，两人相互承担连带责任。一审判决送达后，郝志强不服，在上诉期内提起上诉，认为一审审理程序上存在瑕疵，要求二审法院将案件发回重审。包童新、温茂昌没有提起上诉。

［问题］

1. 哪些（个）法院对本案享有管辖权？为什么？
2. 本案的当事人确定是否正确？为什么？

3. 本案涉及的相关案件事实应由谁承担证明责任？

4. 一审案件的审理在程序上有哪些瑕疵？二审法院对此应当如何处理？

第一步：精读案例，分析考点

读案例	析考点
2013年5月，居住在S市二河县的郝志强、迟丽华夫妻将二人共有的位于S市三江区的三层楼房出租给包童新居住①②，协议是以郝志强的名义签订的。2015年3月，住所地在S市四海区的温茂昌从该楼房底下路过，被三层掉下的窗户玻璃砸伤①②，花费医疗费8500元	侵权纠纷； ①当事人：建筑物、构筑物或者其他设施致人损害，所有人、管理人、使用人不能证明自己无过错的，承担赔偿责任。故本案应当以温茂昌为原告，郝志强、迟丽华（所有人）和包童新（使用人）为被告。 ②管辖：侵权纠纷由被告住所地或者侵权行为地法院管辖。故本案应由三江区（侵权行为地以及被告包童新居住地）和二河县（被告郝志强、迟丽华住所地）法院管辖
就温茂昌受伤赔偿问题，利害关系人有关说法是：包童新承认当时自己开了窗户，但没想到玻璃会掉下，应属于窗户质量问题，自己不应承担责任③；郝志强认为窗户质量没有问题，如果不是包童新使用不当，窗户玻璃不会掉下④；此外，温茂昌受伤是在该楼房院子内，作为路人的温茂昌不应未经楼房主人或使用权人同意擅自进入院子里，也有责任⑤；温茂昌认为自己是为了躲避路上的车辆而走到该楼房旁边的，不知道这个区域已属于个人私宅的范围	当事人争议的事实，涉及证明责任； ③包童新的主张是自己没有过错，是窗户质量问题，考点在于建筑物、构筑物或者其他设施致人损害，应当由被告对自己无过错承担证明责任，故包童新应当对该事实承担证明责任。 ④郝志强主张窗户没有质量问题，是包童新使用不当，其主张是自己没有过错，考点在于建筑物、构筑物或者其他设施致人损害，应当由被告对自己无过错承担证明责任，故郝志强应当对该事实承担证明责任； ⑤郝志强主张被害人温茂昌有故意或者重大过失，是主张自己具有免除或者减轻责任的事由，应当由主张者郝志强承担证明责任
为此，温茂昌将郝志强和包童新诉至法院⑥，要求他们赔偿医疗费用。法院受理案件后，向被告郝志强、包童新送达了起诉状副本等文件。在起诉状、答辩状中，原告和被告都在协商过程中坚持自己的理由。开庭审理5天前，法院送达人员将郝志强和包童新的传票都交给包童新，告知其将传票转交给郝志强⑦	⑥注意，被告少了一个，遗漏共同被告迟丽华。涉及考点有二：一是一审遗漏共同被告迟丽华；二是二审法院可以组织其调解，调解不成，撤销原判，发回重审。 ⑦送达方式错误，通过包童新向郝志强转交开庭传票的做法错误
开庭时，温茂昌、包童新按时到庭，郝志强迟迟未到庭。法庭询问包童新是否将出庭传票交给了郝志强，包童新表示4天之前就交了。法院据此在郝志强没有出庭的情况下对案件进行审理并作出了判决⑧，判决郝志强与包童新共同承担赔偿责任：郝志强赔偿4000元，包童新赔偿4500元，两人相互承担连带责任	⑧对郝志强未经传票传唤即缺席判决，程序错误，剥夺了当事人的上诉权

续表

一审判决送达后，郝志强不服，在上诉期内提起上诉，认为一审审理程序上存在瑕疵，要求二审法院将案件发回重审⑨。包童新、温茂昌没有提起上诉	⑨涉及二审程序，一审程序错误（上述考点⑦⑧），二审法院应当将案件撤销原判，发回重审。 一审遗漏共同被告迟丽华，二审法院可以组织迟丽华参加调解，调解不成，撤销原判，发回重审（上述考点⑥）

第二步：结合题目，锁定考点

问题一：哪些（个）法院对本案享有管辖权？为什么？

Step1：考什么？

本题考查侵权纠纷的管辖。（定位考点②）

Step2：答什么？

三江区（侵权行为地以及被告包童新居住地）和二河县（被告郝志强、迟丽华住所地）法院有管辖权。理由就在于侵权纠纷应当由侵权行为地和被告住所地法院管辖。

问题二：本案的当事人确定是否正确？为什么？

Step1：考什么？

本题考查建筑物、构筑物及其他设施致人损害案件，所有人、管理人、使用人不能证明自身无过错的承担赔偿责任，故应当以所有人郝志强、迟丽华，使用人包童新为共同被告。而原告将郝志强和包童新诉至法院，显然遗漏了迟丽华这一共同被告。

（定位考点①⑥）

Step2：答什么？

建筑物、构筑物及其他设施致人损害案件，应当将所有人、管理人、使用人列为共同被告，据此评价原告仅仅将郝志强、包童新列为共同被告的做法错误，遗漏共同被告迟丽华。

问题三：本案涉及的相关案件事实应由谁承担证明责任？

Step1：考什么？

本题考查证明责任的分配，考点在于建筑物、构筑物及其他设施致人损害的案件，由所有人、管理人，使用人对自己无过错承担证明责任。

（定位考点③④⑤）

Step2：答什么？

侵权纠纷证明责任的分配。特别注意建筑物、构筑物及其他设施致人损害的案件，由所有人、管理人对自己无过错承担证明责任，即由原告对其主张的行为、结果、因果关系承担证明责任，由被告对其主张的免责事由和无过错承担证明责任。

以下内容为本案重要考点：

（1）被告包童新主张自己正常开窗，没想到玻璃会掉下，是窗户存在质量问题，其主张的事实是自己对玻璃掉落并没有过错，应当由被告包童新承担证明责任；

（2）被告郝志强主张窗户没有质量问题，是包童新使用不当才导致玻璃掉下，其主张的事实是自己对玻璃掉落没有过错，应当由被告郝志强承担证明责任；

（3）被告郝志强主张受害人温茂昌未经允许进入私人住宅，对其受害也有过错，这是受害人有过错，属于免责事由，应当由被告郝志强承担证明责任。

以下内容亦需要简单陈述：

原告温茂昌应当对行为、结果、因果关系承担证明责任。故原告温茂昌应当对以下事实承担证明责任：

（1）该房屋归郝志强、迟丽华所有，由包童新居住；（不然为什么要找他们承担责任？）

（2）自己被该房屋的窗户玻璃掉下砸伤；

（3）自己花费医疗费8500元。

问题四：一审案件的审理在程序上有哪些瑕疵？二审法院对此应当如何处理？

Step1：考什么？

本题第一问考查一审存在的程序错误，结合对案例的分析，需要在此处逐一表述一审遗漏共同被告迟丽华，一审通过包童新向郝志强转交开庭传票的做法错误，一审未经传票传唤即对郝志强缺席判决的做法错误。

本题第二问考查二审法院对一审程序错误应当如何处理。显然，对一审遗漏共同诉讼人迟丽华的行为二审法院调解不成，撤销原判，发回重审；对一审其他程序错误应当撤销原判，发回重审。

（定位考点⑥⑦⑧⑨）

Step2：答什么？

一审法院遗漏共同被告迟丽华的做法错误；一审通过包童新向郝志强转交开庭传票的做法错误；一审对郝志强未经传票传唤即缺席判决的做法错误。

二审法院可以调解，调解不成，撤销原判，发回重审；

二审法院对于其他程序错误，应当撤销原判，发回重审。

第三步：结合要点，组织答案

问题一：哪些（个）法院对本案享有管辖权？为什么？	
怎么答	S市三江区法院和S市二河县法院（要点1）对本案有管辖权。《民事诉讼法》规定，因侵权行为提起的诉讼，由侵权行为地或者被告住所地法院管辖（要点2）。S市二河县法院为被告住郝志强住所地法院，S市三江区法院为侵权行为地和被告包童新住所地法院
点评	首先给出结论，由三江区和二河县法院管辖。这是第一个得分要点，说明理由时给出法律依据，侵权纠纷由被告住所地或者侵权行为地法院管辖（大前提）。当然，为了阐述完整，可以结合案件事实（小前提）进行分析：二河县为被告郝志强住所地，三江区为侵权行为地和被告包童新住所地
问题二：本案的当事人确定是否正确？为什么？	
怎么答	本案当事人的确定不完全正确。本案应当以受害人温茂昌为原告，房屋所有人郝志强、迟丽华，房屋使用人包童新为共同被告，本案遗漏共同被告迟丽华（要点1）。理由：根据民法相关规定，建筑物、构筑物及其他设施致人损害所有人、管理人或者使用人不能证明自己没有过错的，应当承担侵权责任（考点2）。故本案应当将所有人郝志强、迟丽华，使用人包童新列为共同被告

续表

点评	组织答案的思路：首先分析本案应当如何确定当事人，据此评价本案遗漏迟丽华作为共同被告的做法错误；然后给出理由，建筑物、构筑物及其他设施致人损害的，由所有人、管理人或者使用人承担责任，故在诉讼中应当将所有人、管理人、使用人作为共同被告
问题三：本案涉及的相关案件事实应由谁承担证明责任？	
怎么答	1. 原告温茂昌应当对该房屋是郝志强、迟丽华所有，包童新居住的事实，自己被该房屋的玻璃掉下砸伤的事实，自己因此受伤花费医疗费 8500 元的事实承担证明责任（要点 1）； 2. 被告包童新应当对其主张的窗户存在质量问题的事实承担证明责任（要点 2）； 3. 被告郝志强应当对其主张的包童新使用不当的事实（要点 3）以及温茂昌未经允许擅自进入楼房院子的事实（要点 4）承担证明责任
点评	本题设置了建筑物、构筑物及其他设施致人损害案件中实行过错倒置，即由被告对其无过错承担证明责任。所以题目给出了包童新主张窗户有质量问题（即自己没有过错）和郝志强主张包童新使用不当（即自己没有过错）的事实，考查建筑物、构筑物及其他设施致人损害案件证明责任分配的倒置规定。 同时值得注意的是，同学们在分析证明责任的时候需要结合侵权构成要件对案件事实进行逐一梳理，如侵权行为（房屋上的窗户玻璃掉下，房屋系郝志强、迟丽华所有，包童新使用），因果关系及损害后果（自己遭受的损害以及花费医疗费等事实）
问题四：一审案件的审理在程序上有哪些瑕疵？二审法院对此应当如何处理？	
怎么答	一审法院在程序上存在如下瑕疵： 遗漏共同被告迟丽华（要点 1）；通过包童新向郝志强转交开庭传票的做法错误（要点 2）；对郝志强未经传票传唤即缺席判决的做法错误（要点 3）。 二审法院对于一审遗漏被告迟丽华的行为可以通知迟丽华参加调解，调解不成，撤销原判，发回重审；对于其他程序错误，二审法院应当撤销原判，发回重审（要点 4）
点评	本题同学们在精读案例时即能读出存在的 3 项程序错误。对于二审法院的处理，则是考查二审的裁判方式，一审程序严重错误，剥夺或者限制当事人辩论权的，二审法院应当撤销原判，发回重审

第二部分

主观题常考考点拆解式解读

专题一 主管与管辖

怎么考

主管与管辖在主观题的考查中属于考试频率较高也较为容易出题的内容。题目难度可以是简单题目，也可以是中档题目。

层次一：简单题目。题目考查侵权纠纷、公司诉讼等纠纷的管辖，同学们直接根据法条找出对应的法院即可解题。

层次二：中档题目。考查合同纠纷，往往涉及专属管辖、协议管辖、被告住所地和合同履行地法院管辖等问题，需要同学们具有分析合同纠纷管辖权判断的思路。

层次三：中档题目。在层次二的基础上，设置仲裁协议，需要同学们具备从主管到管辖的分析思路。

层次四：较难题目。在层次二的基础上，设置破产纠纷的集中管辖，需要同学们掌握《破产法》第21条规定，即法院受理破产申请后，与债务人有关的所有诉讼应当由受理破产申请的法院集中管辖，此时《民事诉讼法》中关于专属管辖、协议管辖、被告住所地或者合同履行地的管辖规定均不再适用。值得注意的是集中管辖的规定仅仅排斥其他法院的管辖，但并不排斥仲裁协议的适用，即当事人之间存在有效仲裁协议的情形下，就算其中一方当事人进入破产程序，也不影响当事人根据仲裁协议申请仲裁。

考点一：合同纠纷的管辖

模型案例

[案例一] A区甲公司与B区乙公司在C区签订房屋租赁合同，约定将乙公司位于D区的厂房租赁给甲公司。双方同时协议约定，因为履行本协议发生纠纷，由合同签订地C区人民法院管辖。后来因为履行合同发生纠纷，甲公司欲起诉乙公司，应当向哪些（个）法院起诉？为什么？

[案例二] A区甲公司与B区乙公司签订木材买卖合同，约定乙公司在C区为甲公司交付一批木材，同时约定因为履行本合同发生纠纷，可以向原告住所地或者被告住所地法院起诉，后来乙公司在D区完成了木材交付，因为木材质量问题，甲公司欲起诉乙公司，应当向哪些（个）法院起诉？为什么？

[案例三] A区甲公司与B区乙公司签订木材买卖合同，约定乙公司在C区为甲公司交付一批木材，后来乙公司拒不履行合同，甲公司起诉乙公司，应当向哪些（个）法院起

诉？为什么？

［案例四］A区甲公司与B区乙公司签订木材买卖合同，约定乙公司在C区为甲公司交付一批木材，后来由于天气原因，乙公司在D区完成了木材交付，甲公司认为木材质量不合格，欲提起诉讼，应当向哪些（个）法院起诉？为什么？

解题思路：合同纠纷管辖权判断思路

步骤一：专属管辖优先。如果题目中出现专属管辖，直接由该专属管辖的法院管辖，无需再考虑协议管辖和法定管辖的问题。

步骤二：协议管辖。在没有专属管辖的前提下，看是否存在管辖协议，且协议是否有效；如果存在有效的管辖协议，由协议所选择的法院管辖。如果没有有效的管辖协议，再进入步骤三法定管辖。

步骤三：法定管辖。在没有专属管辖，且没有有效协议管辖的前提下，看法定管辖。在法定管辖中，首先挑出被告住所地人民法院，一定有管辖权。然后讨论合同履行地的问题：

1. 合同没有实际履行

（1）合同没有实际履行，但当事人有一方（不论原告还是被告）的住所地就在约定的履行地——被告住所地和约定的合同履行地法院有管辖权；

（2）合同没有实际履行，当事人住所地均不在约定的履行地，此时约定的履行地与争议没有实际联系，不符合两便原则，没有管辖权——由被告住所地法院管辖。

2. 合同履行了，但合同实际履行地与约定的履行地不一致——以约定履行地为准，即由被告住所地与约定履行地法院管辖。

【分析与解答】

［案例一］

［分析与思路］本题按照我们的解题思路，首先判断专属管辖，本案是不动产租赁合同纠纷，由不动产所在地法院专属管辖，直接确定本案由不动产所在地D区法院专属管辖。当然，本案既然存在专属管辖，而题目又给大家设置了管辖协议，显然是希望通过这一无效的管辖协议干扰大家，故管辖协议是命题老师给大家设置的一个陷阱，故同学们最好将对管辖协议效力的评价组织到答案中。

［答案要点］本案应当向D区法院起诉（要点1）。本案是不动产租赁合同纠纷，应当由不动产所在地法院专属管辖（要点2）。本案虽然当事人协议由C区人民法院管辖，但是该管辖协议因违背专属管辖而无效（要点3）。

［作答点评］本题很简单，直接根据专属管辖能够得出答案，但是可能有同学遗漏要点3，导致不必要的丢分。有同学会疑惑：我怎么知道这是要点呢？明明是专属管辖，但题目却设置了一份无效的管辖协议，为什么，显然是想用这个管辖协议作为陷阱干扰同学们，既然被你识破了，你就要大声告诉阅卷老师。

［案例二］

［分析与思路］本题按照我们的解题思路，首先判断专属管辖，本案不存在专属管辖；其次本案存在管辖协议，“发生纠纷可以向原告住所地或者被告住所地法院起诉”，涉及考点管辖协议约定两个以上与争议有实际联系的法院管辖的，原告起诉时可以选择向其中一

个法院起诉。故该管辖协议有效，原告甲公司可以选择向原告住所地 A 区法院也可以选择向被告住所地 B 区法院起诉。

[答案要点] 甲公司可以选择向 A 区或者 B 区法院起诉（要点 1）。根据司法解释规定，管辖协议中约定两个以上法院都有管辖权的，原告可以选择向其中一个法院起诉（要点 2）。故本案甲公司可以选择向原告住所地或者被告住所地法院起诉。

[作答点评] 本题分析出“甲公司可以选择向 A 区或者 B 区法院起诉”这一结论较为容易。同时需要同学们能够看出题目设计的管辖协议约定了两个以上法院，显然涉及“管辖协议约定两个以上与争议有实际联系的地点的人民法院管辖，原告可以选择向其中一个法院起诉”这一考点，故在作答时应当将该要点组织到答案中。

[案例三]

[分析与思路] 本题按照我们的解题思路，首先判断专属管辖，本案不存在专属管辖；其次判断协议管辖，本案不存在管辖协议；那进入法定管辖，首先确定被告住所地 B 区法院有管辖权，其次判断合同履行地，合同没有实际履行，且约定履行地没有在当事人一方住所地，故约定履行地没有管辖权，故本案应当由被告住所地即 B 区法院管辖。

[答案要点] 甲公司可以向 B 区法院起诉（要点 1）。合同纠纷由被告住所地或者合同履行地法院管辖（要点 2）。同时，如果合同没有实际履行，且约定履行地没在一方住所地的，约定履行地无管辖权（要点 3）。故本案应当由被告住所地 B 区法院管辖。

[作答点评] 本案确定管辖的根本依据是合同纠纷由被告住所地或者合同履行地法院管辖。其次，本题合同没有实际履行的信息明显是在考查“合同没有实际履行，且约定履行地没有在一方住所地的，约定履行地无管辖权”这一规定，故同学们应当将这一规定作为要点组织在答案中。

[案例四]

[分析与思路] 本题按照我们的分析思路，首先确定没有专属管辖，其次没有协议管辖，故应当适用法定管辖，先确定被告住所地具有管辖权，再判断本案合同已经实际履行，但约定履行地与实际履行地不一致，应当以约定履行地为合同履行地。故本案应当由被告住所地 B 区法院或者合同约定履行地 C 区法院管辖。

[答案要点] 甲公司应当向 B 区法院或者 C 区法院起诉（要点 1）。合同纠纷由被告住所地或者合同履行地法院管辖（要点 2）。合同约定履行地与实际履行地不一致的，应当以约定履行地为合同履行地（要点 3）。

[作答点评] 首先本案确定管辖的根本依据是合同纠纷由被告住所地或者合同履行地法院管辖。其次，题目设计的约定履行地与实际履行地不一致的信息显然是为了考查约定履行地与实际履行地不一致，应当以约定履行地为合同履行地这一考点，故同学们在组织答案时应当将这一内容作为要点组织到答案中。

拓展案例

[案例一] 甲市 A 县的刘某与乙市 B 区的何某签订了房屋租赁合同，约定何某将位于丙市 C 区的一套房屋租赁给刘某。合同约定，因合同履行发生的一切纠纷，应当提交位于甲市的 M 仲裁委员会进行仲裁。之后，刘某与何某又达成了补充协议，约定发生纠纷也可以向乙市 B 区人民法院起诉。后来因为合同履行发生纠纷，刘某可以何种方式解决纠

纷？为什么？

[案例二] 甲市A县的刘某与乙市B区的何某签订了木材买卖合同，约定何某在丙市C区将一批木材交付给刘某。合同约定，因合同履行发生的一切纠纷，应当提交位于甲市的M仲裁委员会进行仲裁。之后，刘某与何某又达成了补充协议，约定发生纠纷也可以向乙市B区或者甲市A县人民法院起诉。后来因为合同履行发生争议，刘某可以如何解决纠纷？为什么？

[案例三] A区的甲公司与B区的乙公司签订木材买卖合同，约定在C区由乙公司交付甲公司一批木材；同时约定因为履行本合同产生纠纷，由M仲裁委仲裁或者由合同实际履行地法院管辖，后来乙公司在D区完成木材交付，因为木材质量问题，甲公司欲追究乙公司责任，可以通过何种途径？为什么？

[案例四] 甲市A县的刘某与乙市B区的何某签订了木材买卖合同，约定何某在丙市C区将一批木材交付给刘某，合同约定，因为合同履行产生的一切纠纷，应当提交A县仲裁委仲裁。后来何某在丙市D区完成了木材交付，因为木材质量问题，刘某追究何某违约责任，应当以何种方式解决？为什么？

【分析与解答】 以上案例是在模型案例的基础上增加了关于仲裁协议的内容，考查同学们从主管到管辖的分析思路：首先判断主管，如果案件不属于法院主管，则与管辖无关；如果案件属于法院主管，再根据管辖的规定判断管辖问题。

[案例一]

[分析与思路] 本案结合原协议与补充协议，双方约定发生纠纷既可以由M仲裁委仲裁，又可以向乙市B区法院起诉，显然，属于或裁或审的仲裁协议，该仲裁协议无效，发生纠纷应当属于法院主管。合同纠纷，首先判断是否存在专属管辖，本案属于不动产租赁合同纠纷，适用不动产所在地法院专属管辖。

[答案要点] 刘某可以向C区法院起诉（要点1）；本案虽然存在仲裁协议，但该仲裁协议或裁或审，仲裁协议无效（要点2）；案件属于法院主管；同时本案属于不动产纠纷，由不动产所在地法院专属管辖（要点3）；本案虽然存在管辖协议约定由B区法院管辖，但该管辖协议违背专属管辖而无效（要点4）。

[作答点评] 首先，本案给出了一份或裁或审的仲裁协议，显然是希望考查“或裁或审的仲裁协议无效”这一考点，故同学们应当首先对该仲裁协议的效力予以评价。其次，本案属于不动产纠纷，应当由不动产所在地法院专属管辖。最后，既然存在专属管辖，而题目却又给出了“由乙市B区法院管辖”这一管辖协议，显然是希望通过管辖协议干扰同学们，故同学们应当将“管辖协议违背专属管辖而无效”这一考点作为要点组织到答案中。

[案例二]

[分析与思路] 本案结合原协议与补充协议，双方约定发生纠纷既可以仲裁又可以起诉，显然，属于或裁或审的仲裁协议，该仲裁协议无效，发生纠纷应当属于法院主管。首先本案不存在专属管辖；其次，本案存在协议管辖（乙市B区法院或者甲市A县法院管辖），同时该管辖协议约定两个以上法院都有管辖权，原告可以选择向其中一个法院起诉。

[答案要点] 本案原告可以选择向B区法院或者A县法院起诉（要点1）。首先本案仲裁协议约定或裁或审，故该仲裁协议无效（要点2），案件属于法院主管；本案存在管

辖协议，根据司法解释规定，管辖协议约定两个以上法院管辖的，原告可以选择向其中一个法院起诉（要点3）。故原告可以选择向B区法院或者A县法院起诉。

［作答点评］首先，本案给出了或裁或审的仲裁协议，显然是考查“或裁或审的仲裁协议无效”这一考点。其次，本案的管辖协议中给出了“可以向乙市B区或者甲市A县人民法院起诉”，显然是希望考查“管辖协议中约定了两个与争议有实际联系的法院，该管辖协议有效，原告在起诉时可以选择向其中一个法院起诉”这一考点，故同学们在组织答案时应当将该考点作为要点组织到答案中。

［案例三］

［分析与思路］本案存在仲裁协议，但仲裁协议约定或裁或审，仲裁协议无效，案件属于人民法院主管；首先，判断本案不存在专属管辖，故进入第二步，本案存在有效协议管辖，即协议由合同实际履行地管辖，合同实际履行地为D区，故本案应当由D区法院管辖。

［答案要点］甲公司可以向D区法院起诉（要点1）。首先本案仲裁协议约定或裁或审，仲裁协议无效（要点2），故案件属于法院主管。其次本案存在管辖协议约定由合同实际履行地法院管辖，该管辖协议有效（要点3），故本案应该由合同实际履行地，即D区法院管辖。

［作答点评］首先，本案给出一份或裁或审仲裁协议，显然是考查或裁或审的仲裁协议无效。其次，本案判断管辖的依据是协议管辖，故应当将协议管辖这一考点作为要点组织到答案中。

［案例四］

［分析与思路］本案存在仲裁协议，仲裁协议约定的A县仲裁委不存在，故仲裁协议无效，本案应当由法院主管。本案合同纠纷，无专属管辖，无协议管辖，应当由被告住所地或者合同履行地法院管辖。故被告何某住所地乙市B区法院有管辖权，约定履行地与实际履行地不一致的，应当以约定履行地为合同履行地，故约定履行地C区法院有管辖权。故本案应当向B区或者C区法院起诉。

［答案要点］刘某应当向B区或者C区法院起诉（要点1）。首先，本案虽然存在仲裁协议，但该仲裁协议约定的A县仲裁委并不存在，该仲裁协议无效（要点2），本案属于人民法院主管；本案是合同纠纷，由被告住所地或者合同履行地法院管辖（要点3），同时本案存在约定履行地，以约定履行地为合同履行地（要点3），故本案应当由被告住所地B区法院和合同约定履行地C区人民法院管辖。

［作答点评］首先，本案给出仲裁协议约定由A县仲裁委仲裁，显然考点在于“约定的仲裁机构不存在，仲裁协议无效”；其次，本题判断的主要依据是合同纠纷由被告住所地或者合同履行地法院管辖；最后，本题给出了约定履行地与实际履行地不一致，显然考查意图在于“约定履行地与实际履行地不一致的情形下以约定履行地为合同履行地”这一考点。

真题案例

［案例一］（节选自2010年卷四第五题）甲省A县大力公司与乙省B县铁成公司，在丙省C县签订煤炭买卖合同，由大力公司向铁成公司出售3000吨煤炭，交货地点为C县。双方约定，因合同所生纠纷，由A县法院或C县法院管辖。

合同履行中，为便于装船运输，铁成公司电话告知大力公司交货地点改为丁省D县，大力公司同意。大力公司经海运向铁成公司发运2000吨煤炭，存放于铁成公司在D县码头的货场。大力公司依约要求铁成公司支付已发煤款遭拒，遂决定暂停发运剩余1000吨煤炭。

[问题] 在与铁成公司协商无果情况下，大力公司欲提起诉讼，本案应当由哪些（个）法院管辖？为什么？

[案例二] （节选自2009年卷四第五题）甲市A县的刘某与乙市B区的何某签订了房屋租赁合同，租赁何某位于丙市C区的一套房屋。合同约定，因合同履行发生的一切纠纷，应提交设立于甲市的M仲裁委员会进行仲裁。之后，刘某与何某又达成了一个补充协议，约定合同发生纠纷后也可以向乙市B区法院起诉。刘某按约定先行支付了部分租金，何某却迟迟不将房屋交付刘某使用，双方发生纠纷。

[问题] 刘某可以通过何种方式解决纠纷？为什么？

【分析与解答】

[案例一]

[分析与思路] 本案为合同纠纷，首先，不存在专属管辖，其次，本案存在管辖协议，当事人约定发生纠纷由A县或者C县法院管辖，该管辖协议有效，原告可以选择向A县或者C县法院起诉。

[答案要点] 大力公司可以选择向A县或者C县法院起诉（要点1）。本案管辖协议约定了两个以上与争议有实际联系地点的法院管辖，原告可以选择向其中一个法院起诉（要点2）。故原告可以选择向协议约定的A县或者C县法院起诉。

[案例二]

[分析与思路] 本案首先判断主管，当事人之间存在仲裁协议，但该协议约定或裁或审，仲裁协议无效，故本案应当属于法院主管。其次，判断管辖，本案是不动产租赁合同纠纷，应当由不动产所在地法院专属管辖。

[答案要点] 本案刘某应当向C区法院起诉（要点1）。理由：本案仲裁协议约定或裁或审，该仲裁协议无效（要点2）；本案为不动产纠纷，应当由不动产所在地法院专属管辖（要点3）；本案虽然存在管辖协议（可以向B区法院起诉），但该管辖协议违背专属管辖而无效（要点4）。

[作答点评] 首先，题目给出了或裁或审的仲裁协议，显然考点在于或裁或审的仲裁协议无效；其次，本案是不动产租赁合同纠纷，涉及专属管辖的考点；最后，明明是专属管辖，题目却给出了管辖协议，显然是希望通过管辖协议设置陷阱，考点在于管辖协议违背专属管辖而无效，同学们应当将其作为要点组织在答案中。

综合案例

（改编自2018年主观题）2021年5月，A区甲公司与B区乙公司在E区签订了厂房租赁合同，约定将甲公司位于F区的厂房租赁给乙公司，乙公司向甲公司支付租金200万元。甲公司按照约定将厂房交付给乙公司使用。2021年7月，甲公司与C区的丙公司签订租赁合同，约定丙公司将两台挖掘机租赁给甲公司，甲公司应当向丙公司支付租金50万元。合同签订后，丙公司按照约定向甲公司提供了两台挖掘机，甲公司将两台挖掘机用于G区工地从事挖掘工程。2021年8月，甲公司与D区丁公司签订买卖合同，约定丁公司将一批钢筋出售给甲公司，甲公司向丁公司支付300万元，双方约定因为履行该合同发生纠纷由A仲裁委仲裁。丁公司向甲公司交付了这批钢筋。甲公司认为该批建材存在质量问题，一直未付款。

由于甲公司拒不向丙公司支付租金，丙公司于2021年9月向G区法院起诉甲公司，要求甲公司支付租金50万元，G区法院依法受理本案。

2021年10月，甲公司经营不善，债权人向A区法院申请宣告甲公司破产，A区法院受理后，清算组发现乙公司尚欠甲公司租金200万元，欲起诉乙公司支付租金。同时，丁公司就甲公司所欠的建材款向管理人申报债权，管理人不予认可，丁公司提出异议后管理人亦未予以调整，丁公司欲通过诉讼或者仲裁方式确认债权。

[问题]

1. G区法院对丙公司起诉甲公司支付租金的案件是否具有管辖权？为什么？

2. A区法院受理债权人对甲公司提出的破产申请后，G区法院是否应当将案件移送A区法院？为什么？

3. 清算组通过诉讼方式要求乙公司支付租金，应当以谁作为原告？为什么？

4. 清算组通过诉讼方式要求乙公司支付租金，应当由哪些（个）法院管辖？为什么？

5. 丁公司可以何种方式确认债权？为什么？

[分析与思路] 1. 本题考查合同纠纷的管辖权问题。合同纠纷由被告住所地或者合同履行地法院管辖，丙公司起诉甲公司，首先甲公司住所地A区法院为被告住所地法院，具有管辖权。根据《民诉解释》第19条规定，本案中不存在约定的履行地，应当以租赁物使用地即G区法院为合同履行地，故G区法院对本案有管辖权。

2. 本题考查《破产法》第20条规定，“人民法院受理破产申请后，已经开始而尚未终结的有关债务人的民事诉讼或者仲裁应当中止；在管理人接管债务人的财产后，该诉讼或者仲裁继续进行。”可见，受理案件的法院或者仲裁委不会因为一方当事人进入破产程序而影响其管辖权，只不过在程序上需要中止诉讼或者仲裁，等待管理人接管债务人财产后继续进行诉讼或者仲裁（法人进入破产程序可以类比自然人丧失诉讼行为能力，需要诉讼中止以等待法定代理人代为诉讼）。故G区法院无需将案件移送受理破产申请的A区法院。

3. 本题考查当事人资格问题，涉及法人的诉讼权利能力，法人的诉讼权利能力始于成立，终于终止，且终止的标志为注销，即在注销之前法人具有诉讼权利能力，应当以法人的名义起诉、应诉；法人未经清算就被注销的，应当以股东、出资人、发起人为当事人。故在清算期间，甲公司尚未注销，仍有诉讼权利能力，应当以法人名义起诉、应诉。故应当以甲公司为原告。

4. 本题考查《破产法》第21条规定，“人民法院受理破产申请后，有关债务人的民事诉讼，只能向受理破产申请的法院提起。”可见，法院受理破产申请后，所有与债务人（甲公司）有关的民事诉讼应当由受理破产申请的A区法院集中管辖，《民事诉讼法》所规定的级别管辖、专属管辖、协议管辖等均不再适用。故A区法院受理了对甲公司的破产申请后，甲公司起诉乙公司要求支付租金，应当由受理破产申请的A区法院集中管辖。

5. 本题考点在于《破产法》第21条所规定的集中管辖是否排斥仲裁协议？根据《破

产法》第21条规定，法院受理破产申请后，有关债务人的民事诉讼，只能向受理破产申请的法院提起，即当法院受理了破产申请后，与债务人有关的诉讼一律由受理破产申请的法院集中管辖，而不再适用专属管辖、协议管辖等规则，那问题是仲裁协议还是否适用呢？这是本题的考点所在。

我们一再强调，判断纠纷的解决方式，应当先判断主管，再判断管辖。即首先判断案件是否属于法院主管？如果案件不属于法院主管，则案件与法院无关，无需判断管辖问题；如果案件属于法院主管，才需要判断管辖问题。在这个基本的思路之下，《破产法》第21条规定法院受理破产申请后，有关债务人的诉讼均由受理破产申请的法院管辖，这是关于管辖的规则，该规则的适用前提是什么？——案件属于法院主管。而本案中既然存在仲裁协议，则案件不属于法院主管，故本案的判断与《破产法》第21条无关。既然案件存在有效仲裁协议，故当事人应当向仲裁委申请仲裁。

类似的思路还有如下情形，请同学们判断：

（1）不动产纠纷由不动产所在地法院专属管辖。那如果张三和李四签订房屋租赁合同，约定将李四位于甲区的房屋租赁给张三，同时约定因为合同发生纠纷由广州仲裁委仲裁。张三和李四因为履行该合同发生纠纷，应当向广州仲裁委申请仲裁，还是向房屋所在地甲区法院起诉？

分析：先主管，再管辖。本案存在仲裁协议，故不属于法院主管。当事人应当向广州仲裁委仲裁，由于本案不属于法院主管，故与专属管辖的规则无关。

结论——专属管辖的规定不排斥仲裁协议的适用。

（2）因在中国履行的中外合资经营企业合同发生纠纷，由中国法院专属管辖。中国甲公司和日本乙公司签订中外合资经营企业合同，合同中约定双方因为履行该合同产生纠纷由新加坡国际仲裁中心仲裁。后甲公司和乙公司履行该合同发生纠纷，应当向中国法院起诉还是应当向新加坡国际仲裁中心申请仲裁。

分析：先主管，再管辖。本案存在仲裁协议，故不属于法院主管。当事人应当向新加坡国际仲裁中心申请仲裁，由于本案不属于法院主管，故与专属管辖的规则无关。

结论——涉外专属管辖的规定仅仅排斥外国法院的管辖，并不排斥外国仲裁机构的仲裁。

当然，同学们亦可以直接根据2019年出台的《破产法解释（三）》予以回答，根据《破产法解释（三）》第8条规定，当事人之间在破产申请受理前订立有仲裁条款或仲裁协议的，应当向选定的仲裁机构申请确认债权债务关系。

［答案要点］

1. G区法院有管辖权（要点1）。根据《民事诉讼法》第19条规定，合同纠纷由被告住所地和合同履行地法院管辖（要点2）。同时根据《民诉解释》规定可知，合同有约定履行地的，以约定履行地为合同履行地，没有约定履行地的，租赁合同以租赁物使用地为合同履行地（要点3）。故本案应当由被告住所地A区法院或者合同履行地G区法院管辖。

2. G区法院不能将案件移送A区法院（要点4）。根据《破产法》第20条规定，人民法院受理破产申请后，已经开始而尚未终结的有关债务人的民事诉讼或者仲裁应当中止；在管理人接管债务人的财产后，该诉讼或者仲裁继续进行。（要点5）故已经受理案件的G法院不会因为A区法院受理了甲公司破产申请而影响其管辖权。

3. 应当以甲公司为原告（要点 6）。根据《民诉解释》第 64 条规定，企业法人解散的，依法清算并注销前，以该企业法人为当事人；未依法清算即被注销的，以该企业法人的股东、发起人或者出资人为当事人。（要点 7），在清算期间，甲公司尚未注销，故应当以甲公司为原告。

4. 应当向 A 区法院起诉（要点 8）。根据《破产法》第 21 条规定，法院受理破产申请后，有关债务人的民事诉讼，只能向受理破产申请的法院提起。（要点 9）故当 A 区法院受理甲公司破产申请后，所有与甲公司有关的诉讼均应当由受理破产申请的 A 区法院集中管辖。

5. 丁公司应当向 A 仲裁委申请仲裁（要点 10）。理由如下可以二选一：

理由一：双方当事人存在有效仲裁协议，故案件不属于法院主管，丁公司应当向仲裁委申请仲裁（要点 11）。

理由二：根据《破产法解释（三）》第 8 条规定，当事人之间在破产申请受理前订立有仲裁条款或仲裁协议的，应当向选定的仲裁机构申请确认债权债务关系（要点 12）。

考点二：一般地域管辖

模型案例

［案例一］北京市海淀区的张三，自 2017 年至今一直居住在北京市东城区，其间于 2019 年 8 月将户口迁出，尚未落户，2020 年 12 月因为某纠纷涉诉，原告欲起诉张三，如果以被告所在地确定管辖法院，应当向哪个法院起诉？

［案例二］北京市海淀区的张三，自 2017 年 8 月至 2020 年 8 月一直居住在北京市东城区，2020 年 9 月因为工作调动，在北京市西城区居住，12 月因某案涉诉，原告欲起诉张三，如果以被告所在地确定管辖法院，应当向哪个法院起诉？

［案例三］北京市海淀区的张三，自 2017 年 8 月至 2020 年 8 月一直居住在北京市东城区，2020 年 9 月因工作调动，在北京市西城区居住，在 2020 年 1 月将户籍从海淀区迁出，尚未落户，12 月因为某案涉诉，原告欲起诉张三，如果以被告所在地确定管辖法院，原告应当向哪个法院起诉？

解题思路：当事人住所地的判断

步骤一：确定是否有经常居住地。

首先，看起诉时该当事人住哪？

其次，在该地居住多长时间？

如果住满一年，此地为经常居住地，案件由该地法院管辖；如果没有住满一年，当事人没有经常居住地，进入步骤二。

步骤二：没有经常居住地的，以住所地为该公民所在地，户籍所在地即为公民住所地。

步骤三：没有经常居住地，又没有住所地的（即户籍迁出还未落户），由其原户籍所在地人民法院管辖。

【分析与解答】一般地域管辖的解题难点在于对当事人住所地的判断。涉及经常居住地、户籍所在地、户籍迁出没有落户的情形。同学们可以按照以上解题思路，第一步判断经常居住地——首先找到起诉时该当事人住什么地方，然后分析在此处居住多长时间：超过一年，该处即为经常居住地；如果没有超过一年，该当事人没有经常居住地。第二步判断户籍所在地，第三步，如果户籍迁出没有落户的，则以原户籍所在地为当事人住所地。

[案例一]

[分析与思路] 起诉时张三住东城区，2017 年开始在此居住，已经住满一年，东城区为经常居住地，故本案应当由东城区法院管辖。

[答案要点] 本案原告应当向东城区人民法院起诉（要点 1）。因为张三离开住所地至起诉时已经在东城区居住一年以上，东城区为其经常居住地（要点 2）。

[案例二]

[分析与思路] 起诉时张三住西城区，2020 年 9 月来的，（至起诉时）未住满一年，没有经常居住地，以户籍所在地为准，故本案应当由海淀区法院管辖。

[答案要点] 本案原告应当向海淀区人民法院起诉（要点 1）。因为海淀区为张三户籍所在地（要点 2）。

[案例三]

[分析与思路] 起诉时张三住西城区，2020 年 9 月来的，（至起诉时）未住满一年，没有经常居住地，故应当由户籍所在地法院管辖；张三户籍迁出，没有落户，故应当由原户籍所在地法院管辖，即应当由海淀区人民法院管辖。故本案应当由海淀区法院管辖。

[答案要点] 本案原告应当向海淀区人民法院起诉（要点 1）。因为本案张三没有经常居住地，且户籍迁出没有落户，故应当由原户籍所在地法院管辖（要点 2）。

拓展案例

北京市海淀区的居民朱某（男）与北京市东城区的居民刘某（女）于 2017 年 8 月结婚后一直居住在北京市西城区。2019 年 3 月刘某所在公司安排刘某赴重庆市渝中区的分公司工作，而后于 2020 年 10 月公司安排刘某赴位于广州市海珠区的分公司工作。2021 年 8 月，朱某欲起诉刘某离婚，本案应当向哪些法院起诉？

【分析与解答】

[分析与思路] 本案刘某离开住所超过一年，朱某起诉刘某离婚，考查“夫妻一方离开住所地超过一年，另一方起诉离婚的，可以由原告住所地法院管辖”这一考点。所以本案原告、被告住所地法院均有管辖权。原告朱某起诉时住西城区，且 2017 年 8 月来的，（至起诉时）已经住满一年，西城区为经常居住地；被告刘某起诉时住广州市海珠区，2020 年 10 月来的，（至起诉时）未住满一年，没有经常居住地，以原户籍所在地确定管辖，即由北京市东城区法院管辖。故本案应当由东城区或者西城区法院管辖。

[答案要点] 本案应当由北京市东城区或者西城区人民法院管辖（要点 1）。首先，本案夫妻一方离开住所地超过一年，另一方起诉离婚的，可以由原告住所地法院管辖（要点 2），故本案可以由原告或者被告住所地法院管辖。原告朱某起诉时已经在西城区居住一年以上，西城区为其经常居住地（要点 3）；被告刘某无经常居住地，应当以其户籍所在地东城区为其住所地（要点 4）。

考点三：其他特殊地域管辖

模型案例

[案例一] 北京市海淀区的张三，与深圳市福田区的李四，在北京市东城区签订一份合同，约定张三将一批珍贵字画在北京市西城区卖给李四，后张三将字画卖给了出价更高的王五，李四欲起诉追究张三的违约责任，哪一个法院有管辖权?

[案例二] 北京市东城区的张三和北京市西城区的李四，签订一份买卖合同，约定由李四在北京市海淀区为张三加工一批家具，后来由于生产条件的限制，李四在北京市丰台区完成了家具加工，后因家具质量问题，张三起诉李四，哪些法院有管辖权?

[案例三] 北京市东城区的张三和北京市西城区的李四签订借款合同，张三出借10万元给李四，李四于一年后归还本金10万元，利息5000元。还款期限届满，李四拒不归还，张三起诉李四，本案哪些法院有管辖权?

[案例四] 北京市东城区的张三和北京市西城区的李四签订房屋买卖合同，约定李四将位于北京市海淀区的房屋卖给张三，张三支付购房款500万元。

[问题]

1. 张三支付房款后，李四拒不交付房屋，张三起诉李四，本案应由哪些法院管辖?

2. 李四交付房屋后，张三尚欠尾款100万元拒不支付，李四起诉张三，本案应由哪些法院管辖?

[案例五] 北京市东城区的甲公司与北京市西城区的乙公司签订钢材买卖合同，约定乙公司向甲公司交付一批钢材，甲公司支付货款20万元。

[问题]

1. 乙公司向甲公司交付钢材后，甲公司拒不支付货款，乙公司起诉甲公司，本案哪些法院具有管辖权?

2. 乙公司向甲公司交付钢材后，甲公司认为乙公司交付的钢材质量不合格，甲公司起诉乙公司，本案哪些法院具有管辖权?

[案例六] 甲市A区的张某向甲市B区的华辉机械公司租赁一台挖掘机，在甲市C县从事挖掘工程，因为该挖掘机质量问题，张某起诉华辉机械公司要求减少租金，并要求赔偿耽误工期产生的损失，本案应由哪些法院管辖?

【分析与解答】

[案例一]

[分析与思路] 本案中约定的履行地是西城区，但是该合同没有实际履行，张三、李四的住所地均没在西城区，所以，约定的履行地即西城区法院没有管辖权，只能由被告住所地即海淀区法院管辖。故本案应当由海淀区法院管辖。

[答案要点] 本案应当由海淀区法院管辖（要点1）。合同纠纷由被告住所地和合同履行地法院管辖（要点2）；同时本案合同没有实际履行，并且约定履行地没在一方住所地，故本案约定履行地西城区法院没有管辖权（要点3），故本案只能由被告住所地海淀区法院管辖。

[案例二]

[分析与思路] 首先，被告住所地西城区法院有管辖权；其次，本案存在约定履行地，约定履行地与实际履行地不一致，以约定履行地为准，海淀区法院有管辖权，实际履行地丰台区法院没有管辖权。故本案应由西城区法院和海淀区法院管辖。

[答案要点] 本案应当由海淀区法院和西城区法院管辖（要点1）。合同纠纷由被告住所地和合同履行地法院管辖（要点2）；同时本案有约定履行地，以约定履行地为合同履行地（要点3）。

[案例三]

[分析与思路] 本案为合同纠纷，由被告住所地和合同履行地法院管辖。被告李四住所地西城区法院有管辖权；关于合同履行地，应当根据原告的诉讼请求判断，张三起诉李四要求归还借款，根据原告的诉讼请求且结合合同性质，本案为给付货币发生纠纷，张三为接收货币方，故应当由接收货币方即张三住所地东城区法院为合同履行地。故本案应当由东城区或者西城区法院管辖。

[答案要点] 本案应当由东城区法院或者西城区法院管辖（要点1）。合同纠纷由被告住所地和合同履行地法院管辖（要点2）；同时本案争议标的为给付货币，所以应当以接收货币方为合同履行地（要点3），故本案由被告住所地西城区法院和合同履行地东城区法院管辖。

[案例四]

[分析与思路]

1. 本案为合同纠纷，应当由被告住所地和合同履行地法院管辖；被告李四住所地西城区法院有管辖权；同时张三起诉李四要求交付房屋，故结合原告的诉讼请求以及合同的性质，确定本案是因为交付不动产发生纠纷，不动产所在地海淀区为合同履行地，故本案应当由西城区和海淀区人民法院管辖。

2. 本案为合同纠纷，应当由被告住所地和合同履行地法院管辖；被告张三住所地东城区法院有管辖权；同时李四起诉张三要求支付房款，故结合原告的诉讼请求以及合同性质，确定本案是因为给付货币发生纠纷，李四为接收货币方，故接收货币方李四住所地西城区为合同履行地，故本案应当由东城区或者西城区法院管辖。

[特别注意] 根据《民诉解释》，不动产纠纷专属管辖仅仅适用于不动产物权纠纷以及农村土地承包经营合同纠纷、不动产租赁合同纠纷、建设工程施工合同纠纷以及政策性房屋买卖合同纠纷，故普通的房屋买卖合同纠纷不适用专属管辖。

[答案要点]

1. 本案应当由西城区或者海淀区法院管辖（要点1）；合同纠纷由被告住所地和合同履行地法院管辖（要点2）；被告住所地为北京市西城区。本案原告的诉讼请求是交付房屋，根据司法解释规定，交付不动产的，由不动产所在地为合同履行地（要点3），即海淀区为合同履行地。

2. 本案应当由东城区或者西城区法院管辖（要点1）；合同纠纷由被告住所地或者合同履行地法院管辖（要点2）；被告住所地为北京市东城区。本案原告诉讼请求为支付房款，根据司法解释规定，争议标的为给付货币的，以接受货币方为合同履行地（要点3），故本案应当由李四住所地（西城区）为合同履行地。

[案例五]

[分析与思路]

1. 本案为合同纠纷，应当由被告住所地和合同履行地法院管辖，被告甲公司住所地东城区法院具有管辖权。同时乙公司起诉甲公司支付货款，结合原告诉讼请求和合同性质，本案是因为给付货币发生纠纷，应当由接收货币方为合同履行地，故本案乙公司为接收货币方，其住所地西城区法院具有管辖权。故本案由东城区或者西城区法院管辖。

2. 本案为合同纠纷，应当由被告住所地和合同履行地法院管辖，被告乙公司住所地西城区法院具有管辖权。同时甲公司因为乙公司交付的钢材质量不合格而提起诉讼，结合原告诉讼请求以及合同性质，本案是因为乙公司交付钢材发生纠纷，属于交付其他标的的，应当由履行义务一方即乙公司住所地西城区法院管辖，故本案应当由西城区法院管辖。

[答案要点]

1. 本案应当由东城区或者西城区法院管辖（要点 1）；合同纠纷由被告住所地或者合同履行地法院管辖（要点 2）；本案原告的诉讼请求是支付货款，故本案争议标的为给付货币，根据司法解释规定，争议标的为给付货币的，以接收货币方为合同履行地（要点 3），故本案乙公司住所地西城区法院为合同履行地。

2. 本案应当由西城区法院管辖（要点 1）；合同纠纷由被告住所地或者合同履行地法院管辖（要点 2）；本案是因为钢材的交付发生纠纷，属于交付其他标的，根据司法解释规定，争议标的为交付其他标的的，履行义务一方住所地为合同履行地（要点 3），故本案乙公司住所地西城区法院为合同履行地。

[案例六]

[分析与思路] 本案为合同纠纷，由被告住所地或者合同履行地法院管辖。被告华辉机械公司住所地 B 区法院有管辖权，同时本案为租赁合同纠纷，租赁物所在地 C 县为合同履行地。故本案应当由 B 区或者 C 县法院管辖。

[答案要点] 本案应当由 B 区或者 C 县法院管辖（要点 1）；合同纠纷由被告住所地或者合同履行地法院管辖（要点 2）；本案为租赁合同纠纷，以租赁物所在地为合同履行地（要点 3）。

拓展案例

2018 年 8 月，甲市 A 区的张某在李某经营的淘宝店购买某品牌女包作为女友的生日礼物，确定的收货地为张某的女友住所地甲市 C 区。张某的女友收到该女包后发现该包严重脱胶，且气味刺鼻，为假冒产品。张某欲起诉李某以及淘宝公司。经查，淘宝公司注册地为浙江省杭州市余杭区。李某的户口一直在老家长沙市天星区，2014 年在深圳市宝安区务工，2016 年年初从深圳搬迁至广州市白云区居住。张某有权向哪些法院起诉？

【分析与解答】

[分析与思路] 本案为合同纠纷，由被告住所地或者合同履行地法院管辖。本案有两个被告，其住所地均有管辖权，被告淘宝公司住所地为杭州市余杭区，余杭区法院有管辖权；被告李某为自然人，起诉时住在白云区，2016 年年初来的，已经住满一年，故白云区为其经常居住地，故白云区法院有管辖权。关于合同履行地，本案是通过信息网络签订的

买卖合同，交付实物，应当以收货地为合同履行地，即应当以收货地甲市C区为合同履行地。故本案应当由杭州市余杭区、广州市白云区以及甲市C区法院管辖。

[答案要点] 本案由杭州市余杭区、广州市白云区、甲市C区法院管辖（要点1）；本案为合同纠纷，由被告住所地和合同履行地法院管辖（要点2）；被告淘宝公司住所地为余杭区，被告李某至起诉时已经在白云区连续居住满一年，白云区为被告李某经常居住地（要点3）；同时本案是通过信息网络方式订立买卖合同，通过其他方式交付标的的，根据司法解释规定，以收货地为合同履行地（要点4），故本案甲市C区为合同履行地。

[说明] 本题考点在于民诉解释规定的合同纠纷，若考生根据《互联网法院审理案件规定》，"北京、广州、杭州互联网法院集中管辖所在市的辖区内应当由基层人民法院受理的在电子平台签订或者履行的购物合同纠纷"进而答出本案应当由杭州互联网法院、广州互联网法院和甲市C区法院管辖亦可。

考点四：移送管辖

模型案例

[案例一] 甲市A区法院受理案件后，认为案件应当由甲市B区法院管辖，应当如何处理？

[案例二] 甲市A区法院受理案件后，认为本案应当由甲市中院管辖，应当如何处理？

[案例三] 甲市A区法院受理案件后，被告提出管辖权异议，认为案件应当由B区法院管辖，法院认为管辖权异议成立，应当如何处理？

[案例四] 某合同纠纷，被告住所地在A区，合同履行地在B区，原告先后向A、B区法院起诉，A区法院先于B区法院立案，请问，B区法院应当如何处理？

[案例五] 某合同纠纷，被告住所地在A区，合同履行地在B区，原告先后向A、B区法院起诉，A区法院先于B区法院立案，请问，A区法院能否将案件移送B区法院？

[案例六] 原告向被告住所地A区法院起诉，法院受理后，案件审理过程中，政府将被告所在小区划归了B区，请问，此时A区法院能否将案件移送B区法院？

[案例七] 某合同纠纷，原告认为被告住所地在A区，于是向A区法院起诉，A区法院受理案件后，在提交答辩状期间，被告未提出管辖权异议，并应诉答辩。后A区法院发现本案被告住所地在B区，能否将案件移送B区法院？

【分析与解答】

[分析与思路] 首先，移送管辖是错误立案的纠错程序，故可以发生在同级法院之间纠正错误的地域管辖，也可以发生在上下级法院之间纠正错误的级别管辖。故案例一中A区法院应当将案件移送B区法院，案例二中A区法院应当将案件移送甲市中院。同时，移送管辖是错误立案的纠错程序，纠错是单方行为，无需受移送法院同意，哪怕受移送法院是上级法院。其次，移送管辖是错误立案的纠错程序，一方面法院可以主动发现管辖权错误而移送管辖，另一方面，法院可以基于被告提出的管辖权异议成立而发现立案错误，进而移送管辖，故案例三中被告提出的管辖权异议成立，法院应当将案件移送B区法院管辖。再次，一个案件两个以上法院均有管辖权（共同管辖），原告可以选择向其中一个法

院起诉（选择管辖），原告先后向两个以上法院起诉的，由最先立案的法院管辖，基于前一个法院先立案，后立案的法院没有管辖权，故后立案的法院应当裁定将案件移送给先立案的法院，故案例四中B区法院应当裁定将案件移送给先立案的A区法院。再次，移送管辖是错误立案的纠错程序，如果受理案件的法院取得对案件的管辖权，则不能移送管辖，所以案例五中两个法院均有管辖权，原告先后向两个有管辖权的法院起诉的，由最先立案的法院管辖，先立案的法院不能将案件移送给后立案的法院，故A区法院不能将案件移送B区法院。案例六中基于管辖权恒定原则，确定管辖以起诉时为准，起诉时对案件有管辖权的法院不会因为确定管辖的事项发生变化而影响其管辖权，故A区法院在起诉时具有对案件的管辖权，不会因为行政区划的变化而影响其管辖权，故行政区划变化后，A区法院依然具有管辖权，不能将案件移送B区法院；案例七中被告在提交答辩状期间未提出管辖权异议，并应诉答辩的，视为受诉法院取得管辖权（应诉管辖），此时基于应诉管辖，A区法院取得管辖权，不能将案件移送B区法院。

考点五：管辖权转移

模型案例

[案例一] 甲市中院受理案件后，认为本案依法应由本市A区法院管辖。

[问题]

1. 中院应当如何处理？
2. 中院能否裁定案件由自己审理？

[案例二] 甲市中院受理案件后，发现本案依法应当由本省高院管辖。

[问题]

1. 中院应当如何处理？
2. 中院能否报请高院将案件转移给自己审理？

【分析与解答】

[案例一]

[分析与思路] 本案依法应当由A区法院审理，故中院应当裁定将案件移送A区法院管辖；当然，应当由A区法院管辖的案件，中院作为上级法院有权裁定将案件由自己审理，此为管辖权的转移。

[答案要点]

1. 中院应当裁定将案件移送A区法院（要点1）；中院立案后认为本院没有管辖权的，应当裁定将案件移送给有管辖权的A区法院（要点2）。

2. 中院可以裁定由本院审理（要点3）；根据《民事诉讼法》规定，中院作为上级法院有权审理下级法院管辖的案件（要点4）。

[案例二]

[分析与思路] 本案依法应当由高院管辖，中院应当裁定将案件移送高院管辖；当然，应由上级人民法院管辖的案件，中院作为下级法院不得报请高院将案件交给自己审理。

[答案要点]

1. 中院应当裁定将案件移送本省高院（要点1）；法院发现受理的案件不属于本院管辖的，应当移送有管辖权的法院（要点2）。

2. 中院不能报请高院将案件转移给自己审理（要点1）；对于应由上级人民法院管辖的第一审民事案件，下级人民法院不得报请上级人民法院交其审理（要点2）。

考点六：管辖权异议

模型案例

[案例一] 住所在A市B区的甲公司与住所在A市C区的乙公司签订了一份买卖合同，约定履行地为D县。合同签订后尚未履行，因货款支付方式发生争议，乙公司诉至D县法院。甲公司就争议的付款方式提交了答辩状。经审理，法院判决甲公司败诉。甲公司不服，以一审法院无管辖权为由提起上诉，要求二审法院撤销一审判决，驳回起诉。二审法院应当如何处理？为什么？

[案例二] 住所在A市B区的甲公司与住所在A市C区的乙公司签订了一份买卖合同，约定履行地为A市D县，后来，甲公司在A市E区完成了合同的履行。因货款支付方式发生争议，甲公司诉至E区法院。乙公司就争议的付款方式提交了答辩状。经审理，法院判决乙公司败诉。乙公司不服该判决，提起上诉，二审法院认为本案基本事实不清，将案件撤销原判，发回E区人民法院重审。在重审中，乙公司提出管辖权异议，认为本案存在约定履行地D县，应当以约定履行地D县为合同履行地，故合同实际履行地E区法院无管辖权。E区法院应当如何处理？

【分析与解答】管辖权异议的题目主要注意应诉管辖的问题。被告在提交答辩状期间没有提出管辖权异议，并且应诉答辩的，视为受诉法院取得管辖权，但违背级别管辖和专属管辖的除外。基于应诉管辖的规定，在法院取得应诉管辖权之后，当事人不得再提出管辖权异议，（如《民诉解释》第39条第二款：人民法院发回重审或者按照第一审程序再审的案件，当事人提出管辖权异议的，法院不予审查）当事人也不得再以法院没有管辖权为由向法院申请再审（如《民事诉讼法》第200条规定的再审理由部分亦删除了“管辖权错误”这一情形）。

[案例一]

[分析与思路] 本案合同纠纷应当由合同履行地和被告住所地法院管辖，但合同并未实际履行，当事人住所地均不在合同约定的履行地，故本案只能由被告甲公司住所地A市B区法院管辖。乙公司诉至D县法院，D县法院无管辖权，但被告甲公司在提交答辩状期间并未提出管辖权异议，且应诉答辩，故D县法院取得应诉管辖权，因此本案甲公司的上诉理由不成立，故二审法院应当判决驳回上诉，维持原判。

[答案要点] 二审法院应当判决驳回上诉，维持原判（要点1）。根据《民事诉讼法》规定，当事人在提交答辩状期间没有提出管辖权异议，并且应诉答辩的，视为受诉人民法院有管辖权，但违背级别管辖和专属管辖的除外（要点2）。本案合同没有实际履行，同时当事人并未居住于约定履行地，故D县法院本无管辖权，但被告甲公司在提交答辩状期

间没有提出管辖权异议，并且应诉答辩，即D县法院取得应诉管辖权，故其上诉理由不成立，二审法院应当依法驳回上诉，维持原判。

[案例二]

[分析与思路] 本案合同纠纷应当由被告住所地或者合同履行地法院管辖，同时存在约定履行地D县，应当以约定履行地为合同履行地，故本案应当由被告住所地C区法院和约定履行地D县法院管辖。合同实际履行地E区法院没有管辖权，但甲公司向E区法院起诉，乙公司没有在提交答辩状期间提出管辖权异议，且应诉答辩，故此时E区法院取得应诉管辖权。同时根据司法解释规定："人民法院发回重审或者按第一审程序再审的案件，当事人提出管辖异议的，人民法院不予审查。"

[答案要点] E区法院对其提出的管辖权异议应当不予审查（要点1）；根据司法解释规定，发回重审或者按第一审程序再审的案件，当事人提出管辖异议的，法院不予审查（要点2）。

专题二 当事人

怎么考

当事人一章在主观题的考查中属于考试频率较高，也较为容易出题的内容。题目难度往往属于简单题目。

层次一：直接考查当事人的判断。典型设问如：请分析本案当事人。

层次二：考查程序纠错题目。典型设问：请分析本案当事人的确定是否正确？请评价本案一审法院的做法。

层次三：结合其他知识点考查。如在一审遗漏必须参加诉讼当事人的，二审法院调解不成，应当撤销原判，发回重审。

模型案例

［案例一］甲、乙、丙三人合伙开办“丽都酒楼”，依法登记但未领取营业执照。张三和儿子张小三（7周岁）到酒楼吃饭，酒楼工作人员李四在维修酒楼设备过程中不慎将一颗螺丝掉下，将张小三砸伤，欲起诉赔偿。请分析本案当事人，并说明理由。

［案例二］张某开设个体工商户经营早餐，未登记字号，后来张某将该早餐铺转让给李某，尚未变更登记。后王某到该早餐铺用餐，该铺的服务员赵某不慎将一碗热粥洒在王某身上，王某受伤，起诉赔偿，请问以谁为被告？并说明理由。

［案例三］阳光劳务派遣公司派遣张三到雨露公司从事安保工作，在执行工作任务时，张三将路人甲打伤，甲起诉要求赔偿，请分析本案当事人，并说明理由。

［案例四］张三购买一台中巴车，挂靠在甲运输公司名下从事运输服务。后来张三驾驶该车辆导致李四受伤，李四欲起诉赔偿，应当以谁为被告？为什么？

［案例五］甲公司起诉乙公司要求支付拖欠的货款30万元，乙公司辩称已经将货款交给甲公司的业务员张某，甲公司承认张某是本公司的业务员，但张某无权代理本公司收取货款，也未将该笔货款交回甲公司，于是甲、乙公司均申请法庭通知张某参加诉讼。请问张某是否是本案的当事人？如果是，其诉讼地位是什么？如果不是，请说明理由。

【分析与解答】

［案例一］

［分析与思路］首先，原告方，张小三作为自然人，具有诉讼权利能力，能以自己的名义起诉、应诉，应当作为原告；但张小三是未成年人，是无民事行为能力人，故在诉讼中没有诉讼行为能力，不能亲自参加诉讼，应当由张三作为法定代理人参加诉讼。其次，被告方，李四提供劳务致人损害，应当以接受劳务方为被告，故李四不能作为被告。“丽

都酒楼”依法登记，并未领取营业执照，故不具有诉讼权利能力，不能以自己的名义起诉应诉，故应当以全体合伙人为共同被告，即以甲、乙、丙为共同被告。

[答案要点] 本案应当以张小三为原告，张三为法定代理人，以甲、乙、丙三人为共同被告（要点1）；李四不是本案适格被告（要点2）。本案丽都酒楼属于个人合伙，应当以全体合伙人为共同被告（要点3）；李四为提供劳务致人损害，根据司法解释规定，应当以接受劳务一方为被告，故李四不是本案被告（要点4）。

[作答点评] 本题给出酒楼工作人员李四执行工作中导致螺丝钉掉下，显然涉及提供劳务致人损害，应当以接受劳务方为被告这一考点。所以同学们应当将李四不能作为被告这一结论及背后的考点作为要点组织到答案中去。

[案例二]

[分析与思路] 本案个体工商户，没有登记字号，以经营者为被告，登记经营者与实际经营者不一致的，列为共同被告，故本案李某、张某为共同被告。同时，本案服务员赵某属于提供劳务致人损害，由接受劳务方为被告，故赵某不是本案被告。

[答案要点] 本案以张某和李某为共同被告（要点1），赵某不是本案当事人（要点2）。个体工商户没有登记字号，以经营者为被告，登记经营者与实际经营者不一致的列为共同被告（要点3），故张某、李某为共同被告。同时服务员赵某为提供劳务致人损害，由接受劳务方为被告（要点4），故赵某不能作为被告。

[案例三]

[分析与思路] 本案为劳务派遣，被派遣的工作人员执行工作任务致人损害的，由接受派遣的用工单位即雨露公司为被告，如果权利人甲主张派遣单位阳光公司承担责任的，阳光公司为共同被告。

[答案要点] 甲作为原告，雨露公司作为被告，如果甲主张阳光公司承担责任的，列为共同被告（要点1）。张三不是本案适格被告。劳务派遣致人损害的，以接受派遣的用工单位为被告，权利人主张派遣单位承担责任的，派遣单位为共同被告（要点2）。

[作答点评] 本题值得注意的是派遣单位阳光公司作为共同被告的前提是“权利人甲主张其承担责任”，如果遗漏该前提，直接给出“雨露公司与阳光公司作为共同被告”这一答案不给分。

[案例四]

[分析与思路] 本题考查挂靠关系致人损害案件的当事人，挂靠方与被挂靠方承担连带责任，应当视权利人的主张确定被告，权利人主张挂靠方与被挂靠方承担责任的，应当将其列为共同被告。

[答案要点] 本案应当视李四的主张确定被告，如果李四主张张三或者甲公司承担责任的，以张三或者甲公司为被告；如果李四主张张三和甲公司均承担责任，将张三和甲公司列为共同被告（要点1）。理由：根据司法解释规定，以挂靠形式从事民事活动致人损害的，当事人主张挂靠方与被挂靠方承担责任的，挂靠方与被挂靠方作为共同被告（要点2）。

[作答点评] 本题要点在于挂靠致人损害，将挂靠方与被挂靠方作为共同被告的前提是当事人主张其承担责任，如果遗漏该前提，直接给出“甲公司和张三为共同被告”这一答案的，不给分。

[案例五]

[分析与思路] 首先张某是甲公司的工作人员，根据司法解释规定，法人或者其他组织的工作人员执行工作任务致人损害的，以法人或者其他组织为当事人，故本案只能以甲公司为当事人，工作人员张某不能作为本案当事人。

[答案要点] 张某不是本案当事人（要点1）。张某是甲公司的工作人员，根据司法解释规定，法人或者其他组织的工作人员执行工作任务致人损害的，以法人或者其他组织为当事人（要点2），即工作人员张某不能成为本案当事人。

深度拓展

结合《民法典》规定判断适格当事人。

同学们可以将以下拓展作为记忆规律掌握《民诉解释》所规定的适格当事人，同时如果考试考查《民诉解释》中没有明文规定的情形，同学们也可以结合民法的规定，根据以下拓展分析出结论。

根据当事人适格的判断原则——本案所争议的实体法律关系的主体为适格当事人，故在《民法典》中规定的赔偿义务人即为适格被告，具体而言有如下3种情形：

1.《民法典》规定“由A承担侵权责任”，即在诉讼中以A为适格被告。

(1) 如《民法典》规定“用人单位的工作人员因执行工作任务造成他人损害的，由用人单位承担侵权责任”，故法人、其他组织的工作人员执行工作任务致人损害的，以法人或者其他组织为当事人。

(2) 如《民法典》规定“个人之间形成劳务关系，提供劳务一方因劳务造成他人损害的，由接受劳务一方承担侵权责任”，故在诉讼中，提供劳务致人损害的，由接受劳务方为被告。

2.《民法典》中规定“A与B承担连带责任”，即在诉讼中视权利人主张确定被告，权利人主张A承担责任，A为被告；权利人主张B承担责任，B为被告；权利人主张A和B均承担责任，A和B为共同被告。注意，答案中一定要体现出权利人的选择权。

(1) 如《民法典》规定“挂靠致人损害的，挂靠方与被挂靠方承担连带责任”；故在诉讼中视权利人的主张确定被告，权利人只主张挂靠方或者被挂靠方承担责任的，则将挂靠方或者被挂靠方列为被告；如果权利人主张挂靠方和被挂靠方共同承担责任的，将其列为共同被告；

(2) 如《民法典》规定“连带保证合同中，保证人和债务人承担连带责任”；故在诉讼中视权利人的主张确定被告，权利人只主张债务人或者保证人承担责任的，则只将债务人或者保证人列为被告；如果权利人主张债务人和保证人共同承担责任的，则将其列为共同被告；

3.《民法典》规定“由A承担侵权责任，B需要满足一定的实体条件（如有过错、没有尽到管理职责等）才需要承担责任”，即在诉讼中首先以A为被告，如果权利人主张B承担责任，B为共同被告。注意，B是否作为被告需要体现出原告的选择权。

(1) 如《民法典》规定：“无民事行为能力人或者限制民事行为能力人在幼儿园、学校或者其他教育机构学习、生活期间，受到幼儿园、学校或者其他教育机构以外的人员人身损害的，由侵权人承担侵权责任；幼儿园、学校或者其他教育机构未尽到管理职责的，承担相应的补充责任。”显然，侵权人是直接责任人，学校未尽到管理职责的承担补充责任，故在诉讼中应当以侵权人为被告，如果当事人主张学校承担责任的，将学校列为共同被告。

（2）如《民法典》规定：“宾馆、商场、银行、车站、机场、体育场馆、娱乐场所等经营场所、公共场所的经营者、管理者或者群众性活动的组织者，未尽到安全保障义务，造成他人损害的，应当承担侵权责任。因第三人的行为造成他人损害的，由第三人承担侵权责任；经营者、管理者或者组织者未尽到安全保障义务的，承担相应的补充责任。”显然，在商场、饭店等场所受到第三人侵权的，侵权人承担的是直接责任，安保义务人未尽到安全保障义务的承担补充责任，故应当以侵权人为被告，如果当事人主张安保义务人承担责任的，安保义务人为共同被告。

拓展案例

在当事人部分，考试中可以从如下方面进行拓展：

1. 在广度上进行拓展：设置复杂案件，对该部分内容下的考点进行融合，如同一案情中既涉及个人合伙又涉及提供劳务致人损害，又涉及无、限制民事行为能力人致人损害；既涉及挂靠，又涉及提供劳务致人损害等。此种拓展方式较为常见，但值得注意的是此种拓展方式题目看起来虽然复杂，但实际上是多个考点机械叠加，同学们只需要逐一拆解，抓住一组核心关系，逐一检索，便能得出答案。

2. 在深度上进行拓展：本部分考点绝大多数内容都是考查《民诉解释》对各种情形下当事人的确定所作出的明文规定，但如果进行深度拓展，则可以考查《民诉解释》并未作出直接规定的情形，需要同学们根据适格当事人的判断原则（原则上本案所争议的实体法律关系的双方当事人就是适格当事人），结合《民法典·侵权责任编》规定的责任主体进行判断。此时同学们结合《民法典》的规定进行判断，《民法典》中规定谁承担赔偿责任，谁就是适格被告。

3. 前后知识点的融合：如可以与二审融合——一审遗漏必须参加诉讼的当事人，二审法院可以组织当事人调解，调解不成的，撤销原判，发回重审；如可以与起诉条件融合——起诉条件只要求被告明确，故虽然不是适格被告，但法院依然应当受理，经过实体审理后判决驳回原告诉讼请求。

[案例一] 张三的儿子张小三在阳光幼儿园上学，一天，精神病人姜某冲入幼儿园将张小三打伤，张三与姜某的监护人朱某以及幼儿园协商赔偿问题未果，拟提起诉讼，请分析本案当事人。

[案例二] 甲、乙、丙三人合伙开了“丽都酒楼”，依法登记，并领取营业执照。张三带着儿子张小三（10岁）到酒楼吃饭，邻座李四的儿子李小四盛着一碗热汤经过，由于地板湿滑，李小四将热汤洒在张小三头上，致使张小三受伤。欲通过诉讼方式解决赔偿问题，请分析本案相关人员的诉讼地位问题。

[案例三] 王某购买一辆中巴车，为了运营，王某与明星汽运公司签订合同，明确挂靠该公司，王某每月向该公司交纳500元，该公司为王某代交规费、代办各种运营手续、

保险等。明星汽运公司依约代王某向鸿运保险公司支付了该车的交强险费用。

2015 年 5 月，王某所雇司机华某驾驶该中巴车致行人李某受伤，交警大队认定中巴车一方负全责，并出具事故认定书。李某以王某、明星汽运公司、鸿运保险公司以及华某为被告，向甲区法院提起诉讼，要求以上被告赔偿医疗费、务工损失等各项损失共计 18 万元。请分析：

[问题]

1. 请分析本案的被告并说明理由。

2. 对于李某的起诉，法院应当如何处理？为什么？

【分析与解答】

[案例一]

[分析与思路] 首先，本案基本案情是无民事行为能力人张小三在幼儿园受到第三人侵权，《民诉解释》并未对该情形下如何确定当事人作出规定，故需要同学们结合民法的规定分析当事人——实体法律关系的权利人为适格原告，实体法律关系的义务人为适格被告。其次，本案在该基本案情之上，设置了侵权人姜某为无民事行为能力人这一情形，考查无、限制民事行为能力人致人损害，应当以侵权人和监护人作为共同被告。具体分析思路如下：

第一步，张小三为受害人，张小三为原告，张小三无诉讼行为能力，由张三作为法定代理人代为诉讼。

第二步，张小三在幼儿园受到第三人侵害，应当由侵权人承担责任，幼儿园没有尽到管理义务的，应当承担补充责任。故本案应当以侵权人姜某为被告，如果权利人主张阳光幼儿园承担责任的，阳光幼儿园为共同被告。

第三步，因侵权人姜某为精神病人，无、限制民事行为能力人致人损害的，由无、限制民事行为能力人和监护人为共同被告，故本案姜某和监护人朱某为共同被告。

[答案要点] 本案张小三为原告，张三为法定代理人。姜某、朱某为共同被告，如果权利人主张阳光幼儿园承担责任的，阳光幼儿园为共同被告（要点 1）。

根据民法规定，无民事行为能力人或者限制民事行为能力人在幼儿园、学校或者其他教育机构学习、生活期间，受到幼儿园、学校或者其他教育机构以外的第三人人身损害的，由第三人承担侵权责任；幼儿园、学校或者其他教育机构未尽到管理职责的，承担相应的补充责任（要点 2）。故本案应当以侵权人姜某为被告，如果权利人主张阳光幼儿园承担责任的，阳光幼儿园为共同被告；同时本案侵权人姜某为无、限制民事行为能力人，根据司法解释规定，无、限制民事行为能力人致人损害的，由无、限制民事行为能力人和监护人为共同被告（要点 3），故本案姜某和监护人朱某为共同被告。

[作答点评] 无、限制民事行为能力人在幼儿园受到第三人侵权，由侵权人承担赔偿责任，幼儿园没有尽到管理职责的承担补充责任。故将幼儿园作为共同被告的前提是权利人主张其承担责任，如果忽略该前提，直接给出“幼儿园为共同被告”这一答案不给分。

[案例二]

[分析与思路] 首先，本案基本案情是在饭店（安全保障义务人）受到第三人侵权，民诉解释并未对该情形下如何确定当事人作出规定，故需要同学们结合民法的规定分析当事人。其次，本案在该基本案情之上，增加设置了两个考点：一是受害人张小三为无民事

行为能力人，应当由法定代理人代为诉讼；二是侵权人李小四为无民事行为能力人，考查无、限制民事行为能力人致人损害，应当以侵权人和监护人作为共同被告。具体分析思路如下：

第一步：张小三为受害人，故张小三是本案适格原告，但其没有诉讼行为能力，故由张三作为法定代理人代为诉讼。

第二步：张小三在饭店受到第三人侵权，根据民法规定，在饭店等场所受到第三人侵权，由侵权人承担赔偿责任，饭店作为安保义务人如果没有尽到安保义务应当承担补充责任。故本案应当以侵权人李小四为被告，如果权利人主张丽都酒楼承担责任，丽都酒楼应当作为共同被告。

第三步：侵权人李小四是无、限制民事行为能力人，根据司法解释规定，无、限制民事行为能力人致人损害的，应当以侵权人和监护人作为共同被告，故本案应当以李小四和监护人李四为共同被告。

[答案要点] 本案应当以张小三为原告，张三为法定代理人；李四、李小四为共同被告（要点1）；如果原告主张丽都酒楼承担责任，丽都酒楼为共同被告（要点2）。根据民法规定，张小三在丽都酒楼等经营场所受到第三人侵害，应当由侵权人承担赔偿责任，经营场所的经营者未尽到安全保证义务的，承担补充责任（要点3）。故本案侵权人李小四是适格被告，如果权利人主张丽都酒楼承担责任，丽都酒楼要作为共同被告。同时本案侵权人李小四是无、限制民事行为能力人，根据司法解释规定，无民事行为能力人、限制民事行为能力人造成他人损害的，无民事行为能力人、限制民事行为能力人和其监护人为共同被告（要点4）。

[作答点评] 在经营场所受到第三人侵权的，由侵权人承担赔偿责任，经营场所的经营者未尽到管理职责的，承担补充责任，故将丽都酒楼列为共同被告的前提是权利人主张其承担责任，如果忽略该前提，直接给出“丽都酒楼为共同被告”这一答案不给分。

[案例三]

[分析与思路] 第一问，关于本案当事人。首先，本案是机动车致行人损害，由保险公司在交强险责任限额范围内承担赔偿责任，不足部分由机动车一方承担赔偿责任，受害人有过错的，适当减轻机动车一方赔偿责任。故本案首先由鸿运保险公司承担赔偿责任，不足部分，由机动车一方承担赔偿责任。故本案首先应当以鸿运保险公司和王某为共同被告。其次，该车辆挂靠在明星汽运公司名下，故如果权利人李某主张明星汽运公司承担责任的，明星汽运公司为共同被告。最后，华某是王某聘请的司机，属于提供劳务致人损害，应当以接受劳务方为被告，故华某不能作为本案的适格被告。故本案李某将王某、明星汽运公司、鸿运保险公司列为被告的做法是正确的，而华某不能作为本案适格被告。第二问，对于李某的起诉法院应当如何处理的问题。从第一问分析，本案存在的问题仅仅是本案华某不能作为本案适格被告，故第二问显然是问对于华某不是适格被告，法院应当如何处理？此时涉及考点是起诉条件对被告的要求仅仅是明确，而不要求被告适格，故虽然华某不是本案适格被告，但李某的起诉依然符合“有明确被告”这一起诉条件，故法院应当依法受理，受理后判决驳回李某对华某的诉讼请求。

[答案要点]

1. 本案王某、明星汽运公司、鸿运保险公司为适格被告，华某不是适格被告（要点

1）。

首先，根据《道路交通安全法》第76条，机动车致行人损害的，由保险公司在交强险责任限额内予以赔偿，不足部分由机动车一方承担赔偿责任（要点2），有证据证明行人有过错的，根据过错程度减轻机动车一方赔偿责任。故本案鸿运保险公司和王某对李某有赔偿义务，应当作为适格被告。

其次，本案车辆挂靠在明星汽运公司名下，根据司法解释规定，以挂靠形式从事民事活动，当事人请求由挂靠人和被挂靠人依法承担民事责任的，该挂靠人和被挂靠人为共同诉讼人（要点3），故李某如果主张被挂靠方明星汽运公司承担责任的，将明星汽运公司列为共同被告。

最后，华某是王某聘请的司机，根据司法解释规定，提供劳务一方因劳务造成他人损害，受害人提起诉讼的，以接受劳务一方为被告（要点4）。故华某不是本案适格被告。

2. 法院应当依法受理李某的起诉，经实体审理后，判决驳回李某对华某的诉讼请求（要点5）。根据《民事诉讼法》第119条规定，起诉应当符合下列条件：（1）原告是与本案有直接利害关系的公民、法人和其他组织；（2）有明确的被告；（3）有具体的诉讼请求和事实、理由；（4）属于人民法院受理民事诉讼的范围和受诉人民法院管辖（要点6）。起诉条件仅仅要求有明确被告，而不要求被告适格，故虽然华某不是本案适格被告，但依然符合起诉条件，故法院应当受理。受理后，经过实体审理，认为华某不是适格被告，应当依法判决驳回李某对华某的诉讼请求。

真题案例

[案例一]（节选自2017年卷四第六题）2013年5月，郝志强、迟丽华夫妻将二人共有的一套三层楼房出租给包童新居住，协议是以郝志强的名义签订的。2015年3月，温茂昌从该楼房底下路过，被三层掉下的窗户玻璃砸伤，花费医疗费8500元。温茂昌将郝志强和包童新诉至法院，要求他们赔偿医疗费用。法院经过审理后判决郝志强与包童新共同承担赔偿责任：郝志强赔偿4000元，包童新赔偿4500元，两人承担连带责任。

[问题] 请分析本案一审程序存在什么问题？二审法院应当如何纠正？请说明理由。

[案例二]（节选自2010年卷四第五题）大力公司与铁成公司签订煤炭买卖合同，由大力公司向铁成公司出售3000吨煤炭。大力公司经海运向铁成公司发运2000吨煤炭，存放于铁成公司在D县码头的货场。大力公司依约要求铁成公司支付已发煤款遭拒，遂决定暂停发运剩余1000吨煤炭。

在与铁成公司协商无果情况下，大力公司向某县法院提起诉讼，要求铁成公司支付货款。审理中，铁成公司辩称并未收到2000吨煤炭，要求驳回原告诉讼请求。大力公司向法院提交了铁成公司员工季某（季某是铁成公司业务代表）向大力公司出具的收货确认书，但该确认书是季某以长远公司业务代表名义出具的。经查，长远公司并不存在，季某承认长远公司为其杜撰。据此，一审法院追加季某为被告。经审理，一审法院判决铁成公司向大力公司支付货款，季某对此承担连带责任。

[问题] 请评价一审法院存在什么错误？并说明理由。

[案例三]（节选自2011年卷四第五题）甲公司职工黎某因公司拖欠其工资，多次与公司法定代表人王某发生争吵，王某一怒之下打了黎某耳光。为报复王某，黎某找到江甲

的儿子江乙（17岁），唆使江乙将王某办公室的电脑、投影仪等设备砸坏，承诺事成之后给其一台数码相机为报酬。甲公司起诉要求黎某赔偿损失，并要求黎某向王某赔礼道歉。审理时，法院通知江乙参加诉讼。

[问题] 王某、江甲、江乙是否为本案当事人？各是什么诉讼地位？为什么？

[案例四]（节选自2013年卷四第七题）孙某与钱某合伙经营一家五金店，后因经营理念不合，孙某唆使赵龙、赵虎兄弟寻衅将钱某打伤，钱某花费医疗费2万元，营养费3000元，交通费2000元。钱某向甲县法院起诉赵家兄弟，要求其赔偿经济损失2.5万元，精神损失5000元。甲县法院经过审理支持了钱某的所有主张。

二被告不服，向乙市中院提起上诉，并向该法院承认，二人是受孙某唆使。钱某要求追加孙某为共同被告。

[问题] 二审法院应当如何处理？并说明理由。

【分析与解答】

[案例一]

[分析与思路] 本案的基本案情为建筑物、构筑物或者其他设施及其搁置物、悬挂物发生脱落、坠落造成他人损害，所有人、管理人或者使用人不能证明自己没有过错的，应当承担侵权责任。故本案应当以所有人郝志强、迟丽华以及使用人包童新为共同被告。首先，本案一审法院仅仅将郝志强和包童新列为被告，遗漏了共同被告迟丽华；其次，一审法院遗漏必须参加诉讼的共同诉讼人，二审法院可以组织当事人调解，调解不成的，撤销原判，发回重审。

[答案要点] 本案一审遗漏共同被告迟丽华（要点1）。二审法院应当通知迟丽华参加调解，调解不成的，撤销原判，发回重审（要点2）。理由：根据民法规定，建筑物、构筑物或者其他设施脱落、坠落致人损害的，所有人、管理人、使用人不能证明自己没有过错的，应当承担侵权责任（要点3）。故本案应当以所有人郝志强、迟丽华以及使用人包童新为共同被告。对于一审遗漏必须参加诉讼的当事人，二审法院可以组织当事人调解，调解不成的，撤销原判，发回重审（要点4）。

[案例二]

[分析与思路] 本案中提到季某为铁成公司的员工，显然涉及考点在于法人的工作人员执行工作任务致人损害应当以法人为当事人，工作人员季某不能作为本案的当事人，故一审法院将季某列为本案共同被告的做法错误。

[答案要点] 一审法院将季某列为共同被告的做法错误（要点1）。根据司法解释规定，法人的工作人员执行工作任务致人损害，应当以法人为当事人（要点2），故季某不能作为本案的被告。

[案例三]

[分析与思路] 本案的基本案情是黎某唆使江甲的儿子江乙将甲公司总经理的办公室设备砸毁，甲公司提起诉讼。首先本案的受害人是甲公司，故甲公司是本案的原告。其次是黎某唆使江乙对甲公司实施侵权行为，二人为共同被告。最后侵权人江乙为无、限制民事行为能力人，致人损害的应当以本人和监护人为共同被告。题目问及王某、江甲、江乙是否为本案的当事人，其诉讼地位如何，并说明理由。显然，王某并不是本案的当事人，而是原告甲公司的法定代表人；江甲和江乙是本案的共同被告。

［答案要点］王某不是本案当事人，其诉讼地位为原告甲公司的法定代表人（要点1）。理由：王某不是本案侵权法律关系的一方当事人，故不是本案当事人，但其应当作为原告甲公司的法定代表人身份参加诉讼（要点2）。

江甲和江乙是本案的当事人，其诉讼地位为本案的共同被告（要点3）。根据司法解释规定，无、限制民事行为能力人致人损害，以本人和监护人为共同被告（要点4）。

［案例四］

［分析与思路］首先本案是孙某唆使赵龙、赵虎打伤钱某，故本案应当以钱某为原告，孙某、赵龙、赵虎为共同被告。其次，题目提及钱某起诉赵家兄弟，显然一审将共同被告孙某遗漏，故涉及一审遗漏必须参加诉讼的当事人，二审法院可以组织当事人调解，调解不成，撤销原判，发回重审这一考点。

［答案要点］二审法院可以追加孙某进行调解，调解不成的，撤销原判，发回重审（要点1）。理由：孙某应当作为本案共同被告，一审法院将其遗漏，对于一审遗漏必须参加诉讼的当事人，二审法院可以通知当事人调解，调解不成的，撤销原判，发回重审（要点2）。

怎么考

证据和证明在主观题的考查中属于考试频率较高，也较为容易出题的内容。题目难度可以是简单题目，也可以是中档题目，也可以是较难题目。

层次一：简单题目。题目考查证据的种类与分类，给出一系列证据，让同学们逐一分析证据的种类和分类，这类题目较为简单，同学们逐一分析不要遗漏即可。

层次二：简单题目。考查各类证据的规则，如文书真实性规则、文书提出命令规则、鉴定的规则等。

层次三：中档题目。考查证明责任的分配。关于证明责任的分配同学们都能根据“一个原则，两类倒置”对证明责任进行正确分配，考试时可能存在的难点在于一定要准确判断当事人主张的事实分别属于何种构成要件或者是免责事由才能准确判断证明责任的承担；需要提醒同学们注意的是一定对当事人主张的每一个事实逐一评价证明责任的分配，不要遗漏。

层次四：较难题目。有两个角度可以增加难度，一是分析证明责任的前提是分析证明对象，如果不是证明对象的事实不需要讨论证明责任，案例中出现该事实同学们一定要在答案中明确指出该事实不是证明对象，无需证据证明；二是当题目提及“事实不清”或者“根据现有证据无法认定××事实”的表述时即可能在考查证明责任，同学们应当迅速得出法院应当适用证明责任的规则作出判决的结论。

考点一：物证、书证、视听资料、电子数据

模型案例

[案例一] 张三将某书店的一批工具书毁损，书店老板起诉张三赔偿，向法院提供被损毁的图书，这批图书属于何种证据？

[案例二] 张三认为李四出版的一本小说侵犯自己名誉权，起诉李四，向法庭提交了这本图书，这本图书属于何种证据？

[案例三] 李四殴打张三，致张三尺骨骨折，张三起诉李四赔偿，向法院提交了医院拍摄的X光片，这张X光片属于何种证据？

[案例四] 张三起诉李四归还借款，向法庭提交了李四表示要向张三借款的手机通话录音以及短信记录，通话录音以及短信记录属于何种证据？

［案例五］车祸现场，交警赶到现场用数码相机拍摄了一张现场照片，储存在 U 盘中，这张照片属于何种证据？

【分析与解答】案例一、案例二考查书证与物证的区别，同样是图书，案例一中是用图书损坏状态证明损害后果，是物证。案例二中是用图书中记载的内容、表达的思想证明案件事实，是书证。

案例三、案例四考查电子数据和视听资料的区别。《民诉解释》中明确“储存在电子介质中的录音资料和影像资料适用电子数据的规定”，那么电子数据和视听资料的内容有可能都是声音、图像，关键区别在于形成方式、储存方式和传输方式的不同。用传统的录音、录像、拍照等方式形成于录音带、录像带、胶片之上的录音、录像、照片等属于视听资料，而借助现代电子计算机技术形成并储存在 U 盘、移动硬盘、电脑硬盘等电子介质中，并且可以实现精确复制，可以在虚拟空间中快速传播的录音、录像、照片、文字等属于电子数据。案例三中所述的 X 光片，显然存在于胶片之上，并非储存在电子介质中，且无法实现精确复制，无法在虚拟空间传播，其原理与传统相机胶片类似，属于视听资料。案例四中所述短信内容、录音内容是通过手机储存卡这一电子介质进行存储，属于电子数据；案例五中的照片是储存在电子介质中的照片，根据司法解释规定，储存在电子介质中的录音资料、影像资料适用电子数据的规定。

［答案要点］案例一中图书是物证，该图书是通过图书的损坏状态证明案件事实；

案例二中图书是书证，该图书是用图书的内容证明案件事实；

案例三中 X 光片是视听资料，该 X 光片是用储存在胶片上的图像证明案件事实；

案例四中通话录音、短信记录属于电子数据，其均是通过储存在电子介质中的信息、录音资料、影像资料证明案件事实；

案例五中现场照片属于电子数据，该照片是储存在电子介质中的影像资料，适用电子数据的规定。

拓展案例

［案例一］张某驾车将李某撞伤，交警赶到现场用数码相机拍摄了一张现场照片。后张某到交警大队打印了这张照片，该照片属于何种证据？

［案例二］张三寻衅将甲公司总经理办公室的办公桌砸坏，该过程被办公室数码监控设备拍摄下来，甲公司起诉张三赔偿，提供了这段视频，属于何种证据？

［案例三］张三寻衅将甲公司总经理办公室的办公桌砸坏，甲公司对该办公桌进行了拍照，该照片属于何种证据？

［案例四］李四用匕首将张三捅伤，该过程被房间的数码监控设备拍摄下来，这段视频属于何种证据种类？

［案例五］李四用匕首将张三捅伤，张三起诉李四，将该匕首拍摄了照片提交法庭，这张照片属于何种证据种类？

【分析与解答】对于“证据的种类”这一考点进行拓展，主要涉及两个方向，一是考查《证据规定》第 15 条“电子数据的制作者制作的与原件一致的副本，或者直接来源于电子数据的打印件或其他可以显示、识别的输出介质，视为电子数据的原件”这一规定。二是考查证据的判断一定以证据的原始形态为准，证据的传来形式不影响证据的种类区分。如证人就案件事实的陈述为证人证言——证人亲自到法庭的陈述是证人证言，而如果符合法定情形下证人不出庭，将其所见所闻通过书面形式记录后提交给法庭的书面材料也是证人证言的一种传来形式，依然判断为证人证言，不能因为其在形式上是用记载的内容证明案件事实而将其判断为书证；同样，证人将所要陈述的内容用录音、录像等方式记录下来将U盘或者录像带提交给法庭同样是证人证言的一种传来形式，应判断为证人证言，不能判断为视听资料或者电子数据。同样的道理，对于照片、录像等判断应当首先判断其拍摄的内容是什么？该内容到底是案件事实还是证据？——如果拍摄的内容本身就是一种证据，那么照片、录像只能是这个证据的传来形式；而如果拍摄的内容本身不是证据，而是案件事实，则该照片、录像为证据的原始形态，应当据此判断其为视听资料或者电子数据。

[案例一]

[分析与思路] 交警用数码相机拍摄的现场照片属于电子数据。打印出来的数码照片属于直接来源于电子数据的打印件或者其他可以显示、识别的输出介质，根据《证据规定》第15条规定，应当视为电子数据的原件。

[答案要点] 该照片属于电子数据（要点1），且为电子数据原件。根据《证据规定》第15条直接来源于电子数据的打印件或者其他可以显示、识别的输出介质，视为电子数据的原件（要点2）。

[案例二]

[分析与思路] 案例中数码监控摄像拍摄的内容为张三实施侵权行为的过程，该过程本身并不是证据，而是案件事实，故这段录像为证据的原始形态，据此进行判断，是数码设备录制的，为电子数据。

[答案要点] 该视频为电子数据（要点1），该视频是通过储存在电子介质中的影像资料证明案件事实，属于电子数据。

[案例三]

[分析与思路] 本案中照片拍摄的是被损坏的桌子，是用桌子的损坏状态证明案件事实，桌子本身是物证，故照片仅仅是该物证的传来形态，故应当判断为物证，不能判断为电子数据。

[答案要点] 该照片为物证（要点1），该照片是用桌子的损坏状态证明案件事实。

[作答点评] 同学们可以将案例二和案例三进行对比分析，体会其中区别。案例二视频拍摄的对象是张三实施侵权行为的过程，该过程本身不是证据，而是案件事实，故该视频是证据的原始形态，依据该视频判断，属于储存在电子介质中的影像资料，为电子数据；案例三中照片拍摄的是损坏的桌子，该桌子本身是证据，用其损坏状态证明案件事实，是物证，而照片只是物证的一种传来形式而已，不影响其证据种类的判断。

[案例四]

[分析与思路] 该监控录像拍摄的对象是李四用匕首捅伤张三的过程，该过程本身不是证据，而是案件事实，故该视频属于证据的原始形态，据此判断该视频是用储存在电子介质中的影像资料证明案件事实，是电子数据。

[答案要点] 该监控录像属于电子数据（要点1），该视频是通过储存在电子介质中的影像资料证明案件事实，属于电子数据。

[案例五]

[分析与思路] 该照片拍摄的是匕首，是通过匕首的形态证明案件事实，匕首本身是证据，故照片仅仅是该物证的传来形态，故应当判断为物证，不能判断为电子数据。

[答案要点] 该照片属于物证（要点1），是通过匕首的形态证明案件事实。

[作答点评] 很多考生将案例一、案例二、案例三、案例四、案例五均判断为电子数据而出现错误。值得注意的是——证据种类的判断应当以证据的原始形态为准，传来形式不同不影响证据的种类判断。对于照片、录像等判断应当首先判断其拍摄的内容是什么？该内容到底是案件事实还是证据？——如果拍摄的内容本身就是一种证据，那么照片、录像只能是这个证据的传来形式；而如果拍摄的内容本身不是证据，而是案件事实，则该照片、录像为证据的原始形态，应当据此判断其为视听资料或者电子数据。故案例一中拍摄的是现场，现场本身不是证据，而该照片是证据的原始形态，用数码相机拍摄的，应为电子数据；案例二中数码监控摄像拍摄的内容为张三实施侵权行为的过程，该过程本身并不是证据，而是案件事实，故这段录像为证据的原始形态，据此进行判断，是数码设备录制的，为电子数据；案例三中拍摄的是被损坏的桌子，桌子本身是物证，故照片仅仅是该物证的传来形态，故应当判断为物证，不能判断为电子数据；案例四中监控摄像拍摄的是李四捅伤张三的过程，该过程本身不是证据，而是案件事实，故该摄像是证据的原始形态，数码监控设备拍摄的，应为电子数据；案例五中相机拍摄的是匕首，匕首本身是物证，照片只是该物证的传来形态而已，应当判断为物证，不能判断为电子数据。

拓展案例

[案例一] 张三起诉李四归还借款10万元，张三向法庭出示了一张借条，李四主张借条上的签名为伪造。对借条的真实性应当由谁承担证明责任？请说明理由。

[案例二] 张三起诉李四归还借款10万元，张三向法庭出示了一张借条，李四承认借条上的签名为真实，但主张是张三以揭发其吸毒事实而胁迫其签署的。对相关事实应当由谁承担证明责任？请说明理由。

[案例三] 张老太因其在某银行购买的理财产品出现了大额本金损失，张老太起诉银行。银行向法庭提供合同原件，原件上有“本人已知悉产品存在本金损失风险”字样，并有张老太亲笔签名。张老太承认签名为真实，但主张银行工作人员明确告知其产品为保本产品，这段表述是银行工作人员教自己写的。对相关事实由谁承担证明责任？应当适用何种证明标准？请说明理由。

【分析与解答】

[分析与思路] 以上三个案例考查文书真实性规则。根据《证据规定》，私文书证的真实性由主张以该私文书证证明案件事实的一方当事人承担证明责任；私文书有制作者签名、盖章、捺印的推定为真实。案例一中借条上的签名存在争议，故不能推定为真实，故应当由主张以该借条证明借款事实的张三对借条的真实性承担证明责任。案例二中李四承认借条上的签名为真实，即该借条有私文书证的制作者签名，应当推定为真实；既然借条推定为真实，张三无需对其真实性承担证明责任；此时李四主张借条存在胁迫，应当对胁迫的事实承担证明责任。案例三与案例二的分析思路相同，既然合同中有张老太亲笔签名，故合同内容推定为真实，银行无需再对合同的真实性承担证明责任；此时张老太主张

合同存在欺诈，应当对其主张的欺诈事实承担证明责任。同时根据《民诉解释》第109条的规定，对欺诈、胁迫、恶意串通、口头遗嘱和赠与事实的证明应当适用排除合理怀疑的标准。

[答案要点]

[案例一] 应当由张三对借条的真实性承担证明责任（要点1）；根据司法解释规定，私文书证的真实性应当由主张以私文书证证明案件事实的一方当事人承担证明责任（要点2）。

[案例二] 应当由李四对其主张的胁迫事实承担证明责任（要点1）；根据司法解释规定，私文书证有制作者签名、盖章、捺印的推定为真实（要点2），故张三无需对借条的真实性承担证明责任；李四主张存在胁迫事实，应当由李四对其主张的胁迫这一事实承担证明责任（要点3）。

[案例三] 应当由张老太对其主张的欺诈事实承担证明责任（要点1），张老太应当将其主张的欺诈事实证明到排除合理怀疑的标准（要点2）；根据司法解释规定，私文书证有制作者签名、盖章、捺印的推定为真实（要点3），故银行无需对合同的真实性承担证明责任；张老太主张存在欺诈事实，应当由张老太对其主张的欺诈这一事实承担证明责任（要点4）；根据司法解释规定，对欺诈、胁迫、恶意串通、口头遗嘱和赠与事实应当适用排除合理怀疑的证明标准（要点5）。

考点二：证据的理论分类

模型案例

[案例一] 甲公司和乙公司签订钢材买卖合同，约定乙公司向甲公司交付20吨钢材，甲公司支付相应款项。后甲公司并未收到该批次钢材，遂起诉乙公司，要求乙公司依约履行合同，并赔偿违约金。甲公司向法庭提交了合同原件。乙公司辩称已经向甲公司的项目经理张某交付了该批次钢材，甲公司称张某确实是本公司项目经理，但其无权代为收取钢材，且未将钢材交付甲公司。乙公司向法院提交了张某为乙公司出具的收条，以及甲公司对张某的委托授权书。请分析以上证据是本证还是反证?

[案例二] 张某开车行驶，遇李某横穿马路，李某在张某车前倒地受伤。李某起诉张某要求赔偿损失。李某向法庭出具了医院的诊断证明书以及医疗费发票。张某主张自己并未撞倒李某，向法庭提供了现场照片，该照片显示李某倒地位置离张某的车还相距一米左右，拟证明自己没有撞倒李某；同时张某主张就算自己撞倒了李某，但李某横穿马路，未走人行横道，对其受伤也有责任，并向法庭提供了车载行车记录仪，该记录仪显示李某横穿马路。请分析本案李某出具的诊断证明书、医疗费发票，张某出具的现场照片、行车记录仪器分别是本证还是反证?

【分析与解答】

[案例一]

[分析与思路] 首先，甲公司提供的合同原件，其待证事实是双方当事人之间存在该合同，即合同成立且有效，合同成立且有效应当由提出该主张的甲公司承担证明责任，故

甲公司提供的合同原件是本证。

其次，乙公司提供的收条，其待证事实是合同已经履行，应当由主张合同已经履行的乙公司承担证明责任，故乙公司提供的收条是本证。

最后，乙公司提供的甲公司对张某的委托授权书，其待证事实是张某有权代理甲公司收取钢材，对于代理人是否具有代理权，应当由主张有代理权的乙公司承担证明责任，故乙公司提供的委托授权书为本证。

[答案要点] 本案合同原件、收条、委托授权书均为本证（要点1、2、3）。理由：合同原件的待证事实是合同成立并生效，应当由主张合同成立、生效的甲公司承担证明责任，故甲公司提供的合同为本证；收条的待证事实是合同已经履行，应当由主张合同已经履行的乙公司承担证明责任，故乙公司提供的收条为本证；委托授权书的待证事实为张某具有代理权，应当由主张有代理权的乙公司承担证明责任，故乙公司提供的委托授权书为本证。

[作答点评] 一般考题中会列出很多证据要求同学们分析其种类和分类，需要同学们逐一分析，需要作答内容较多，故一般不会要求说明理由。此处只是为了训练同学们答题的规范化，故对理由进行了阐述。考试时同学们结合题目要求作答，题目要求说明理由的则必须要说明理由，题目未要求说明理由的可以不予说明。

[案例二]

[分析与思路] 首先，李某出具的诊断证明书、医疗费发票等待证事实为侵权构成要件中的损害后果，该待证事实应当由原告李某承担证明责任，故李某提供的诊断证明书、医疗费发票为本证；

其次，张某提供的现场照片的待证事实为自己并未撞到李某，张某是否撞到李某应当由主张侵权事实成立的李某承担证明责任，故不承担证明责任的张某提供的该照片属于反证；

最后，张某提供的行车记录仪的待证事实是受害人李某横穿马路，对其受伤也应当承担责任，属于免责事由，应当由主张存在免责事由的张某承担证明责任，故张某提供的行车记录仪是本证。

[答案要点] 诊断证明书、医疗费发票是本证（要点1）；现场照片是反证（要点2）；行车记录仪是本证（要点3）。理由：诊断证明书、医疗费发票的待证事实是损害结果，属于侵权构成要件，应当由主张侵权法律关系存在的原告李某承担证明责任，故李某提供的该证据为本证；现场照片的待证事实是张某没有撞到李某，即侵权事实不成立，对于侵权事实是否成立应当由主张侵权事实成立的李某承担证明责任，故由不承担证明责任的张某提供的该照片为反证；行车记录仪的待证事实是受害人有过错，属于免责事由，应当由主张存在免责事由的被告张某承担证明责任，故张某提供的该证据为本证。

真题案例

[案例一]（节选自2012年卷四第五题）王某驾车以60公里时速行驶，突遇刘某骑自行车横穿马路，王某紧急刹车，刘某在车前倒地受伤。刘某被送往医院治疗，疗效一般，留有一定后遗症。之后，双方就王某开车是否撞倒刘某，以及相关赔偿事宜发生争执，无法达成协议。

刘某诉至法院，主张自己被王某开车撞伤，要求赔偿。刘某提交的证据包括：甲市B区交警大队的交通事故处理认定书（该认定书没有对刘某倒地受伤是否为王某开车所致作出认定）、医院的诊断书（复印件）、处方（复印件）、药费和住院费的发票等。王某提交了自己在事故现场用数码摄像机拍摄的车与刘某倒地后状态的视频资料。图像显示，刘某倒地位置与王某车距离1米左右。王某以该证据证明其车没有撞倒刘某。

[问题] 本案所列当事人提供的证据，属于法律规定中的哪种证据？属于理论上的哪类证据？

[案例二]（节选自2011年卷四第五题）甲公司职工黎某因公司拖欠其工资，多次与公司法定代表人王某发生争吵，王某一怒之下打了黎某耳光。为报复王某，黎某找到江甲的儿子江乙（17岁），唆使江乙将王某办公室的电脑、投影仪等设备砸坏，承诺事成之后给其一台数码相机为报酬。事后，甲公司对王某办公室损坏的设备进行了清点、登记和拍照，并委托、授权律师尚某全权处理本案。尚某找到江乙了解案情，江乙承认受黎某指使。甲公司起诉要求黎某赔偿损失，并要求黎某向王某赔礼道歉。

[问题] 原告甲公司向法院提交了公司制作的王某办公室损坏设备登记表、对损坏设备拍摄的照片、律师尚某调查江乙的录音资料。上述材料能否作为本案证据？如果能，分别属于法律规定的何种证据？

【分析与解答】

[案例一]

[分析与思路] 逐一梳理本案的证据。

交通事故处理认定书在种类上属于书证，在理论上属于原始证据、间接证据、本证；

医院的诊断书（复印件）、处方（复印件）属于书证，在理论上属于传来证据、间接证据、本证；

药费和住院费的发票属于书证，在理论上属于原始证据、间接证据、本证；

王某提交的视频资料属于电子数据，在理论上属于原始证据、间接证据。该证据的待证事实是自己的车没有撞到刘某，对于车是否撞到刘某应当由原告刘某承担证明责任，故被告王某提供的视频资料属于反证。

[答案要点] 交通事故处理认定书是书证，是原始证据、间接证据、本证；医院的诊断书（复印件）、处方（复印件）是书证，是传来证据、间接证据、本证；药费和住院费的发票是书证，是原始证据、间接证据、本证；视频资料是电子数据，是原始证据、间接证据、反证。

[作答点评] 本题几乎没有难度，但是注意答题时应当逐一对每一个证据的种类和分类进行分析，不要遗漏，同时注意用较为清晰的形式展示答案。

[案例二]

[分析与思路] 本案律师调查江乙的录音资料属于电子数据，这一问题属于简单问题；但是对甲公司制作的王某办公室损坏设备登记表、对损坏设备拍摄的照片的判断存在较大难度。首先损坏的设备是通过其损坏状态证明案件事实，属于物证。甲公司将该物证进行清点、登记，制作的登记表本身并不能证明案件事实，不是证据，该清单的意义只是为了方便提交证据，属于证据清单；而对该证据进行拍照，该照片的拍摄对象为损坏的设备，该设备本身是物证，故该照片只是物证的传来形式而已，并不影响证据的种类判断，故该照片是物证，是物证的传来形式。

[答案要点] 录音资料可以作为本案的证据，是电子数据(要点1)；损坏设备的照片可以作为本案证据，是物证(要点2)；损坏设备清单不能作为本案的证据（要点3)，因为其本身不能证明案件事实，只是本案的证据清单。

考点三：证人证言

模型案例

就张三起诉李四侵权纠纷一案中，依当事人申请，法院通知当时在场的王五（张三的表弟12岁)，路人赵六出庭作证。王五出庭陈述了李四寻衅将张三打伤的事实；赵六未出庭，向法庭提供了书面证言，证明张三挑起事端导致李四将张三打伤。请分析以上证人证言的证明力。

【分析与解答】

[分析与思路] 本案中证人王五是未成年人，同时是张三的表弟，显然是涉及两个考点：一是无、限制民事行为能力人能否作为证人；二是与当事人有利害关系的人的证人资格以及其证言的证明力问题。赵六未出庭作证，而是向法庭提供书面证言，显然涉及“无正当理由未出庭的证人提供的证言不能作为定案根据”这一考点。

涉及考点如下：首先，根据《证据规定》第67条规定可知，“待证事实与其年龄、智力状况或者精神健康状况相适应的无、限制民事行为能力人可以作为证人”，故王五虽然是未成年人，但可以作为证人。其次，与当事人有利害关系的证人提供的证言不能单独作为定案根据，故虽然王五与案件有利害关系，但可以作为证人，同时其证言证明力较小，不能单独作为定案根据，需要其他证据对其证明力进行补强。最后，根据《证据规定》第68条可知，“无正当理由未出庭的证人以书面等方式提供的证言，不得作为认定案件事实的根据”，故赵六无正当理由未出庭，其提供的书面证言不得作为定案根据，即不具有证明力。

[答案要点] 王五的证言具有证明力(要点1)，但其证明力小，不能单独作为定案根据(要点2)。根据司法解释规定，待证事实与其年龄、智力状况或者精神健康状况相适应的无、限制民事行为能力人可以作为证人(要点3)，故王五虽然是未成年人，但其可以作为证人，其证言具有证明力；同时与案件有利害关系的证人提供的证言不得单独作为定案根据(要点4)，故王五作为张三的表弟，其证言具有证明力，但是证明力小，不能单独作为定案根据。

赵六的书面证言没有证明力（要点5)，根据司法解释规定，无正当理由未出庭的证人以书面等方式提供的证言，不得作为认定案件事实的根据(要点6)。

考点四：鉴定意见

模型案例

[案例一] 张三与甲公司签订房屋买卖合同，收房后，张三认为房屋的建筑质量、装修质量未达到合同约定的标准，遂起诉甲公司。在诉讼中原、被告双方对房屋的建筑、装修质量存在较大争议，需要鉴定。请问本案的鉴定的启动方式以及鉴定人应当以何种方式确定？鉴定机构出具鉴定意见后，张三对鉴定意见提出异议，法院应当如何处理？

[案例二] 养殖户张三养殖的鱼虾出现大量死亡，怀疑是甲化工厂超标排放污水所致，遂起诉甲工厂。诉讼中，张三和甲工厂对死亡鱼虾的价值以及甲工厂的排污行为与鱼虾死亡之间是否存在因果关系产生较大争议，需要鉴定。应当由谁对相关事实提出鉴定申请？请说明理由。

[案例三] 张三起诉李四要求归还借款10万元，张三向法庭出示了一张借条，李四主张借条上的签名为伪造 。关于该签名的真实性需要鉴定，应当由谁提出鉴定申请？请说明理由。

【分析与解答】

[案例一]

[分析与思路] 考查鉴定的启动方式、鉴定人的确定以及当事人对鉴定意见的异议。首先，鉴定的启动方式分为依申请和依职权，根据《证据规定》第30条规定可知，当待鉴定事实属于法院应当依职权调查的事实[即（一）涉及可能损害国家利益、社会公共利益的；（二）涉及身份关系的；（三）涉及公益诉讼的；（四）当事人有恶意串通损害他人合法权益可能的；（五）涉及依职权追加当事人、中止诉讼、终结诉讼、回避等程序性事项的]法院应当依职权委托鉴定，除此之外应当由当事人提出申请。本案中房屋的建筑质量、装修质量等不属于法院应当依职权调查的事实，故应当由当事人申请鉴定。其次，关于鉴定人的选择，当事人申请鉴定的，法院应当组织双方当事人协商确定鉴定人，协商不成的，由法院指定；法院依职权委托鉴定的，可以在询问当事人的意见后指定鉴定人。显然，本案属于当事人申请的鉴定，故应当组织当事人协商确定鉴定人，协商不成的，由法院指定。最后关于对鉴定意见的异议，法院应当将鉴定意见书副本送交双方当事人，当事人对鉴定意见有异议的，应当以书面方式提出，法院应当要求鉴定人作出解释、说明或者补充。当事人在收到鉴定人的书面答复后仍有异议的，法院应当通知有异议的当事人预交鉴定人出庭费用，并通知鉴定人出庭。

[答案要点] 本案的鉴定应当由当事人提出申请（要点1）；法院应当组织当事人协商确定鉴定人，协商不成的，由法院指定鉴定人（要点2）；张三对鉴定意见提出异议后，法院应当通知鉴定人作出解释、说明、补充（要点3），张三对鉴定人的书面答复仍有异议的，法院应当通知张三预缴费用，通知鉴定人出庭（要点4）。

[案例二]

[分析与思路] 本题考查鉴定的申请。根据《证据规定》第31条第2款规定可知，应当由对待鉴定事实承担证明责任的当事人申请鉴定，否则导致待证事实无法查明的，应当承担举证不能的法律后果。首先，环境污染致人损害案件，适用无过错责任，故应当由原告张三对侵权构成要件（即侵权行为、损害后果、因果关系）承担证明责任，由被告甲

工厂对免责事由承担证明责任；其次，环境污染致人损害案件举证责任适用因果关系倒置，故原告张三应当对侵权行为、损害后果承担证明责任，被告甲工厂对免责事由以及无因果关系承担证明责任。本案中需要鉴定的事实有二，一是死亡鱼虾的价值，二是排污行为与鱼虾死亡之间的因果关系。死亡鱼虾的价值属于损害后果，应当由张三承担证明责任，故应当由张三申请鉴定；排污行为与鱼虾死亡之间的因果关系属于因果关系，应当由甲工厂承担证明责任，故应当由甲工厂申请鉴定。

［答案要点］对于死亡鱼虾的价值应当由张三申请鉴定（要点1）；对于鱼虾死亡与排污行为是否存在因果关系应当由甲工厂申请鉴定（要点2）。根据《证据规定》第31条第2款可知，对需要鉴定的待证事实负有举证责任的当事人，没有提出鉴定申请，致使待证事实无法查明的，应当承担举证不能的法律后果（要点3）。本案是环境污染致人损害案件，应当由原告张三对侵权行为和损害后果承担证明责任，由被告化工厂对免责事由和因果关系承担证明责任（要点4）。死亡鱼虾的价值属于损害后果，应当由张三承担证明责任，故应当由张三申请鉴定；鱼虾死亡与排污行为是否存在因果关系应当由甲工厂承担证明责任，故应当由甲工厂申请鉴定。

［案例三］

［分析与思路］本题考查鉴定的申请。首先，根据《证据规定》第31条第2款规定可知，应当由对待鉴定事实承担证明责任的当事人申请鉴定，否则导致待证事实无法查明的，应当承担举证不能的法律后果。其次，本案待鉴定的事实是借条签名的真伪，根据《证据规定》第92条第1款规定，私文书证的真实性，由主张以私文书证证明案件事实的当事人承担举证责任，本案中是由张三提供借条证明借款事实，故应当由张三对借条的真实性承担证明责任，故本案中应当由张三申请对借条签名的真实性进行鉴定。

［答案要点］应当由张三申请对签名的真伪进行鉴定（要点1）。根据《证据规定》第31条第2款可知，对需要鉴定的待证事实负有举证责任的当事人，没有提出鉴定申请，致使待证事实无法查明的，应当承担举证不能的法律后果（要点2）。同时根据《证据规定》第92条第1款规定，私文书证的真实性，由主张以私文书证证明案件事实的当事人承担举证责任（要点3）。故本案中应当由 张三对借条的真实性承担证明责任，故应当由张三对签名的真实性提出鉴定申请。

考点五：证明

模型案例

［案例一］李四饲养的宠物狗将张三咬伤，张三为此花费医疗费8000元。张三起诉李四要求赔偿医疗费、误工损失共计12000元。李四主张张三被狗咬伤是因为其故意逗狗所致。请分析本案证明责任的分配，并说明理由。

［案例二］李四开车行驶过程中将张三撞伤，张三为此花费医疗费8000元，张三起诉李四要求其赔偿医疗费、误工损失共计12000元。李四主张张三闯红灯，对其受伤也有责任。请分析本案证明责任分配。

［案例三］某日，养殖户张三发现自家养殖的鱼虾死亡，张三发现旁边的甲化工厂的排污管直接将污水排入河中，怀疑是该化工厂排污导致鱼虾死亡，遂起诉甲工厂赔偿损失

6 万元。甲工厂否认排污行为导致鱼虾死亡。请分析本案证明责任分配。

[案例四] 张三路过李四楼下，被李四家掉下的窗户玻璃砸伤，张三为此花费医疗费 8000 元。张三起诉李四要求赔偿医疗费、误工损失共计 12000 元。李四主张自己并无过错，且张三被砸伤的地方是在李四的院子里，张三未经自己允许，擅自进入自己家院子，对其受伤也应承担责任。请分析本案证明责任分配。

【分析与解答】 以上模型案例考查的是民事诉讼中证明责任的分配。同学们只需要按照我们总结的“一个原则，两类倒置”分析即可（一个原则：谁主张积极事实，谁承担证明责任；两类倒置：环境污染案件因果关系倒置，过错推定案件过错倒置）。具体到侵权纠纷中，由原告证明侵权构成要件（过错责任包括行为、结果、因果关系、过错四要件；无过错责任原则包括行为、结果、因果关系三要件），被告证明免责事由；然后如果存在两类倒置的情形，直接将需要倒置的要件倒置给被告证明即可。

[案例一]

[分析与思路] 本题属于饲养动物致人损害，根据《民法典》规定属于无过错责任原则，且不存在证明责任倒置的问题，故应当由原告张三对侵权行为、损害后果、因果关系等侵权构成要件事实承担证明责任（即主张法律关系存在的当事人，应当对产生该法律关系的基本事实承担举证证明责任）；被告李四对免责事由承担证明责任（即主张权利受到妨害的当事人，应当对权利受到妨害的基本事实承担举证证明责任）。

[答案要点] 原告张三应当对该宠物狗是李四所有、自己被宠物狗咬伤以及由此产生的医疗费、误工费损失共计 12000 元（要点 1）承担证明责任；被告李四应当对张三故意逗狗的事实（要点 2）承担证明责任。

[案例二]

[分析与思路] 本题属于机动车致人损害，根据《民法典》规定属于无过错责任原则，且不存在证明责任倒置的问题，故应当由原告张三对侵权行为、损害后果、因果关系等侵权构成要件承担证明责任（即主张法律关系存在的当事人，应当对产生该法律关系的基本事实承担举证证明责任）；由被告李四对法定免责事由承担证明责任。（即主张权利受到妨害的当事人，应当对权利受到妨害的基本事实承担举证证明责任）。

[答案要点] 原告张三应当对李四驾车撞倒自己，为此自己产生了医疗费、误工费等损失共计 12000 元承担证明责任（要点 1）；李四应当对张三闯红灯的事实承担证明责任（要点 2）。

[案例三]

[分析与思路] 首先，本案属于环境污染致人损害案件，根据《民法典》规定属于无过错责任原则，故原告张三应当对侵权行为、损害后果、因果关系等构成要件承担证明责任（即主张法律关系存在的当事人，应当对产生该法律关系的基本事实承担举证证明责任）；被告甲化工厂应当对免责事由承担证明责任（即主张权利受到妨害的当事人，应当对权利受到妨害的基本事实承担举证证明责任）。其次，根据《民法典》规定，环境污染案件因果关系证明责任倒置给被告证明，故本案应当由原告张三对侵权行为、损害后果承担证明责任；被告甲化工厂应当对免责事由以及无因果关系承担证明责任。

[答案要点] 原告张三应当对甲化工厂存在排污行为以及自己鱼虾死亡导致损失 6 万元的事实承担证明责任（要点 1）；被告甲化工厂应当对法定免责事由以及鱼虾死亡与排污行为不存在因果关系的事实承担证明责任（要点 2）。

[案例四]

[分析与思路] 本题属于建筑物、构筑物及其设施致人损害案件，首先，应当由原告对侵权行为、损害后果、因果关系、过错等侵权构成要件承担证明责任（即主张法律关系存在的当事人，应当对产生该法律关系的基本事实承担举证证明责任）；由被告李四对法定免责事由承担证明责任（即主张权利受到妨害的当事人，应当对权利受到妨害的基本事实承担举证证明责任）。其次，根据《民法典》规定，建筑物、构筑物及其设施致人损害的案件由侵权人对其无过错承担证明责任，故本案原告张三应当对侵权行为、损害后果、因果关系承担证明责任；被告李四对免责事由以及无过错承担证明责任。

[答案要点] 张三应当对房屋属于李四所有，自己被该房屋的窗户玻璃砸伤以及由此产生医疗费、误工损失 12000 元承担证明责任（要点 1）；李四应当对其主张的自己无过错，以及张三未经允许进入自己家院子（受害人有故意，属于免责事由）承担证明责任（要点 2）。

真题案例

[案例一]（2016 年卷四第六题）王某购买一台中巴车，与明星汽运公司签订合同，明确挂靠该公司，王某每月向该公司交纳 500 元，该公司为王某代交规费、代办各种运营手续、保险等。明星汽运公司依约代王某向鸿运保险公司支付了该车的交强险费用。

2015 年 5 月，王某所雇司机华某驾驶该中巴车致行人李某受伤，交警大队认定中巴车一方负全责，并出具事故认定书。但华某认为该事故认定书有问题，提出虽肇事车辆车速过快，但李某横穿马路没有走人行横道，对事故发生也负有责任。因赔偿问题协商无果，李某将王某和其他相关利害关系人诉至法院，要求王某、相关利害关系人向其赔付治疗费、误工费、交通费、护理费等费用。

案件审理中，王某提出其与明星汽运公司存在挂靠关系、明星汽运公司代王某向保险公司交纳了该车的交强险费用、交通事故发生时李某横穿马路没走人行横道等事实；李某陈述了自己受伤、治疗、误工、请他人护理等事实。诉讼中，各利害关系人对上述事实看法不一。

[问题] 请分析本案证明责任。

[案例二]（节选自 2017 年卷四第六题）2013 年 5 月，郝志强、迟丽华夫妻将二人共有的三层楼房出租给包童新居住。2015 年 3 月，温茂昌从该楼房底下路过，被三层掉下的窗户玻璃砸伤，花费医疗费 8500 元。就温茂昌受伤赔偿问题，利害关系人有关说法是：包童新承认当时自己开了窗户，但没想到玻璃会掉下，应属窗户质量问题，自己不应承担责任；郝志强认为窗户质量没有问题，如果不是包童新使用不当，窗户玻璃不会掉下；此外，温茂昌受伤是在该楼房院子内，作为路人的温茂昌不应未经楼房主人或使用权人同意擅自进入院子里，也有责任；温茂昌认为自己是为了躲避路上的车辆而走到该楼房旁边的，不知道这个区域已属个人私宅的范围。为此，温茂昌将郝志强和包童新诉至法院，要求他们赔偿医疗费用。法院受理案件后，向被告郝志强、包童新送达了起诉状副本等文件。在起诉状、答辩状中，原告和被告都坚持上述各自的理由。

[问题] 本案涉及的相关案件事实应由谁承担证明责任？

[案例三]（节选自 2012 年卷四第五题）王某驾车以 60 公里时速行驶，突遇刘某骑自行车横穿马路，王某紧急刹车，刘某在车前倒地受伤。刘某被送往医院治疗，疗效一般，留有一定后遗症。之后，双方就王某开车是否撞倒刘某，以及相关赔偿事宜发生争执，无

法达成协议。

刘某诉至法院，主张自己被王某开车撞伤，要求赔偿。双方争执焦点为：刘某倒地受伤是否为王某驾车撞倒所致。

法院审理后，无法确定王某的车是否撞倒刘某。一审法院认为，王某的车是否撞倒刘某无法确定，但即使王某的车没有撞倒刘某，由于王某车型较大、车速较快、刹车突然、刹车声音刺耳等原因，足以使刘某受到惊吓而从自行车上摔倒受伤。因此，王某应当对刘某受伤承担相应责任。同时，刘某因违反交通规则，对其受伤也应当承担相应责任。据此，法院判决：王某对刘某的经济损失承担50%的赔偿责任。

[问题] 根据民事诉讼法学（包括证据法学）相关原理，一审法院判决是否存在问题？为什么？

【分析与解答】 案例一、案例二是典型的侵权纠纷证明责任的分配问题。同学们根据“一个原则，两类倒置”的规定能够准确分析证明责任的问题。但是值得注意的是在答题时应当逐一梳理当事人主张的事实，在不存在证明责任的倒置规定时，要运用“谁主张，谁举证”的原则予以评价，切莫遗漏对案件事实的评价。

[案例一]

[分析与思路] 首先本案属于机动车致人损害案件，根据《民法典》规定属于无过错责任原则，且不存在证明责任倒置的问题，故应当由原告对侵权行为、损害后果、因果关系承担证明责任；由被告对免责事由承担证明责任。即应当按照“谁主张积极事实谁承担证明责任，主张消极事实的一方当事人不承担证明责任”的原则确定证明责任的分配。

其次，结合当事人主张的事实逐一梳理：

1. 王某提出其与明星汽运公司存在挂靠关系、明星汽运公司代王某向保险公司交纳了该车的交强险费用、交通事故发生时李某横穿马路没走人行横道等事实。王某主张的以上三个事实均为积极事实，应当由主张方王某承担证明责任。其中李某横穿马路属于受害人李某有故意或者重大过失，是免责事由。

2. 原告李某陈述了自己受伤、治疗、误工、请他人护理的事实。以上事实均为积极事实，应当由主张方李某承担证明责任。

[答案要点] 被告王某应当对其主张的其与明星汽运公司存在挂靠关系、明星汽运公司代王某向保险公司交纳了该车的交强险费用、交通事故发生时李某横穿马路没走人行横道等事实承担证明责任；被告李某应当对自己受伤、治疗、误工、请他人护理的事实承担证明责任。

[作答点评] 主观题中证明责任分配的题目虽然重点在于结合《民法典》对侵权构成要件以及免责事由的证明责任进行分析，但从分值分布来说，不论是重点考查内容还是非重点内容的分值是一样的，所以同学们在作答时应当按照“谁主张，谁举证”的原则逐一对当事人主张的事实进行分析、作答；最后再结合证明责任倒置的规定将需要倒置的要件倒置给被告证明即可。如本题中被告王某主张的“其与明星汽运公司存在挂靠关系、明星汽运公司代王某向保险公司交纳了该车的交强险费用”等内容虽然既不属于侵权构成要件事实，也不属于免责事由，但毕竟是被告王某主张的积极事实，也应当由主张方王某承担证明责任，如果同学们没有按照“谁主张，谁举证”的原则对该事实进行梳理、评价则容易遗漏要点导致丢分。

[案例二]

[分析与思路] 本题属于建筑物、构筑物及其设施致人损害案件，首先应当由原告对侵权行为、损害后果、因果关系、过错等侵权构成要件承担证明责任；由被告对法定免责事由承担证明责任。其次，根据《民法典》规定，建筑物、构筑物及其设施致人损害的案件由侵权人对其无过错承担证明责任，故本案原告应当对侵权行为、损害后果、因果关系承担证明责任；被告应当对免责事由以及无过错承担证明责任。

结合案例逐一梳理：首先，该房屋是郝志强、迟丽华所有，包童新使用，温茂昌被该房屋的玻璃砸伤，温茂昌为此花费医疗费 8500 元等事实属于侵权构成要件事实，应当由温茂昌承担证明责任。其次，包童新主张窗户掉下是窗户质量问题，自己不应当承担责任属于包童新主张的自己没有过错的事实，应当由包童新承担证明责任。最后，郝志强主张了两个事实：一是窗户质量没有问题；二是温茂昌未经允许进入私人院子，对其受伤也有责任。其中窗户没有质量问题属于郝志强主张的自己无过错，应当由郝志强承担证明责任；其中温茂昌未经允许进入私人院子，对其受伤也有责任属于受害人有过错，为免责事由，应当由主张方郝志强承担证明责任。

[答案要点] 温茂昌应当对房屋是郝志强、迟丽华所有，包童新使用；自己被该房屋窗户砸伤；自己花费医疗费 8500 元的事实承担证明责任（要点 1）。

包童新应当对自己主张的窗户有质量问题的事实承担证明责任（要点 2）。

郝志强应当对自己主张的窗户没有质量问题（要点 3）以及温茂昌未经允许进入私人院子（要点 4），对其受伤也有责任的事实承担证明责任。

[作答点评] 本题设置的案例为建筑物、构筑物及其设施致人损害，属于《民法典》中的过错推定，故在民事诉讼中实行过错倒置，这是本题核心考点。故需要同学们准确判断被告包童新主张窗户存在质量问题其实是主张自己无过错，应当由被告包童新承担证明责任；被告郝志强主张窗户没有质量问题也是在主张自己没有过错，应当由被告郝志强证明；而郝志强主张受害人未经允许进入院子，即主张受害人对其损害有过错，属于免责事由，应当由被告郝志强承担证明责任。

[案例三]

[分析与思路] 本题破题要点在于“法院审理后，无法确定王某的车是否撞倒刘某”。既然法院无法确定王某的车是否撞倒刘某，即王某的车是否撞倒刘某处于事实不清，真伪不明的状态，显然法院应当适用证明责任推定刘某主张的侵权事实不成立，判决驳回刘某诉讼请求。而法院在此情形下并未适用证明责任对事实作出认定，而是认定王某车型大、车速快、刹车突然、刹车声刺耳等原因足以吓到刘某，进而判决王某承担赔偿责任。一方面，法院在事实不清、真伪不明时未适用证明责任对案件事实进行推定的做法违反证明责任的适用规则；另一方面，法院没有对当事人主张的王某是否撞倒刘某的事实作出认定，而是以当事人没有主张的“吓倒”这一事实作为裁判依据，超出了当事人的事实主张，违反了“约束性”辩论原则。

[答案要点]

1. 法院的判决违反了证明责任的适用规则（要点 1）。在事实不清，真伪不明时，法院应当适用证明责任的规则推定承担证明责任的一方当事人承担不利后果（要点 2）。本案王某是否撞倒刘某无法确定时，法院应当适用证明责任推定承担证明责任的刘某承担不利后果，即推定刘某主张的侵权事实不成立，判决驳回刘某诉讼请求。法院未做此判决，违反了证明责任适用规则。

2. 法院的判决违反了辩论原则（要点3）。根据“约束性”辩论原则，只有当事人提出并加以主张的事实才能成为法院裁判的依据（要点4）。法院将当事人没有主张的“王某的车吓倒刘某”这一事实作为裁判依据，超出当事人的事实主张，违反辩论原则。

综合案例

张某乘坐西方航空公司（登记注册地为丙市）的航班从甲市前往乙市，在甲市机场托运一箱行李，外包装显示为茅台酒，托运重量为7.45千克。托运时西方航空公司值机人员李某询问托运物品，张某回答是6瓶陈年茅台。李某询问是否保价，张某同意保价，并声明该箱茅台酒价值6万元。李某表示根据航空公司规定，最多只能保价8000元。考虑到值机时间已近，张某无奈之下按照李某要求在8000元的保价声明上签字，并按规定缴纳了保价费。李某开箱验视后在外包装上贴上了“贵重物品，小心轻放”的标签，完成了托运手续。

航班到达乙市后，张某前往卫生间更换衣服后才前往行李转盘，此时行李转盘已经运行了十分钟左右。张某未等到自己的托运行李，遂向机场工作人员询问，经查询该行李确已随航班到达乙市机场，估计被他人领取，建议报警处理。张某报警后，机场派出所调阅了机场监控录像，发现是一名乘客在张某之前拿走了该纸箱，监控录像同时显示，转盘和出口处均无工作人员对乘客取走的托运行李进行检查。但由于监控录像模糊，无法辨认取走行李乘客的身份。张某提起诉讼，要求赔偿损失6万元，西方航空公司表示可以根据保价规定，赔偿8000元。

[问题]

1. 请分析本案被告。

2. 本案应由哪些法院管辖？

3. 关于损害后果，原告主张6万元，被告主张8000元，应当由谁承担证明责任？

4. 结合法律规定和生活经验，张某可以通过何种证据证明自己托运的行李是6瓶价值6万元的陈年茅台？

【分析与解答】

[分析与思路] 本题第一问和第二问关于当事人和管辖问题属于简单问题，但值得注意的是本案存在侵权和违约的竞合，侵权纠纷与违约纠纷在被告的确定、管辖法院的确定是不同的，而题目未作出说明，故应当分情形讨论。

首先，如果原告选择提起侵权诉讼，则西方航空公司和乙市机场应当作为共同被告；关于管辖，运输侵权纠纷应当由被告住所地、侵权行为地、车辆船舶最先到达地或者航空器最先降落地法院管辖，本案的被告住所地为丙市和乙市，侵权行为地为乙市，航空器最先降落地也是乙市，综上所述，本案应当由丙市和乙市法院管辖。

其次，如果原告选择提起违约诉讼，则根据合同相对性，应当以西方航空公司为被告；关于管辖，运输合同纠纷应当由被告住所地、始发地、目的地法院管辖，故本案被告西方航空公司住所地为丙市，始发地为甲市，目的地为乙市，综上所述，本案应当由丙市、甲市和乙市法院管辖。

第三问中关于保价条款，由于案情未详细交代保价条款的具体情形以及相关法律、行政法规定对航空运输保价的规则，故可能存在不同认识，故存在不同的解释方案：第一种思路：不论是侵权纠纷还是违约纠纷，损害后果均属于案件证明对象，应当由主张方即张某承担证明责任；第二种思路：认为张某已经签字确认了保价金额为8000元，该规则构成责任限额条款，故不论其实际损失是多少，也不论张某能否证明实际损失，被告均应按照保价金额8000元赔偿，而同时被告对8000的损失予以了自认，属于免证事实，因此损害后果不是本案证明对象。同学们可以选取其中之一作答，自圆其说即可。第四问属于开放性问题，考生可以结合生活经验设身处地站在当事人角度想象当时的情形，通过各种可能的证据形成完整证据链，将其主张的事实证明到"高度可能性"标准，自圆其说，符合生活常识即可。

[答案要点]

1. 本案原告如果选择提起侵权诉讼，西方航空公司和乙市机场均为侵权责任的承担者，应作为适格被告（要点1）；本案如果原告选择提起违约诉讼，只能以合同相对方，即西方航空公司为被告（要点2）。

2. 本案如果原告选择提起侵权诉讼，根据司法解释规定，运输侵权纠纷应当由被告住所地、侵权行为地、车辆船舶最先到达地或者航空器最先降落地法院管辖，故本案应当由乙市和丙市法院管辖（要点1）；如果原告选择提起违约诉讼，运输合同纠纷，由被告住所地、运输始发地、目的地法院均具有管辖权，即丙市法院、甲市法院、乙市法院均具有管辖权（要点2）。

3. 思路一：损失数额应为本案证明对象。损失后果应当由主张方即张某承担证明责任。

思路二：损失数额不是本案证明对象，无需证据证明。本案赔偿限额确定了本案最高赔偿额度为8000元，而被告西方航空公司已经自认构成了全额损失，自认事实属于免证事实，无需证据证明。

4. 开放性问题，答案供参考。

首先，张某证明购买过该批茅台酒以及相应价值，可以通过发票、购物小票、购物清单、收据、送货单等证据予以证明。

其次，证明向机场出发时携带的是6瓶陈年茅台酒，可以通过帮助、目击其装箱过程的人提供证人证言，送机朋友的证人证言等予以证明。

最核心的需要证明交付托运时为6瓶陈年茅台，可以通过办理托运时的监控录像证明自己声明托运物品为价值6万的陈年茅台，并要求对其保价6万，以及承运人认可托运行李为贵重茅台酒，并进行了验视的过程；可以申请托运员李某出庭提供证言；可以提供6瓶茅台酒装箱后的重量用以验证其托运行李重量的一致性；可以通过行李安检X光片证明托运行李为6瓶茅台酒等，可以提供报警时警察所作笔录，用以证明在发生损失后第一时间报案，警方记录的丢失物品与原告的主张一致等。

通过以上证据，可以形成证据链，将原告托运了6瓶陈年茅台的事实证明到"高度可能性"。

专题四 一审程序

怎么考

本专题主要内容包括一审普通程序、简易程序、小额诉讼程序以及调解制度。考点内容比较多，比较散，但题目一般为简单题目。

层次一：简单题目。普通程序中主要涉及起诉与受理中的问题，主要在于起诉条件的判断以及相应处理方式，重复起诉的判断标准。

层次二：简单题目。涉及简易程序的规则、小额诉讼程序、调解制度的具体规则。

层次三：简单题目。以一审程序为背景，对诸如送达、保全等制度的考查，要求同学们分析一审程序的错误，以及二审或者再审法院的处理方式。

考点一：起诉条件

模型案例

请分析下列案件法院应当如何处理？为什么？

1. 张某起诉李某，要求解除李某与本村村委会的鱼塘承包合同。

2. 张某起诉李某侵权纠纷一案，法院受理前发现李某并非本案适格被告。

3. 张某雇用李某做家政保洁，李某下楼扔垃圾的过程中，垃圾袋中的玻璃碎片不慎将王某划伤，王某起诉李某要求赔偿医疗费6000元。

4. 张某起诉李某离婚，法院受理后向李某送达起诉状副本时，发现李某已于张某起诉前死亡。

5. 张某起诉甲公司合同纠纷一案，法院受理后向甲公司送达起诉状副本时，发现甲公司已于张某起诉前注销。

6. 张某起诉李某归还借款10万元，法院受理案件前，发现借款已过诉讼时效。

7. 张某与李某恋爱时李某口头承诺将其所有的一辆宝马汽车赠予张某，分手后，张某起诉李某要求兑现承诺交付汽车。

8. 甲公司起诉乙公司合同纠纷，法院受理案件前发现存在有效的仲裁协议。

9. 甲公司起诉乙公司合同纠纷，法院受理后，在首次开庭前，被告乙公司向法庭提交了甲、乙公司就本合同纠纷达成的仲裁协议。

【分析与解答】

［分析与思路］

1. 对于李某与本村村委会之间的鱼塘承包合同是否解除，只有李某与本村村委会是适格当事人，张某并非本案适格当事人，故本案原告不适格，不符合起诉条件，法院应当裁定不予受理；若是受理后发现的，应当裁定驳回起诉。

2. 本案的问题在于被告不适格，注意起诉条件中仅仅要求被告明确，至于被告是否适格在起诉时在所不问。只要原告确定了明确的被告，法院即应当受理，受理后经过实体审理认为被告不适格则判决原告在实体上败诉，判决驳回原告诉讼请求即可。故本案法院应当依法受理后判决驳回原告诉讼请求。

3. 本题与第 2 点一样。提供劳务致人损害，以接受劳务方为被告，故本案王某应当以张某为适格被告提起诉讼，现在王某起诉李某，李某并非适格被告；但是根据《民事诉讼法》规定，起诉条件只要求被告明确，被告是否适格在起诉时在所不问，故本案原告的起诉符合起诉条件，法院应当依法受理后判决驳回原告诉讼请求。

4. 张某起诉李某离婚，法院在受理后发现张某起诉前被告已经死亡，注意两点：一是被告李某的死亡时间——起诉前，说明在张某起诉时本案已经没有明确被告，故不符合起诉条件；二是法院已经受理案件，故应当依法裁定驳回起诉。

5. 张某起诉甲公司，法院受理后发现甲公司已于张某起诉前注销，注意甲公司的注销时间——起诉前，说明在张某起诉时本案已经没有明确被告，故不符合起诉条件，同时法院已经受理案件，故应当依法裁定驳回起诉。

6. 注意起诉条件中对诉讼请求的要求仅仅是具体，而不要求该请求一定要能得到实体上的支持。张某起诉被告要求归还借款 10 万元，已经提出了具体的诉讼请求，符合起诉条件，法院应当依法受理，受理后，如果被告主张时效抗辩，且查明无中止、中断事由，则应当判决驳回原告诉讼请求。

7. 同样注意起诉条件中对诉讼请求的要求仅仅是具体，而不要求该请求一定要能得到实体上的支持。原告张某已经提出了交付汽车这一具体诉讼请求，法院应当依法受理，受理后经过实体审理，认为该诉讼请求在实体上不能得到支持，应当依法判决驳回原告诉讼请求。

8. 本案存在有效仲裁协议，当事人应当根据仲裁协议申请仲裁，而不能起诉，本案不属于人民法院主管，故不符合起诉条件，应当依法裁定不予受理。

9. 本案存在有效仲裁协议，故纠纷不属于人民法院主管，不符合起诉条件，本案法院已经受理，故应当裁定驳回起诉。

［答案要点］

1. 法院应当依法裁定不予受理，若是受理后发现的，应当裁定驳回起诉。因为张三并非本案适格原告，原告不适格，不符合起诉条件。

2. 法院应当依法受理后判决驳回诉讼请求。本案存在明确被告，故法院应当依法受理；经过实体审理，被告不适格，故原告诉讼请求不能成立，应当判决驳回诉讼请求。

3. 法院应当依法受理后判决驳回诉讼请求。本案存在明确被告，故法院应当依法受理；李某是提供劳务致人损害，应当由接受劳务方即张某承担赔偿责任，故李某不应当承担赔偿责任，故原告诉讼请求不能成立，应当判决驳回诉讼请求。

4. 法院应当依法裁定驳回起诉。首先被告已于起诉前死亡，故起诉时被告已经死亡，本案没有明确被告，不符合起诉条件；同时本案法院已经受理案件，故应当裁定驳回起诉。

5. 法院应当依法裁定驳回起诉。被告甲公司已于起诉前注销，故本案起诉时没有明确被告，不符合起诉条件；同时本案法院已经受理案件，故应当依法裁定驳回起诉。

6. 法院应当受理，受理后被告主张时效抗辩，且查明无中止、中断事由的判决驳回原告诉讼请求。本案原告提出了具体的诉讼请求，符合起诉条件，法院应当依法受理，受理后，如果被告主张时效抗辩，且查明无中止、中断事由，其权利主张在实体上无法得到法院支持，故应当判决驳回诉讼请求。

7. 法院应当受理，受理后经过实体审理后判决驳回诉讼请求。本案原告提出了具体的诉讼请求，符合起诉条件，法院应当受理；但是其诉讼请求在实体上无法得到支持，故应当判决驳回原告诉讼请求。

8. 法院应当裁定不予受理。本案存在有效仲裁协议，案件不属于法院主管，故不符合起诉条件，法院应当裁定不予受理。

9. 法院应当裁定驳回起诉。本案存在有效仲裁协议，案件不属于人民法院主管，不符合起诉条件，但法院已经受理案件，故应当裁定驳回起诉。

真题案例

（改编自2011年卷四第五题）甲公司职工黎某因公司拖欠其工资，多次与公司法定代表人王某发生争吵，黎某找到江甲的儿子江乙（17周岁），唆使江乙将王某办公室的电脑、投影仪等设备砸坏。甲公司起诉要求黎某赔偿损失，并要求黎某向王某赔礼道歉。诉讼中，黎某要求法院判决甲公司支付其劳动报酬。经审理，法院判决侵权人赔偿损失，但对甲公司要求黎某向王某赔礼道歉的请求、黎某要求甲公司支付劳动报酬的请求均未作处理。

［问题］一审法院对甲公司要求黎某向王某赔礼道歉的诉讼请求、黎某要求甲公司支付劳动报酬的诉讼请求依法应当如何处理？为什么？

【分析与解答】

［分析与思路］首先，对于甲公司要求黎某向王某赔礼道歉的诉讼请求，黎某向王某赔礼道歉这一法律关系中只有黎某和王某是适格当事人，甲公司不是适格当事人，故甲公司不是该诉讼请求的适格原告，原告不适格，不符合起诉条件，法院应当裁定不予受理或者驳回起诉。

其次，对于李某要求甲公司支付劳动报酬的诉讼请求，属于劳动纠纷，仲裁前置，未经劳动仲裁直接起诉的不属于法院主管，法院应当不予受理或者裁定驳回起诉。

当然，法院已经受理，故对以上两个诉讼请求，法院应当裁定驳回起诉。

本题考查起诉条件中的两个条件：原告适格以及属于人民法院主管。

［答案要点］法院对甲公司要求黎某赔礼道歉的诉讼请求、黎某要求甲公司支付劳动报酬的诉讼请求均应当裁定驳回起诉（要点1）。甲公司要求黎某向王某赔礼道歉的诉讼请求中，甲公司不是适格原告，不符合起诉条件（要点2）；黎某要求支付劳动报酬，属于劳动纠纷，仲裁

前置，未经劳动仲裁直接起诉的，不属于法院主管，不符合起诉条件（要点3）。

考点二：一事不再理制度

模型案例

张三起诉李四履行合同，法院判决支持了张三诉讼请求，判决生效后，当事人向法院再次提起诉讼，下列情形法院是否应当受理？

1. 张三起诉李四要求履行合同？
2. 张三起诉李四要求确认合同有效？
3. 李四起诉张三要求确认合同无效？
4. 张三起诉李四要求解除合同？

【分析与解答】

[分析与思路] 问题1中，前诉张三起诉李四履行合同，法院判决支持张三诉讼请求后张三再次起诉李四要求履行合同，当事人、诉讼标的、诉讼请求完全相同，构成重复起诉，法院不予受理。

问题2中，给付的请求当然包含确认的内容，故前诉履行合同的判决显然包含确认合同有效以及履行合同内容，后诉张三起诉李四请求确认合同有效，当事人相同，诉讼标的相同，诉讼请求相同，构成重复起诉，法院不予受理。

问题3中，给付的请求当然包含确认的内容，故前诉履行合同的判决显然包含确认合同有效以及履行合同内容，后诉李四起诉张三请求确认合同无效，当事人相同（诉讼地位相反），诉讼标的相同，后诉的诉讼请求在实质上否定前诉裁判结果，构成重复起诉，法院不予受理。

问题4中，后诉与前诉的当事人相同，诉讼标的相同，但是后诉解除合同的请求与前诉履行合同的请求不同，同时又未在实质上否定前诉裁判结果（合同的履行过程中可以解除），故并不构成重复起诉，法院应当受理。

[答案要点]

1. 构成重复起诉，法院不予受理（要点1）。本案后诉与前诉的当事人相同、诉讼标的相同、诉讼请求相同（要点2），根据《民诉解释》第247条的规定构成重复起诉。

2. 构成重复起诉，法院不予受理（要点3）。本案后诉与前诉当事人相同、诉讼标的相同，前诉履行合同的请求已经包含了确认合同有效，故后诉确认合同有效的请求与前诉诉讼请求相同（要点4），构成重复起诉。

3. 构成重复起诉，法院不予受理（要点5）。本案后诉与前诉当事人相同、诉讼标的相同，前诉履行合同的判决已经包含了确认合同有效的内容，故后诉确认合同无效的请求在实质上否定了前诉裁判结果（要点6），构成重复起诉。

4. 不构成重复起诉，法院应当受理（要点7）。本案后诉与前诉当事人相同、诉讼标的相同，后诉的诉讼请求与前诉不同，且并未在实质上否定前诉裁判结果（要点8），不构成重复起诉。

真题案例

（改编自2018年主观题）张三起诉李四要求归还借款本金30万元，法院判决支持了张三的全部诉讼请求。判决生效后张三起诉李四要求支付该笔借款的利息2万元，法院应否受理？为什么？

[分析与思路] 本题考查重复起诉的判断标准。本案前诉要求支付本金判决生效后又起诉要求支付利息，后诉和前诉的当事人相同、诉讼标的（借款法律关系）相同，但诉讼请求不同，不构成重复起诉，法院应当受理。

[答案要点] 不构成重复起诉，法院应当依法受理（要点1）。根据《民诉解释》第247规定，重复起诉应当同时满足（一）后诉与前诉当事人相同；（二）后诉与前诉诉讼标的相同；（三）后诉与前诉诉讼请求相同或后诉的诉讼请求在实质上否定前诉裁判结果的。本案后诉与前诉当事人相同，诉讼标的相同，但后诉与前诉诉讼请求不同，且后诉的诉讼请求并未在实质上否定前诉裁判结果（要点2），故不构成重复起诉，法院应当依法受理。

考点三：简易程序

综合案例

张某因为交通损害赔偿纠纷，起诉李某要求李某赔偿医疗费48000元，当事人书面协议案件适用普通程序审理。甲区法院受理后，认为案件事实清楚，权利义务关系明确，争议不大，遂适用简易程序对案件进行审理，由审判员吴某独任审判。开庭前法院通过电子邮件向当事人送达了开庭通知，原告张某对邮件予以了回复确认，但李某一直未回复。开庭时，李某未到庭，法院遂根据本案张某提供的证据判决李某向张某赔偿医疗费32000元。经张某同意，法院通过电子邮件方式向张某送达了判决书。法院电话通知李某到法院领取判决书，李某到达法院后不认可法院的缺席判决书，拒绝在送达回证上签字。

在上诉期内，当事人均未提起上诉，张某申请强制执行，李某以未经传票传唤即缺席判决为由向甲区法院申请再审，法院审查，认为理由成立，裁定由本院再审，但并未裁定中止执行。甲区法院由审判员吴某担任独任审判员，重新对案件进行审理。

[问题]

1. 甲区法院违反当事人协议约定，适用简易程序审理案件的做法是否正确？为什么？
2. 甲区法院通过电子邮件向当事人送达开庭通知的做法是否正确？为什么？
3. 甲区法院缺席判决的做法是否正确？为什么？
4. 甲区法院通过电子邮件向张某送达判决书的做法是否正确？为什么？
5. 甲区法院对李某的送达行为效力如何？为什么？
6. 李某能否向甲区法院申请再审？其理由是否成立？
7. 请评价甲区法院在本案审判监督程序中的做法，并说明理由。

【分析与解答】

[分析与思路] 分析本案案例，当事人协议适用普通程序审理，显然，其考点在于对

于不符合简易程序审理的案件，当事人可以协议适用简易程序审理，但应当适用简易程序审理的案件，当事人不能协议不适用简易程序审理，故当事人协议适用普通程序无效，法院可以适用简易程序审理，由审判员吴某独任审判。法院通过电子邮件方式送达了开庭传票，涉及简易程序审理案件可以适用简易方式送达文书；但值得注意的是适用简易方式送达开庭通知的，未经确保当事人收悉，不得缺席判决，故本案李某没有回复邮件，即未确保李某收悉，法院不得缺席判决；判决、裁定、调解书不能适用简便方式送达，故法院用电子邮件方式送达判决书的做法错误。法院直接送达文书可以通知当事人到法院领取，当事人到达法院拒绝签署送达回证的，视为送达，故李某拒不签署送达回证不影响文书的送达，本案对李某的送达行为有效。

判决生效后，李某以未经传票传唤为由申请再审，涉及两个考点，一是申请再审的管辖法院，二是申请再审的理由：首先，申请再审应当向上一级法院申请，但一方人数众多或者双方都是公民的案件当事人可以选择向原审法院申请。本案双方都是公民，故当事人选择向原审甲县法院申请再审的做法正确；同时本案一审未经传票传唤即缺席判决，剥夺了当事人辩论权，故当事人申请再审的理由成立。裁定再审时应当裁定中止执行，但追索赡养费、扶养费、抚育费、抚恤金、医疗费、劳动报酬的可以不中止执行。本案是追索医疗费，故裁定再审时可以不中止执行。再审应当另行组成合议庭重新审理，故再审应当组成合议庭，不能适用独任制；同时，原独任审判员吴某应当回避，不能参与本案的重新审理。

［答案要点］

1. 正确（要点1）。当事人可以约定适用简易程序，但不得作出相反约定（要点2）。故本案当事人关于案件适用普通程序的约定对法院没有约束力，法院可依职权适用简易程序审理，故法院适用简易程序审理的做法是正确的。

2. 正确（要点3）。适用简易程序审理案件，法院可以用简便方式传唤当事人、通知证人和送达裁判文书以外的诉讼文书（要点4）。故法院适用电子邮件方式向当事人送达开庭通知的做法正确。

3. 错误（要点5）。用简便方式送达的开庭通知，未经当事人确认或者其他证据证明当事人已经收到的，不得缺席判决（要点6）。故本案虽然可以通过简便方式（电子邮件）向当事人送达开庭通知，但是未确认李某收悉，不能对其缺席判决。

4. 错误（要点7）。适用简易程序审理案件，可以用简便方式送达裁判文书之外的文书（要点8），故本案判决书不能用简便方式（电子邮件等）送达。

5. 有效（要点9）。根据民诉解释规定，法院直接送达文书，可以通知当事人到法院领取。当事人到达人民法院，拒绝签署送达回证的，视为送达。（要点10）

6. 当事人可以向甲区法院申请再审，其理由成立（要点11）。申请再审应当向上一级法院申请，但一方人数众多或者双方都是公民的案件当事人可以选择向原审法院申请（要点12），故本案双方都是公民，当事人可以选择向甲区人民法院申请再审。本案用简便方式向李某送达开庭通知，但未确保其收悉即缺席判决（要点13），故属于法院未经传票传唤即缺席判决的情形，申请再审的理由成立。

7. 首先，法院裁定再审但未裁定中止执行的做法正确（要点14）；其次，法院由吴某独任审理的做法错误（要点15）。对于适用审判监督程序重新审理的案件应当另行组成合议庭重新审理，故首先，县法院应当组成合议庭，不能适用独任制（要点16）；其次，吴某不能参加本案的重新审理（要点17）。

考点四：小额诉讼程序

模型案例

［案例一］张某诉李某借款纠纷一案，甲市A县法院受理后适用小额诉讼程序审理，在提交答辩状期间，李某提出管辖权异议，法院认为异议不成立，裁定驳回；法院经过审理后判决李某归还借款8000元。判决生效后，李某认为本案审理中法院认定事实错误，而申请再审。接受再审申请的法院认为李某的理由成立，裁定本案再审。请分析：

［问题］

1. 李某对法院驳回其管辖权异议的裁定能否上诉？
2. 李某对本案判决不服，应当向哪一法院申请再审？
3. 法院裁定再审后，应当如何审理？
4. 对本案再审判决能否上诉？

［案例二］张某诉李某著作权纠纷一案，某县法院受理后适用小额诉讼程序审理，判决李某向张某赔偿8000元。判决生效后，李某以本案不应适用小额诉讼程序审理为由向该县法院申请再审。法院认为理由成立，裁定再审，组成合议庭对案件进行重新审理，作出了新的判决。

［问题］

1. 李某申请再审的理由是否成立？
2. 对该案的再审判决当事人能否上诉？

［答案要点］

［案例一］1. 不能（要点1）。小额诉讼程序作出的驳回起诉和管辖权异议裁定一审终审（要点2）。

2. A县法院。根据司法解释规定，对小额诉讼程序所作判决申请再审的应当向原审法院提出（要点3），故本案应当向原审A县法院申请再审。

3. 应当另行组成合议庭适用一审程序重新审理（要点4）。

4. 不能（要点5）。因为本案当事人申请再审的理由是原判决认定事实错误，即当事人认为本案适用小额诉讼程序没有错误，只是适用小额诉讼程序审理中认定事实错误（要点6），故本案再审依然适用一审终审的规定，所作判决不能上诉。

［案例二］1. 成立（要点1）。本案属于知识产权纠纷，根据司法解释规定，知识产权纠纷不适用小额诉讼程序审理（要点2）。故李某以本案不应适用小额诉讼程序审理的再审事由是成立的。

2. 可以上诉（要点3）。本案当事人申请再审的理由是案件不应适用小额诉讼程序审理，法院认为理由成立，裁定再审的，此时案件不再适用一审终审的规定，对该判决当事人可以上诉（要点4）。

专题五 公益诉讼程序

怎么考

公益诉讼程序的考查主要集中在简单题目。考查公益诉讼的主要规则，依据法条原文即可直接作答。

综合案例

安州市环保联合会、江北省绿色环境协会诉龙翔化工有限公司环境污染案

一、起诉状

诉讼请求：

1. 判令被告立即停止向安西运河违法排放工业废水；

2. 判令被告消除对环境造成的危险；

3. 判令被告赔偿治理安西运河污染的费用共计1730万元；

4. 请求判令被告承担本案诉讼费用。

事实和理由：

原告安州市环保联合会是2013年4月10日经安州市民政局批准设立，接受安州市环保局指导的非营利社会组织；原告江北省绿色环境协会是2016年9月10日年经江北省民政厅批准设立接受江北省环保厅指导的非营利性社会组织。

被告龙翔化工有限责任公司（注册地为江北省湖州市）是一家以生产化工产品为主要经营范围的化工企业，自2014年3月以来一直以明显低于市场价格的费用将共计1.8万元余吨工业盐酸委托给没有危险废物处理资质的虎跃公司，虎跃公司在未经任何处理的情况下在江州市境内直接将这批工业废料偷排至安西运河，导致安西运河安州市流域严重污染。

起诉时间：2021年8月10日

二、答辩状

答辩请求：请求判令驳回被答辩人全部诉讼请求

事实和理由：

1. 被答辩人江北省绿色环境协会不具有原告资格。

2. 环境污染系虎跃公司违法排放所致，与答辩人无关。答辩人已经委托虎跃公司处理工业废料，且与虎跃公司签订的《工业废料处理合同》中明确约定：虎跃公司应当依照国家相关规定和技术标准处理工业废料，否则由虎跃公司承担由此造成的一切法律责任。且虎跃公司因为污染环境罪已经被追究刑事责任。

3. 根据环境检测，造成运河污染的主要污染物为工业硫酸，与被答辩人所产生的工

业盐酸废料无关。

安州市中级人民法院依法组成合议庭公开开庭审理了此案。

[问题]

1. 本案安州市环保联合会、江北省绿色环境协会是否具有原告资格?

2. 本案原告可以向哪些法院起诉?

3. 本案证明责任如何分配?

4. 本案在审理过程中，安州市安西运河保护协会（2012 年经安州市民政局批准设立，接受安州市环保局指导的非营利性组织）希望参加诉讼，可以何种方式参加诉讼?本案裁判生效后，安西运河保护协会另行提起公益诉讼，法院是否受理?

5. 本案裁判生效后，运河沿岸的绿野水产养殖公司就其养殖的鱼虾死亡造成的损失起诉龙翔公司，法院应当如何处理?

6. 在诉讼中，原告与被告达成和解协议，原告向法院申请撤诉，法院应当如何处理?为什么?

[答案要点]

1. 安州市环保联合会具有原告主体资格（要点 1），而江北省绿色环境协会不具有原告主体资格（要点 2）。根据司法解释规定环境公益诉讼的起诉主体要求同时满足（1）依法在设区的市级以上人民政府民政部门登记；（2）专门从事环境保护公益活动连续五年以上且无违法记录（要点 3）。而江北省绿色环境协会成立于 2016 年 9 月 10 日，至起诉时（2021 年 8 月 10 日）未从事环保公益活动连续满 5 年。

2. 原告可向安州市、江州市或者湖州市中级人民法院起诉（要点 4）。根据《民诉解释》第 285 条规定，公益诉讼由侵权行为地或者被告住所地中级人民法院管辖（要点 5）。其中湖州市为被告龙翔公司住所地，江州市为侵权行为地，安州市为侵权结果发生地。

3. 本案原告应当对被告龙翔公司存在排污行为（侵权行为），造成安西运河污染的事实（损害后果）承担证明责任（要点 6）；被告龙翔公司应当对运河的污染物是工业硫酸，与其排放的工业盐酸无关（侵权行为与损害后果无因果关系）以及存在法定免责事由承担证明责任（要点 7）。

4. 安西运河保护协会可以在开庭前申请作为共同原告参加诉讼（要点 8）；如果裁判生效后另行起诉的，法院不予受理（要点 9）。根据《民诉解释》第 287、291 条规定，人民法院受理公益诉讼案件后，依法可以提起公益诉讼的其他机关和有关组织可以在开庭前向人民法院申请参加诉讼。同时《民诉解释》规定，公益诉讼裁判生效后，其他依法具有原告资格的机关、组织就同一侵权行为另行提起公益诉讼的，法院不予受理（要点 10）。

5. 法院应当依法受理（要点 11）。《民诉解释》第 288 条规定，人民法院受理公益诉讼案件，不影响同一侵权行为的受害人依法提起民事诉讼（要点 12）。

6. 法院不予准许（要点 13）。根据《民诉解释》第 289 条和最高人民法院《关于审理环境民事公益诉讼案件适用法律若干问题的解释》第 25 条规定环境民事公益诉讼当事人达成调解协议或者自行达成和解协议后，法院应当将协议内容公告，公告期满后，人民法院审查认为调解协议或者和解协议的内容不损害社会公共利益的，应当出具调解书。当事人以达成和解协议为由申请撤诉的，不予准许（要点 14）。

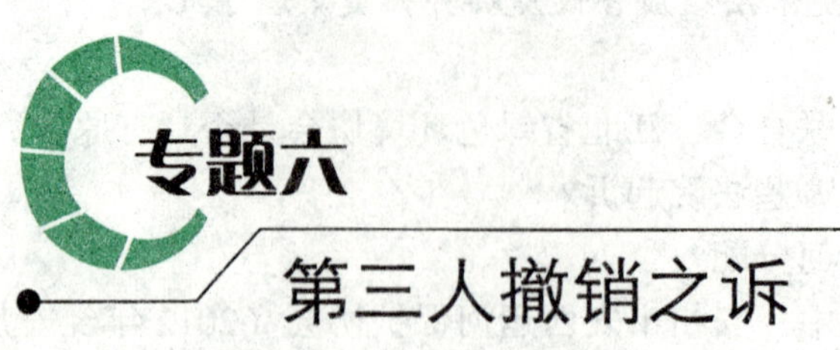

专题六 第三人撤销之诉

怎么考

第三人撤销之诉考点较为集中，考试题目可能是简单题目，可能是中档题目，也可能是较难题。

层次一：简单题目。要求同学们判断案外人可否提出第三人撤销之诉。需要同学们注意的问题是提起第三人撤销之诉的条件：一是主体问题，本应作为有独三、无独三的人可以提出第三人撤销之诉；而本应作为共同原告，共同被告的人不能提出第三人撤销之诉，其可以申请再审；二是对象，值得注意的是对于特别程序、督促程序、公示催告程序作出的判决、裁定不能提出第三人撤销之诉。

层次二：中档题目。考查第三人撤销之诉与再审的关系。第一，第三人撤销之诉与再审不能同时进行；第二，启动主体不一样，提起第三人撤销之诉的是本应作为有独三、无独三的人，而申请再审的主体是原审当事人或者本应作为原审共同原告、被告的人；第三，在第三人撤销之诉审理过程中，法院裁定再审的，原则上再审优先，将第三人诉讼请求并入再审程序（此时一定要准确判断是适用一审程序的再审还是适用二审程序的再审，如果适用一审程序的再审，将第三人诉讼请求并入一并审理即可；如果适用二审程序的再审，将第三人诉讼请求并入再审程序调解，调解不成，撤销原判，发回重审）；如果原审当事人恶意串通损害第三人合法权益的，法院先行审理第三人撤销之诉，而中止再审程序。

层次三：较难题目。考查第三人撤销之诉与案外人对执行标的的异议等制度的关系问题。这一层次在法考主观题中多次予以了重点考查，我们在执行专题予以重点、详细解读。

模型案例

［案例一］乙公司欠甲公司货款200万元，乙公司怠于行使对丙公司200万元到期债权，甲公司遂代位起诉丙公司，法院依法追加乙公司为第三人。诉讼中，甲公司和丙公司达成调解协议，约定丙公司将其所有的一间价值200万元的写字楼过户给甲公司用以清偿该笔债务。法院据此制作调解书结案。后丁公司对该写字楼主张权利，认为该调解书侵犯其合法权利，向法院提出第三人撤销之诉。请分析本案当事人。

［案例二］乙公司欠甲公司货款200万元，乙公司怠于行使对丙公司200万元到期债权，甲公司遂代位起诉丙公司，法院依法追加乙公司为第三人。诉讼中，甲公司和乙公司达成调解协议，约定乙公司将其所有的一间价值200万元的写字楼过户给甲公司用以清偿该笔债务。法院据此制作调解书结案。后丁公司对该写字楼主张权利，认为该调解书侵犯

其合法权利，向法院提出第三人撤销之诉。请分析本案当事人。

【分析与解答】

[分析与思路] 以上两个案例考查第三人撤销之诉中的当事人的诉讼地位。在第三人撤销之诉中，应当以起诉第三人为原告，原审的原告、被告、有独三为被告，原审无独三应当分情形讨论：原审中承担责任的无独三为被告，原审不承担责任的无独三为第三人。案例一中调解书确定被告丙公司将其所有的写字楼过户给甲公司，可见在该案中无独三乙公司不承担责任，其在第三人撤销之诉中应当作为第三人，故在第三人撤销之诉中应当以丁公司为原告，甲公司和丙公司为被告，乙公司为第三人；案例二中调解书确定无独三乙公司将其所有的写字楼过户给甲公司，可见在该案中无独三乙公司需要承担责任，其在第三人撤销之诉中应当作为被告，故在第三人撤销之诉中应当以丁公司为原告，甲、乙、丙公司为被告。

[答案要点] 案例一中应当以丁公司为原告，甲公司、丙公司为被告，乙公司为第三人（要点1）。根据司法解释规定，在第三人撤销之诉中，应当以起诉第三人为原告；原审的原告、被告、有独三和承担责任的无独三是被告；原审不承担责任的无独三应当作为第三人（要点2）。

案例二中应当以丁公司为原告，甲公司、乙公司、丙公司为被告（要点1）。根据司法解释规定，在第三人撤销之诉中，应当以起诉第三人为原告；原审的原告、被告、有独三和承担责任的无独三是被告；原审不承担责任的无独三应当作为第三人（要点2）。

[案例三] 张三有三个儿子，张甲、张乙和张丙。张丙常年在外地工作。张三去世后，留下一只古董花瓶，张甲因为该花瓶的继承问题起诉张乙，广州市白云区人民法院受理本案后判决花瓶归张甲所有，张甲向张乙支付10万元。一审判决后，张甲、张乙均未上诉，判决生效。张丙得知此事后，主张自己不知道父亲的死讯以及张甲、张乙的诉讼，认为该判决侵犯自身合法权益。同时张三的朋友李四向法院主张该花瓶为自己所有，只是借给张三鉴赏，自己在一个月前刚知道张三的死讯和张甲、张乙进行诉讼。

[问题]

1. 张丙应当以何种方式救济自己的权利？
2. 李四应当以何种方式救济自己的权利？

[案例四] 丙公司因认为法院对甲公司诉乙公司工程施工合同案的一审判决（未提起上诉）损害其合法权益，向A市B县法院提起撤销诉讼。案件审理中，检察院提起抗诉，A市中级法院对该案进行再审。本案应当如何处理？为什么？

[案例五] 甲公司诉乙公司房屋买卖合同纠纷一案，A市B区法院经过审理后作出一审判决，甲、乙公司均未上诉，判决生效后，丙公司认为该判决侵犯自身合法权益，向B区法院提出第三人撤销之诉，B区法院受理案件。后甲公司发现新证据申请再审，法院裁定本案再审。法院应当如何处理？

【分析与解答】以上三个案例考查第三人撤销之诉与再审的关系。总结第三人撤销之诉与再审的关系如下：

首先，第三人撤销之诉与再审绝对不能同时进行。

其次，提起第三人撤销之诉与提起再审的主体不一样：提起第三人撤销之诉的主体是本应作为有独三或者无独三但没有参加诉讼的人；而申请再审的主体是原审的当事人，以及本应作为共同原告、共同被告的人。

最后，在第三人撤销之诉审理过程中法院裁定再审的，原则上再审优先，将第三人诉讼请求并入再审程序（如果适用一审程序的再审，则将第三人诉讼请求并入再审程序一并审理，并作出判决；如果是适用二审程序的再审，则将第三人诉讼请求并入再审程序调解，调解不成的撤销原判，发回重审）；如果原审当事人恶意串通损害第三人合法权益的，则先行审理第三人撤销之诉，而中止再审程序。

据此分析以上案例三、四、五。

案例三中原审张甲是原告，张乙是被告，他们之间的法律关系为法定继承关系，张丙是该法定继承关系中的一方当事人，故张丙应作为本案的共同原告，李四不是本案争议的法定继承关系中的一方当事人，其基于独立的所有权关系主张对花瓶的权利，故应当作为有独三参加诉讼。本应作为共同原告的张丙由于不能归责于自己的事由没能参加诉讼，但发现生效判决侵犯自身合法权益的，可以申请再审，此时属于双方都是公民的情形，故张丙可以选择向白云区法院或者广州中院申请再审；而本应作为原审有独三的李四由于不能归责于自身的事由没有参加诉讼的，可以自知道或者应当知道权益受损之日起6个月内向作出该判决的法院也就是白云区法院，提起第三人撤销之诉。

案例四考查第三人撤销之诉与再审的关系。在第三人撤销之诉审理过程中，法院裁定对原生效裁判再审的，原则上再审优先，即受理第三人撤销之诉的法院应当裁定将第三人诉讼请求并入再审程序；但有证据证明原审当事人恶意串通损害第三人利益的应当先行审理第三人撤销之诉，裁定中止再审诉讼。本案中并不存在原审当事人恶意串通损害第三人利益的情形，故应当适用再审优先的规定，将第三人诉讼请求并入再审程序。

而将第三人诉讼请求并入再审程序如何审理则应当分情形讨论，如适用一审程序再审的，则将第三人诉讼请求并入再审程序一并审理，而如适用二审程序再审的，则可以调解，调解不成，撤销原判，发回原一审法院重审。结合本案，生效判决是一审法院B县法院作出的，本案检察院抗诉，显然只能由其上级检察院即市人民检察院向市中院提出抗诉，对于检察院抗诉的案件，原则上应当由接受抗诉的法院重新审理，故本案应当由接受抗诉的A市中院重新审理，故本案应当由中院提审，故应当适用二审程序审理，故此时将第三人诉讼请求并入再审程序法院可以调解，调解不成的，撤销原判，发回一审法院重审。

案例五同样考查第三人撤销之诉与再审的关系。在第三人撤销之诉审理过程中，法院裁定对原生效裁判再审的，原则上再审优先，即受理第三人撤销之诉的法院应当裁定将第三人诉讼请求并入再审程序；但有证据证明原审当事人恶意串通损害第三人利益的应当先行审理第三人撤销之诉，裁定中止再审诉讼。本案中并不存在原审当事人恶意串通损害第三人利益的情形，故应当适用再审优先的规定，将第三人诉讼请求并入再审程序。

而将第三人诉讼请求并入再审程序如何审理则应当分情形讨论，如适用一审程序再审的，则将第三人诉讼请求并入再审程序一并审理，而如适用二审程序再审的，则可以调解，调解不成，撤销原判，发回原一审法院重审。结合本案，生效判决是一审法院A市B区法院作出的，甲公司申请再审，本案不存在一方人数众多或者双方都是公民的情形，故甲公司应当向A市中院申请再审；因当事人申请而裁定的再审应当由中级以上法院审理，故本案应当由A市中院提审，故本案应当适用二审程序重新审理，故此时将第三人诉讼请求并入再审程序法院可以调解，调解不成的，撤销原判，发回一审法院重审。

[答案要点] 案例三中张丙可以向白云区法院或者广州中院申请再审（要点1）；张丙

本应作为本案共同原告，根据《民诉解释》第422条规定，必须共同进行诉讼的当事人因不能归责于本人或者其诉讼代理人的事由未参加诉讼的，可以自知道或者应当知道之日起6个月内申请再审。（要点2）

李四可以依法向白云区法院提出第三人撤销之诉（要点3）。因为李四对张甲、张乙争议的花瓶主张自己独立的权利，应当作为有独三参加诉讼，但其未能参加诉讼，根据《民事诉讼法》第56条规定，（本应作为有独三、无独三的人）由于不能归责于本人的事由未参加诉讼，但有证据证明生效判决侵犯自身合法权益的，可以自知道或者应当知道权利受损之日起6个月内向作出该判决的法院提出第三人撤销之诉（要点4）。

案例四中应当由A市中院将丙公司的诉讼请求并入再审程序（要点1），法院可以组织调解，调解不成，撤销原一审判决，发回B区法院重新审理（要点2）。首先，根据司法解释规定，第三人撤销之诉案件审理期间，人民法院对生效判决、裁定、调解书裁定再审的，受理第三人撤销之诉的人民法院应当裁定将第三人的诉讼请求并入再审程序。但有证据证明原审当事人之间恶意串通损害第三人合法权益的，人民法院应当先行审理第三人撤销之诉案件，裁定中止再审诉讼（要点3）。本案不存在当事人恶意串通，损害第三人合法权益的情形，故应当将第三人诉讼请求并入再审程序审理。其次，本案是市检察院向市中院提出抗诉，应当由接受抗诉的中院提审，故应当适用二审程序审理（要点4），根据司法解释规定，将第三人诉讼请求并入再审程序审理的，如果按照第二审程序审理的，人民法院可以调解，调解不成，应当裁定撤销原判决、裁定、调解书，发回一审法院重审，重审时应当列明第三人（要点5）。

案例五中应当由A市中院将丙公司的诉讼请求并入再审程序（要点1），法院可以组织调解，调解不成，撤销原一审判决，发回B区法院重新审理（要点2）。首先，根据司法解释规定，第三人撤销之诉案件审理期间，人民法院对生效判决、裁定、调解书裁定再审的，受理第三人撤销之诉的人民法院应当裁定将第三人的诉讼请求并入再审程序。但有证据证明原审当事人之间恶意串通损害第三人合法权益的，人民法院应当先行审理第三人撤销之诉案件，裁定中止再审诉讼（要点3）。本案不存在当事人恶意串通，损害第三人合法权益的情形，故应当将第三人诉讼请求并入再审程序审理。其次，本案不存在一方人数众多或者双方都是公民的情形，故甲公司应当向A市中院申请再审，同时，因当事人申请而裁定再审的案件应当由中级以上法院审理，故本案应当由A市中院提审，应当适用二审程序（要点4）。根据司法解释，将第三人诉讼请求并入再审程序审理的，如果按照第二审程序审理的，人民法院可以调解，调解不成的，应当裁定撤销原判决、裁定、调解书，发回一审法院重审，重审时应当列明第三人（要点5）。

真题案例

[案例一]（改编自2014年卷四第六题）赵祖斌死亡后留下一个青花瓷盘，儿子赵文、赵武、赵军因为遗产继承纠纷诉至甲县法院，甲县法院组织当事人达成调解协议，约定青花瓷盘归赵军所有，赵军分别向赵文、赵武支付20万元。法院据此制作调解书。后赵祖斌的朋友张益友向法院主张赵祖斌的青花瓷盘属于自己所有，只是借给赵祖斌鉴赏而已，自己在一个月前才知道赵祖斌的死讯以及赵文、赵武、赵军的诉讼。

[问题] 张益友可以何种方式救济自己的权利？应当满足什么条件？

[案例二]（改编自2015年卷四第四题）杨之元开设古玩店，因为缺乏资金，遂用一

块雕有观音图像的翡翠（简称“翡翠观音”）作为质押，向胜洋小额贷款公司（简称：胜洋公司）贷款200万元。后杨之元无力清偿贷款，胜洋小额贷款公司起诉杨之元，法院认定质押有效，遂判决翡翠观音归胜洋公司所有，以抵偿200万元债务。后商玉良主张，该翡翠观音是自己所有，因为当时杨之元开设古玩店缺乏“镇店之宝”，自己将翡翠观音借给杨之元装点门面。

[问题] 商玉良可以何种方式救济自己的权利？该方式有何特点。

[案例三]（改编自2019年民诉与商法结合案例）甲有限责任公司成立于2016年3月，股东分别为A、B、C、D四家公司，持股比例分别是51%、37%、8%、4%。其中B公司名下37%的股权中，有17%是代E公司持有。B公司在E公司不知情的情况下，将自己名下的全部股权质押给D公司。后B公司无力清偿对D公司的债务。

[问题]

1. D公司起诉B公司，法院经过审理后，认定质押有效，判决该37%的股权归D公司所有。E公司认为该判决侵犯自身合法权益，可以何种方式救济？

2. D公司向法院申请实现质权，法院认为符合法定条案件，裁定拍卖、变卖该股权。E公司认为该判决侵犯自身合法权益，可以何种途径救济？

【分析与解答】

[案例一]

[分析与思路] 赵文、赵武和赵军因为法定继承关系争议青花瓷盘权利，法院组织当事人达成调解协议，约定青花瓷盘归赵军所有。张益友基于所有权利义务关系对青花瓷盘主张权利，显然张益友本应以有独三身份参加诉讼，但由于不能归责于本人事由没有参加诉讼，故可以自知道或者应当知道权利受损之日起6个月内向作出该生效调解书的法院提起第三人撤销之诉。

[答案要点] 张益友可以在知道或者应当知道权利受损之日起6个月内向甲县法院提起第三人撤销之诉（要点1）。提出第三人撤销之诉的条件是：本应作为有独三、无独三的人由于不能归责于本人的事由没有参加诉讼，但发现生效判决侵犯自身合法权益，可以自知道或者应当知道权利受损之日起6个月内向作出生效判决的法院提起第三人撤销之诉（要点2）。

[案例二]

[分析与思路] 胜洋公司与杨之元基于质押权利义务关系主张对翡翠观音的权利，商玉良基于所有权利义务关系主张对翡翠观音的权利，本应作为有独三参加诉讼，但由于不能归责于本人的事由没有参加诉讼，法院判决翡翠观音归胜洋公司所有，该判决侵犯商玉良的权利，商玉良可以提起第三人撤销之诉。

[答案要点] 商玉良可以自知道或者应当知道权利受损之日起6个月内向作出该生效判决的法院提起第三人撤销之诉（要点1）。提出第三人撤销之诉的条件是：本应作为有独三、无独三的人，由于不能归责于本人的事由没有参加诉讼，但发现生效判决侵犯自身合法权益，可以自知道或者应当知道权利受损之日起6个月内向作出生效判决的法院提起第三人撤销之诉（要点2）。

[案例三]

[分析与思路] 请同学们区分本案例中问题一和问题二两种情形的本质区别。问题一中D公司起诉B公司，是诉讼程序，法院判决股权归D公司所有，问题二中D公司申请

实现担保物权，是特别程序，法院裁定准许拍卖、变卖该股权。

问题一中D公司起诉B公司，E公司对争议的股权的一部分主张权利，应当作为有独三参加诉讼，但E公司没有参加诉讼，判决生效后，认为该判决侵犯自身合法权益，故可以提出第三人撤销之诉。

问题二中实现担保物权是特别程序，对特别程序的生效判决、裁定不能申请再审，不能提出第三人撤销之诉。当事人、利害关系人认为特别程序的生效判决、裁定错误，应当向法院提出异议，法院适用特别程序作出新判决、裁定，撤销原判决、裁定即可。对于实现担保物权的裁定确有错误的，当事人可以在收到裁定之日起15日内向作出裁定的法院提出异议，利害关系人可以在知道或者应当知道权利受损之日起6个月内向作出该裁定的法院提出异议。E公司作为案外人，所以应当在知道或者应当知道权利受损之日起6个月内向法院提出异议。

[答案要点]

1. E公司可以自知道或者应当知道权利受损之日起6个月内向作出该判决的法院提出第三人撤销之诉。

2. E公司可以自知道或者应当知道权利受损之日起6个月内向作出裁定的法院提出异议。

专题七 二审程序

怎么考

二审在主观题考试中比较容易出题，题目考查多为简单题目。

层次一：简单题目。考查二审中当事人的诉讼地位，即上诉人、被上诉人的判断。

层次二：简单题目。考查二审的审理，主要是二审的审理范围。二审针对当事人上诉请求所涉及的事实和法律问题进行审理，当事人没有提出上诉请求的，二审法院不予审理，但一审判决违反法律禁止性规定或者损害国家、社会、第三人合法权益的，二审法院应当依法予以改判。

层次三：简单题目。考查二审的裁判方式以及二审的调解。需要同学们准确判断一审判决认定事实、适用法律错误的，二审法院应当依法改判；一审认定基本事实不清的，二审法院可以改判，可以发回重审；一审程序错误的，二审法院应当撤销原判，发回重审。同时对于一审遗漏诉讼请求、遗漏当事人等情形，二审法院可以组织当事人调解，调解不成的，应当撤销原判，发回重审；二审中当事人新增独立诉讼请求或者提出反诉的，二审法院可以组织当事人调解，调解不成的，告知当事人另行起诉，但当事人同意由二审法院一并审理的，二审法院可以一并审理。

考点一：二审的启动

模型案例

［案例一］ 甲与乙签订货物买卖合同，约定乙向甲交付一批货物，乙完成货物交付后，甲认为货物质量不符合要求，遂以违约为由起诉乙。乙称该批货物是从丙进货采购，应当由丙承担赔偿责任。法院依乙的申请追加丙参加诉讼。经过审理，一审法院认定货物存在质量问题，判决乙向甲赔偿损失30万元。

1. 乙不服一审判决，提起上诉，主张货物不存在质量问题，请求驳回原告的全部诉讼请求；

2. 乙不服一审判决，提起上诉，主张该质量问题是由于丙供货原因导致，请求改判由丙向甲赔偿30万；

3. 乙不服一审判决，提起上诉，请求改判自己和丙分别向甲赔偿10万元。

［案例二］ 张三在报纸上发表文章诽谤李四，李四起诉张三和报社要求赔偿、赔礼道歉。法院一审判决张三赔偿1万元，报社赔偿3万元，张三和报社公开向李四赔礼道歉。报社不服该判决，提起上诉，要求改判张三和自己各承担2万元，以张三的名义赔礼道

歉。请分析本案二审当事人的诉讼地位。

[案例三] 乙公司欠甲公司10万元货款无力清偿，且乙公司怠于行使对丙公司的15万到期债权，甲公司代位起诉丙公司要求清偿货款10万元，法院追加乙公司为第三人参加诉讼。一审判决被告丙公司向甲公司支付10万元。乙公司和丙公司均提起上诉，乙公司要求法院判决丙公司向其支付剩余的5万元债务，丙公司要求法院判令甲公司对乙公司的债权不成立，请分析二审当事人诉讼地位。

【分析与解答】以上模型案例考查二审当事人诉讼地位的判断。我们总结一个解题思路：第一步——逐项划出一审判决；第二步——逐项划出上诉人的上诉请求；第三步——将上诉请求和一审判决对比，假设上诉人的上诉请求完全成立，即假设二审法院完全按照上诉人的上诉请求改判。此时相较于一审判决而言，谁会受到损失（包括权利的减少或者义务的增加），谁就是被上诉人。而相较于一审判决而言不会受到损失的人按照原审地位列明即可。

[案例一]

[分析与思路] 本案甲是原告，乙是被告，丙是无独三。一审判决被告乙向甲赔偿30万元，丙不用承担赔偿责任。

情形1中乙的上诉请求是驳回甲的全部诉讼请求，假设乙的上诉请求成立，即二审法院改判乙不再向甲赔偿：甲在一审中能获得30万元的赔偿，改判后得不到了，甲有损失，为被上诉人；丙在一审中不用承担赔偿责任，改判后依然不用承担赔偿责任，丙没有损失，按照原审地位列明，为原审无独三。

情形2中乙的上诉请求是改判由丙向甲赔偿30万元，假设乙的上诉请求成立，即二审法院改判丙向甲赔偿30万元：对甲而言，在一审中能得到30万元赔偿，改判后依然能得到30万元赔偿，其不会受到损失，甲应当按照原审地位列明，即原审原告；对丙而言，在一审判决中不用承担赔偿责任，改判后会承担赔偿责任，丙有损失，为被上诉人。

情形3中乙的上诉请求是改判自己和丙分别向甲赔偿10万元，假设乙的上诉请求成立，即二审法院改判乙和丙分别向甲赔偿10万元：对甲而言，一审中能得到30万元的赔偿，改判后只能得到20万元的赔偿，甲有损失，为被上诉人；对丙而言，一审中不用承担赔偿责任，改判后要承担10万元的赔偿责任，有损失，为被上诉人。

[答案要点]

1. 乙为上诉人，甲为被上诉人，丙为原审无独三；
2. 乙为上诉人，丙为被上诉人，甲为原审原告；
3. 乙为上诉人，甲和丙为被上诉人。

[案例二]

[分析与思路] 一审判决有两项：一是关于赔偿，张三向李四赔偿1万元，报社赔偿3万元；二是关于道歉，张三和报社均向李四赔礼道歉。报社上诉，报社为上诉人，其上诉请求有二：一是改判自己和张三分别向李四赔偿2万元，二是改判由张三向李四赔礼道歉。针对第一项判决，一审判决张三赔偿李四1万元，报社赔偿3万元；报社上诉请求改判报社和张三各赔偿2万元，假如报社的这个上诉请求成立，张三将会赔偿2万元，其在一审中承担的责任会加重，故张三为被上诉人，而不论这个上诉请求是否成立，李四均会拿到4万元赔偿，故该上诉请求与李四无关；针对第二项判决，一审判决张三和报社均向李四赔礼道歉，而报社上诉请求改判由张三赔礼道歉，不论该上诉请求是否成立，张三均

应当向李四赔礼道歉，故该上诉请求与张三无关；李四本来在一审中能获得张三和报社共同的赔礼道歉，但是如果报社的上诉请求成立的话李四就只能获得张三的赔礼道歉，故李四的权利会受到减损，故李四为被上诉人。综上所述，结合报社的两项上诉请求，应当由报社为上诉人，张三、李四均为被上诉人。

[答案要点] 报社为上诉人，张三、李四均为被上诉人。

[案例三]

[分析与思路] 本案法院追加乙公司为第三人，故乙公司为无独三（有独三只能以起诉方式参加诉讼）。一审判决丙公司向甲公司支付10万元，故一审判决中无独三乙公司不承担责任，故其无权上诉，不能成为上诉人，故题目中表述乙公司上诉以及乙公司的上诉请求均为干扰信息。丙公司上诉，丙公司为上诉人，其上诉请求是改判甲公司对乙公司的债权不成立，假设其上诉请求成立，对甲公司而言，债权没了，有损失，甲公司为被上诉人，对乙公司而言，债务没了，没有损失，按照原审地位列明，应为原审无独三。

[答案要点] 丙公司为上诉人，甲公司为被上诉人，乙公司为原审无独立请求权第三人。

考点二：二审的审理

模型案例

张三与某房地产开发公司签订房屋买卖合同，张三认为房地产开发公司逾期交付房屋，且房屋存在一定质量问题，故张三起诉房地产开发公司要求支付违约金2万元，并赔偿房屋修缮费用。一审法院判决支持了原告张三全部诉讼请求。房地产开发公司认为一审法院关于支付违约金的判决，认定事实和适用法律错误，故提起上诉。二审法院经过开庭审理后，认为一审关于违约金的判决，认定事实和适用法律准确，但是关于赔偿房屋修缮费用的判决认定事实错误。请问二审法院应当如何处理？

【分析与解答】

[分析与思路] 民事诉讼中二审应当围绕当事人上诉请求进行审理，当事人没有提出请求的，二审法院不予审理，但一审判决违反法律禁止性规定，或者损害国家利益、社会公共利益、他人合法权益的除外。本案被告房地产开发公司仅仅对违约金的判决提出上诉，故二审法院应当围绕一审关于违约金的事实认定和法律适用问题进行审理，而关于赔偿房屋修缮费用的内容上诉人并未提出上诉请求，故不属于二审法院审理范围，二审法院不予审理。上诉人关于违约金部分的上诉请求不能成立，故应当判决驳回上诉，维持原判。

[答案要点] 二审法院应当判决驳回上诉，维持原判（要点1）。二审应当围绕当事人的上诉请求进行审理，故本案二审应当对上诉请求所涉及一审关于违约金的事实认定和法律适用问题进行审理，而关于赔偿房屋修缮费用的内容，上诉人并未提出上诉请求，不属于二审法院审理范围（要点2），二审法院不予审理。

考点三：二审的裁判

真题案例

［案例一］（改编自 2017 年卷四第六题）温茂昌起诉郝志强、包童新侵权纠纷一案，在开庭审理 5 天前，法院送达人员将郝志强和包童新的传票都交给包童新，告其将传票转交给郝志强。开庭时，温茂昌、包童新按时到庭，郝志强迟迟未到庭。法庭询问包童新是否将开庭传票交给了郝志强，包童新表示 4 天之前就交了。法院据此在郝志强没有出庭的情况下对案件进行审理并作出了判决，判决郝志强与包童新共同承担赔偿责任：郝志强赔偿 4000 元，包童新赔偿 4500 元，两人相互承担连带责任。一审判决送达后，郝志强不服，在上诉期内提起上诉。

［问题］请分析一审法院存在什么错误？二审法院应当如何处理？

［案例二］（改编自 2012 年卷四第五题）原告王某起诉被告刘某要求赔偿医疗费 3.5 万元，主张刘某开车撞倒自己；被告刘某否认该事实。双方向法庭出示了相关证据，一审法院认定现有证据不足以认定被告刘某撞倒王某，但就算刘某并未撞倒王某，由于刘某车型大，车速快，完全有可能吓倒王某，同时王某横穿马路，对事故也负有一定责任，故判决被告刘某对王某的损失承担 60%的赔偿责任。王某对该判决不服，提起上诉，二审法院经过审理后，认为根据现有证据足以认定刘某撞倒王某，但是一审法院对事故责任的认定符合法律规定，故判决驳回上诉，维持原判决。

［问题］请评价本案二审法院的做法，并说明理由。

【分析与解答】 以上两题均涉及二审的裁判方式：如果一审判决正确的，二审法院应当驳回上诉，维持原判；如果一审判决认定事实错误或者适用法律错误，二审法院应当依法改判；如果一审判决认定基本事实不清的，二审法院可以改判，也可以撤销原判，发回重审；一审程序错误的，二审法院应当撤销原判，发回重审。

［案例一］

［分析与思路］法院将郝志强和包童新的传票都交给包童新，告知其将传票转交给郝志强的做法是错误的，即一审法院未通过合法途径向郝志强送达开庭传票。既然未依法向郝志强送达开庭传票，在开庭时对郝志强缺席判决的做法错误，剥夺郝志强的辩论权。既然一审程序错误，剥夺当事人辩论权，故二审法院应当依法撤销原判，发回一审法院重新审理。

［答案要点］法院通过包童新向郝志强转交开庭传票的做法错误（要点 1）；对郝志强未经传票传唤即缺席判决的做法错误（要点 2）。一审程序违法，剥夺当事人辩论权，故二审法院应当撤销原判，发回一审法院重审（要点 3）。

［案例二］

［分析与思路］本题一审法院对于事实的认定是：根据现有证据不足以认定刘某撞倒王某。二审法院经过审理后，认为根据现有的证据足以认定刘某撞倒王某，显然，二审法院认定的事实与一审法院认定的事实不一致，即属于二审法院认为一审法院认定的事实错误，故二审法院应当依法改判，而二审法院并未改判，而是驳回上诉，维持原判，该做法错误。

［答案要点］二审法院驳回上诉，维持原判的做法错误（要点 1）。因为二审法院认定

事实与一审法院认定的事实不一致，根据《民事诉讼法》规定，二审法院经过审理后认为一审法院认定事实或者适用法律错误的，应当依法改判、撤销、变更（要点2）。

考点四：二审的调解

模型型案例

[案例一] 齐远、张红是夫妻，因感情破裂诉至法院离婚，提出解除婚姻关系、子女抚养、住房分割等诉讼请求。一审判决准予离婚并对子女抚养问题作出判决。齐远不同意离婚提出上诉。二审中，张红增加诉讼请求，要求分割诉讼期间齐远继承其父的遗产。请分析本案二审法院应当如何处理？

[案例二] 张三、李四合伙经营一家火锅店，因为理念不合产生诸多纠纷，张三指使王家兄弟王甲、王乙殴打李四，李四被打伤后起诉王甲、王乙赔偿医疗费、误工费等损失5万元，并赔礼道歉。一审法院判决王甲、王乙赔偿李四医疗费、误工费等损失共计4.5万元。李四不服，提起上诉，二审中，李四始知王甲、王乙是受张三指使，李四要求追加张三参加诉讼，并要求退伙析产。请问本案二审法院应当如何处理？

【分析与解答】 以上案例考查二审的调解：一审法院遗漏当事人诉讼请求的，二审法院可以调解，调解不成的，撤销原判发回重审；一审遗漏当事人的或者二审中有独三参加诉讼的，二审法院可以调解，调解不成的，撤销原判发回重审；一审判决不准离婚，二审法院认为应当判决离婚的，对财产分割、子女抚养问题可以组织当事人调解，调解不成的，撤销原判发回重审，但当事人同意由二审法院一并审理并作出判决的，二审法院可以一并审理并作出判决；二审中当事人新增独立诉讼请求或者提出反诉的，二审法院可以调解，调解不成告知当事人另行起诉，但当事人同意由二审法院一并审理的，二审法院可以一并审理并作出判决。

[案例一]

[分析与思路] 逐一从题目中分析考点。首先，原告在一审中提出的诉讼请求有三：解除婚姻关系、子女抚养、住房分割。一审判决对其中两项（解除婚姻关系和子女抚养）作出了处理，显然，遗漏了住房分割这一诉讼请求，对于一审遗漏的诉讼请求，二审法院可以调解，调解不成，发回一审法院重审。二审中，张红增加分割诉讼期间齐远继承的遗产属于在二审中新增的诉讼请求，对该诉讼请求二审法院可以调解，调解不成告知另行起诉，当然，此时如果当事人同意由二审法院一并审理的，二审法院可以一并裁判。

[答案要点]

1. 对于遗漏的住房分割这一诉讼请求，二审法院可以调解，调解不成，撤销原判，发回重审（要点1）；

2. 对于二审新增的诉讼请求，二审法院可以调解，调解不成，告知另行起诉，当然，当事人同意由二审法院一并审理的，二审法院可以一并裁判（要点2）。

[案例二]

[分析与思路] 本题考点不难，关键是考生需要在分析案例时做到考点全面，不然容易遗漏考点。张三指使王甲、王乙殴打李四，故本案应当由李四作为原告，张三、王甲、王乙为共同被告。李四起诉王甲、王乙，可见一审可能遗漏当事人张三，考生应当马上想

到此处可能涉及“一审遗漏当事人，二审可以调解，调解不成，发回重审”的考点。随后题目提及李四的诉讼请求为赔偿医疗费、误工费等损失，以及赔礼道歉，考生应当将该诉讼请求逐一划出，需要将该诉讼请求与一审判决对比，如果一审法院超出该诉讼请求作出裁判，则涉及违反处分原则；如果一审法院遗漏其中一项或者几项诉讼请求，则涉及一审法院遗漏诉讼请求，二审法院可以调解，调解不成，发回重审的考点。继续分析，显然，一审法院只判决了赔偿损失，遗漏了原告关于赔礼道歉的诉讼请求，涉及二审调解不成发回重审的问题。李四提起上诉，二审中，李四要求追加张三为共同被告，果然，涉及“一审遗漏当事人，二审法院可以调解，调解不成，发回重审”的考点。同时李四上诉请求中要求退伙析产，即涉及“在二审中增加诉讼请求，二审法院调解不成，告知另行起诉”的考点。

[答案要点]

1. 对于一审法院遗漏的诉讼请求（赔礼道歉），二审法院可以调解，调解不成，撤销原判，发回重审（要点1）。

2. 对于一审中遗漏必须参加诉讼的当事人张三，二审法院可以追加张三为共同被告进行调解，调解不成，撤销原判，发回重审（要点2）。

3. 对于二审中李四新增的诉讼请求（退伙析产），二审法院可以调解，调解不成，告知当事人另行起诉。但当事人同意由二审法院一并审理的，二审法院可以一并审理（要点3）。

专题八 再审程序

怎么考

再审程序是主观题考查较多的题目，题目考查多为简单题目。

层次一：简单题目。考查申请再审的管辖以及理由。

层次二：简单题目。考查再审的审理程序，主要涉及应当适用何种程序重新审理（特别提醒同学们注意的是提审问题）；再审范围有限原则（再审中新增、变更的诉讼请求不属于再审范围）；再审的审理（如适用二审程序的再审中发现原一审程序错误，应当发回重审，发现原一审遗漏当事人、遗漏诉讼请求等，调解不成，发回重审等）。

模型案例

［案例一］某省某市A区甲公司与B区乙公司在C区签订了买卖合同，约定乙公司在C区为甲公司交付一批钢材，甲公司支付货款30万元。后来乙公司在D区完成了钢材交付，甲公司未按照约定支付货款，乙公司向D区法院起诉甲公司，要求支付货款30万并解除合同。甲公司辩称乙公司交付的钢材质量不符合约定标准，请求法院驳回乙公司诉讼请求。D区法院经过审理后，判决驳回了乙公司要求甲公司支付货款的请求。乙公司不服该判决，提起上诉，中院判决驳回上诉，维持原判。后乙公司发现新证据，申请再审，坚持要求甲公司支付货款，并解除合同。

［问题］

1. 乙公司应当向哪些（个）法院申请再审？为什么？

2. 在再审中，甲公司主张本案原一审法院没有管辖权，本案一审程序错误，请求再审法院撤销原一审、二审判决，再审法院应当如何处理？为什么？

3. 法院对于乙公司的再审请求应当如何处理？为什么？

［案例二］甲公司向深圳市南山区人民法院起诉乙公司，要求乙公司依约履行合同，深圳市南山区人民法院认为甲公司证据不足，判决驳回甲公司诉讼请求，双方当事人均未上诉，判决生效后，甲公司财务人员发现新证据，甲公司申请再审，法院审查后认为甲公司申请再审符合法定情形，遂裁定再审。再审中，甲公司要求法院判令乙公司履行合同，并赔偿相应违约金，乙公司对甲公司提出反诉，要求确认合同无效，并要求甲公司承担缔约过失责任。关于本案，请回答以下问题：

［问题］

1. 甲公司应当向哪些（个）法院申请再审？为什么？

2. 甲公司向法院申请再审的同时能否向检察院申请检察建议或者抗诉？为什么？

3. 再审法院应当适用何种程序对本案进行重新审理？为什么？

4. 再审法院对于甲、乙公司的诉讼请求应当如何处理？为什么？

5. 再审法院作出判决后，甲公司认为再审判决仍有明显错误的，应当如何处理？

［案例三］甲公司起诉张三合同纠纷一案，甲县法院受理后适用简易程序审理。法院通过电子邮件方式分别向甲公司和张三送达开庭通知，甲公司予以了回复，张三一直未回复。开庭时，张三未到庭，法院作出缺席判决。判决生效后，张三向甲市中院申请再审，甲市中院提审后认为本案一审程序错误，遂撤销原判，发回甲县法院重审。甲县法院重新审理过程中，张三提出反诉，要求法院判决确认合同无效，并判令甲公司承担缔约过失责任。后甲公司自知理亏，撤回起诉。

［问题］

1. 法院应否准许张三提出反诉？并说明理由？

2. 甲公司撤回起诉后，法院应当如何处理？

【分析与解答】

［案例一］

［分析与思路］本案是合同纠纷，应当由被告住所地或者合同履行地法院管辖，同时本案约定履行地与实际履行地不一致的，应当以约定履行地为合同履行地，故本案应当由被告住所地A区法院或者合同约定履行地C区法院管辖。乙公司向D区法院起诉，D区法院没有管辖权，但被告甲公司未提出管辖权异议，且应诉答辩，故本案D区法院取得应诉管辖权。本案原告乙公司的诉讼请求有二：支付货款、解除合同。一审法院判决驳回了支付货款的诉讼请求，显然，一审法院遗漏原告解除合同这一诉讼请求，涉及“二审法院应当调解，调解不成，发回重审”这一考点。而本案二审法院却驳回上诉，维持原判，故本案一审程序中遗漏诉讼请求的错误在二审中未得以纠正，在再审中需要注意保护当事人对遗漏的“解除合同”这一请求的上诉权。乙公司申请再审，值得注意的是申请再审应当向上一级法院申请，但一方人数众多或者双方都是公民的案件当事人可以选择向原审法院提出申请，本案不存在一方人数众多，也不存在双方都是公民的情形，故当事人应当向高院申请再审。高院裁定再审后可以提审，也可以指令原中院重审。不论是高院提审还是指令原中院再审，本案均应当适用二审程序重新审理。

［答案要点］

1. 乙公司应该向该省高院申请再审（要点1）。当事人申请再审应当向上一级法院提出申请，但一方人数众多或者双方都是公民的案件，当事人可以选择向原审法院提出申请（要点2）。

2. 对其管辖权异议不予审查（要点3）。根据司法解释规定：发回重审或者按第一审程序再审的案件，当事人提出管辖异议的，法院不予审查（要点4）。

（或者：根据《民事诉讼法》规定，当事人在一审提交答辩状期间没有提出管辖权异议，且应诉答辩的，一审法院取得应诉管辖权，故本案D区法院取得应诉管辖权，在再审中提出管辖权异议的，法院不予审查。）

3. 再审法院对于乙公司解除合同的诉讼请求可以组织当事人调解，调解不成，发回重审（要点5）。本案应当适用二审程序再审，原一审程序中遗漏当事人诉讼请求的，二审法院调解不成，发回重审（要点6）。

[案例二]

[分析与思路] 本案原告甲公司要求乙公司履行合同，南山区人民法院作出生效判决，同时本案不存在双方都是公民或者一方人数众多的情形，故本案当事人应当向深圳市中级人民法院申请再审。同时值得注意的是因为当事人申请而裁定再审的案件应由中级以上法院审理，故本案应当由深圳市中级人民法院重新审理。本案原来是基层法院一审终审，现在由中院提审，提审应当适用二审程序，故本案应当适用二审程序重新审理。在再审中，甲公司增加了违约金的请求，乙公司提出了确认合同无效的反诉，显然涉及“再审范围有限原则”这一考点，根据再审范围有限原则，在再审中，当事人新增独立诉讼请求的，不属于再审范围，故再审中新增的诉讼请求和反诉均不属于再审范围，再审法院不予审理。当然，对于再审法院作出新的判决后，甲公司认为判决仍有明显错误的，其可以向检察院申请检察建议或者抗诉，涉及“向检察院申请检察建议或者抗诉”这一考点。

[答案要点]

1. 甲公司应当向深圳市中级人民法院申请再审（要点1）。申请再审原则上向上一级法院提出，但当事人一方人数众多或者双方都是公民的，当事人可以选择向原审法院提出（要点2）。本案不存在一方人数众多或者双方都是公民的情形，故只能向上一级法院提出申请。

2. 甲公司向法院申请再审的同时不能向检察院申请检察建议或者抗诉（要点3），因为向检察院申请检察建议或者抗诉应当具有断后性，即只能在法院驳回当事人再审申请、法院逾期未对再审申请作出裁定的、认为再审判决、裁定确有错误等三种情形下当事人才能向检察院申请检察建议或者抗诉（要点4）。

3. 应当适用二审程序重新审理（要点5）。因当事人申请而裁定再审的案件应当由中级以上法院审理，但当事人依法选择向基层法院申请再审的除外（要点6）。故本案当事人向中院申请再审，应当由中院重新审理，原来是基层法院作的生效判决，现在由中院重新审理，故属于提审，应当适用二审程序重新审理。

[注意] 有考生认为原来是一审作出生效判决，故现在应当适用一审程序重新审理。此时需要注意因当事人申请而裁定再审的案件应当由中级以上法院重新审理，原来是基层法院审，现在是中院审，属于提审，应适用二审程序重新审理。故此提醒考生，在判断再审法院到底适用何种程序重新审理时应当首先判断是否存在提审的问题，只有在不存在提审时才按照原来适用一审程序作出生效判决的，现在适用一审程序重新审理；原来是二审程序作出生效判决的，现在适用二审程序重新审理。

4. 仅应当对甲公司要求履行合同的诉讼请求进行重新审理，而对于甲公司增加的违约金的请求，以及乙公司提出的反诉不予受理（要点7）。根据再审范围有限原则，再审范围以原审为限，再审中当事人超出原审范围增加、变更诉讼请求的，不属于再审范围，故再审法院应当不予审理（要点8）。

5. 甲公司应当向检察院申请检察建议或者抗诉（要点9）。在法院驳回当事人再审申请，法院逾期未对再审申请作出裁定，再审判决、裁定有明显错误的三种情形下，当事人有权向检察院申请检察建议或者抗诉（要点10）。

[案例三]

[分析与思路] 本题考查再审中增加、变更诉讼请求，提出反诉的处理。首先根据再

审范围有限原则，再审中不允许增加、变更诉讼请求，不允许提出反诉。但根据《民诉解释》第252条规定，再审裁定撤销原判决、裁定发回重审的案件，当事人申请变更、增加诉讼请求或者提出反诉，符合下列情形之一的，人民法院应当准许：（一）原审未合法传唤缺席判决，影响当事人行使诉讼权利的；（二）追加新的诉讼当事人的；（三）诉讼标的物灭失或者发生变化致使原诉讼请求无法实现的；（四）当事人申请变更、增加的诉讼请求或者提出的反诉，无法通过另诉解决的。显然，本案属于原审未经合法传票传唤即缺席判决的情形，故再审裁定撤销原判、发回重审的，应当允许当事人增加、变更诉讼请求，提出反诉，故在重新审理过程中应当允许张三提出反诉。同时基于反诉的独立性，甲公司撤回起诉后，法院对张三提出的反诉应当继续审理。

[答案要点]

1. 法院应当准许张三提出反诉（要点1）。根据《民诉解释》252条规定可知，再审撤销原判发回重审的，如果原审未经合法传票传唤即缺席判决，影响当事人行使诉讼权利的，应当允许当事人增加、变更诉讼请求或者提出反诉（要点2）。

2. 法院准许甲公司撤回起诉后，应当继续审理张三提出的反诉请求（要点3）。

[总结与归纳] 各诉讼程序中增加、变更诉讼请求，提出反诉问题

1. 一审中增加、变更诉讼请求，提出反诉：一审中增加、变更诉讼请求，提出反诉在法庭辩论终结前即可。

2. 二审中增加诉讼请求，提出反诉——考虑两审终审制度。

（1）二审中原告增加独立诉讼请求，被告提出反诉的，基于保护当事人上诉权，二审法院可以组织当事人调解，调解不成的，告知当事人另行起诉，但当事人同意由二审法院一并审理的，二审法院可以一并审理。

（2）二审发回重审的案件，当事人增加、变更诉讼请求，被告提出反诉的，法院合并审理即可。

3. 再审中增加诉讼请求，提起反诉——考虑再审范围有限原则。

（1）法院审理再审案件应当围绕再审请求进行。当事人的再审请求超出原审诉讼请求的，不予审理；符合另案诉讼条件的，告知当事人可以另行起诉。

（2）再审裁定撤销原判发回重审的案件，依然属于再审程序，适用再审范围有限原则，不允许增加、变更诉讼请求或者提出反诉。但有下列情形之一，当事人申请变更、增加诉讼请求或者提出反诉的，法院应当准许：

①原审未合法传唤缺席判决，影响当事人行使诉讼权利的；

②追加新的当事人的；

③诉讼标的物灭失或者发生变化致使原诉讼请求无法实现的；

④当事人申请变更、增加的诉讼请求或者提出的反诉无法通过另诉解决的。

真题案例

[案例一]（改编自2010年卷四第六题）大力公司与铁成公司签订煤炭买卖合同，由大力公司向铁成公司出售3000吨煤炭。大力公司经海运向铁成公司发运2000吨煤炭。大力公司依约要求铁成公司支付已发煤款遭拒，遂决定暂停发运剩余1000吨煤炭。

在与铁成公司协商无果情况下，大力公司向甲省C县法院提起诉讼，要求铁成公司支付货款并请求解除合同。经审理，一审法院判决铁成公司向大力公司支付货款。

铁成公司不服一审判决提起上诉，二审法院判决撤销一审判决，驳回原告要求被告支付货款并解除合同的诉讼请求。

二审判决送达后第10天，大力公司负责该业务的黎某在其手机中偶然发现，自己存有与铁成公司员工季某关于2000吨煤炭验收、付款及剩余煤炭发运等事宜的谈话录音，明确记录了季某代表铁成公司负责此项煤炭买卖的有关情况，大力公司遂向法院申请再审，坚持要求铁成公司支付货款并解除合同的请求。

[问题]

1. 大力公司可以向哪个（些）法院申请再审？

2. 法院对大力公司提出的再审请求如何处理？为什么？

【分析与解答】

[分析与思路] 本题一审中大力公司提出了支付货款和解除合同两项诉讼请求，一审法院对支付货款这一请求作出了判决，遗漏了解除合同的诉讼请求。对于该遗漏的诉讼请求，二审法院应当组织当事人调解，调解不成应当撤销原判，发回重审，但二审法院直接判决驳回，程序违法，剥夺了当事人对解除合同这一诉讼请求的上诉权。判决生效后，大力公司发现新证据，申请再审。当事人再审应当向上一级法院申请，但一方人数众多或者双方都是公民的案件，当事人可以选择向原审法院提出，本案不存在一方人数众多或者双方都是公民的情形，故应当向上一级法院提出申请。本案是甲省C县法院一审，中院二审，故当事人应当向甲省高院申请再审。高院裁定再审后，可以提审，也可以指令中院再审，不论是提审还是指令中院再审本案均应当适用二审程序重新审理。在适用二审程序重新审理时，发现一审遗漏当事人诉讼请求的，再审法院可以组织当事人调解，调解不成的应当撤销原一审、二审判决，发回一审法院重审。

[答案要点]

1. 大力公司应当向甲省高院申请再审（要点1），当事人申请再审应当向上一级法院提出，但一方人数众多或者双方都是公民的案件当事人可以选择向原审法院提出，本案不存在一方人数众多或者双方都是公民的情形，故当事人应当向上一级法院申请再审。

2. 高院裁定再审后，应当提审或者指令原审中院或者其他中院审理（要点2）。本案的再审应当适用二审程序重新审理（要点3），对于解除合同这一诉讼请求，再审法院可以进行调解，调解不成，撤销原来一审、二审判决，发回一审法院重新审理（要点4）。

[案例二]（改编自2016年卷四第六题）陈某转让一辆中巴车给王某但未办过户。王某为了运营，与明星汽运公司签订合同，明确挂靠该公司，王某每月向该公司交纳500元，该公司为王某代交规费、代办各种运营手续、保险等。明星汽运公司依约代王某向鸿运保险公司支付了该车的交强险费用。

2015年5月，王某所雇司机华某驾驶该中巴车致行人李某受伤，交警大队认定中巴车一方负全责，并出具事故认定书。因赔偿问题协商无果，李某将王某和其他相关利害关系人诉至F省N市J县法院，要求王某、相关利害关系人向其赔付治疗费、误工费、交通费、护理费等费用。

李某为支持自己的主张，向法院提交了因误工被扣误工费、为就医而支付交通费、请他人护理而支付护理费的书面证据。但李某声称治疗的相关诊断书、处方、药费和治疗费的发票等不慎丢失，其向医院收集这些证据遭拒绝。李某向法院提出书面申请，请求法院调查收集该证据，J县法院拒绝。

在诉讼中，李某向J县法院主张自己共花治疗费3.665万元，误工费、交通费、护理费共计1.2万元。被告方仅认可治疗费用1.5万元。J县法院对案件作出判决，在治疗费方面支持了1.5万元。双方当事人都未上诉。

一审判决生效一个月后，李某聘请张律师收集证据、代理本案的再审。经律师说服，医院就李某治伤的相关诊断书、处方、药费和治疗费的支付情况出具了证明，李某据此向法院申请再审，法院受理了李某的再审申请并裁定再审。

再审中，李某提出增加赔付精神损失费的诉讼请求。

[问题]

1. 李某可以向哪个（些）法院申请再审？其申请再审所依据的理由应当是什么？

2. 再审法院应当按照什么程序对案件进行再审？再审法院对李某增加的再审请求，应当如何处理？简要说明理由。

【分析与解答】

[分析与思路] 首先本案李某是原告，王某和鸿运保险公司为共同被告，如果李某主张明星汽运公司承担责任，明星汽运公司为共同被告。李某因为客观原因无法调查收集的证据可以申请法院调查收集，同时根据《民事诉讼法》第200条，当事人可以“对审理案件需要的主要证据，当事人因客观原因不能自行收集，书面申请人民法院调查收集，人民法院未调查收集的”为由申请再审。J县法院一审判决后当事人均未上诉，判决生效，李某申请再审。原则上应当向上一级法院申请再审，但一方人数众多或者双方都是公民的案件当事人可以选择向原审法院申请。本案不存在一方人数众多或者双方都是公民的情形，故当事人应当向上一级法院即N市中院申请再审。此时值得注意的是，因当事人申请而裁定再审的案件应当由中级以上法院审理，故本案应当由N市中院提审，提审应当适用二审程序。在再审中，李某提出增加赔付精神损失费的诉讼请求涉及的考点为再审范围有限原则，再审应当以原审范围为限，当事人超出原审范围增加、变更的诉讼请求不属于再审范围，故再审法院对其新增的精神损失费的诉讼请求不予审理。

[答案要点]

1. 李某可以向N市中院申请再审（要点1）；其申请再审的理由是：对审理案件需要的主要证据，当事人因客观原因不能自行收集，书面申请人民法院调查收集，人民法院未调查收集（要点2）。

2. 再审法院应当适用二审程序对本案进行审理（要点3）；因为因当事人申请而裁定再审的案件由中级以上法院审理（要点4），故本案应当由N市中院提审，提审应当适用二审程序。再审法院对李某新增的再审请求不予审理（要点5）；因为根据再审范围有限原则，再审以原审范围为限，当事人超出原审范围增加、变更的诉讼请求不属于再审范围（要点6）。

专题九 执行程序

怎么考

执行是主观题考查频率最高的内容。题目可以是简单题目、中档题目、较难题目。

层次一：简单题目。考查执行中的一些基本制度，如执行管辖、和解、参与分配、追加当事人等问题，直接根据法条规定即可作答。

层次二：中档题目。考查案外人对执行标的的异议，法院对案外人执行标的异议作出裁定后，需要同学们准确判断案例属于原判决确有错误还是与原生效判决无关的情形，在原生效判决确有错误的情形下应当依法申请再审，在与原生效判决无关的情形下应当依法提起执行异议之诉。

层次三：较难题目。考点还是集中在案外人对执行标的的异议，可以从两个角度增加难度，一是纵向拓展，考查第三人撤销之诉、案外人对执行标的的异议、执行异议之诉、再审等制度的关系；二是横向拓展，结合民法和商法，与其是与商法结合，将公司的股权作为执行标的，进行考查案外人对执行标的异议制度以及不同情形下的救济措施。

考点一：执行管辖

模型案例

甲诉乙侵权纠纷一案，甲市东区法院一审判决乙赔偿甲 6 万元，乙向该市中院上诉，中院驳回了乙的上诉请求。乙居住在该市南区，但家中没有什么值钱的财产，但在该市西区某处存有价值 5 万元的货物。甲申请法院执行。

[问题]

1. 本案当事人可以向哪些法院申请执行，为什么？

2. 甲分别向上述法院申请执行，受理执行申请的法院应当分别如何处理？请说明理由。

3. 乙认为受理案件的法院没有管辖权，可以通过何种途径表达异议，法院应当如何处理？

4. 乙对法院驳回管辖权异议的裁定不服，应当如何救济？

【分析与解答】

[分析与思路] 本案考查执行管辖。生效的民事判决、裁定、调解书由一审法院或者与之同级的被执行财产所在地法院执行；当事人先后向两个有管辖权的法院申请执行的，

由最先立案的法院管辖。被申请人可以在收到执行通知之日起10日内向法院提出管辖权异议，法院审查，认为异议不成立的，裁定驳回，认为异议成立的，裁定撤销案件。当事人对管辖权异议裁定不服的，有权向上一级法院申请复议一次。

[答案要点]

1. 东区法院或者西区法院（要点1）。生效的民事判决、裁定、调解书由第一审法院或者与之同级的被执行财产所在地法院管辖（要点2）。故本案可由一审法院即东区法院管辖或者被执行财产所在地法院即西区法院管辖，被申请人住所地南区法院无管辖权。

2. 应当由先立案的法院管辖（要点3），后立案的法院应当撤销案件（要点4）。两个法院均有管辖权的案件，权利人可以选择向其中一个法院申请执行，权利人先后向两个法院申请执行的，由最先立案的法院管辖，后立案的法院应当撤销案件（要点5）。

3. 乙认为法院没有管辖权时有权在收到执行通知之日起10日内提出管辖权异议（要点6），法院审查认为异议不成立的裁定驳回，认为异议成立的应当裁定撤销案件（要点7）。

4. 乙对法院驳回管辖权异议裁定不服的，有权向上一级法院申请复议一次（要点8）。

考点二：执行和解

模型案例

张三申请甲区法院执行李四100万元，法院经查询，查封了李四名下位于乙区的一套价值105万元的房屋。张三和李四达成和解协议，约定李四在一个月内将房屋过户给张三用以清偿该105万元债务，执行员将该和解协议记入笔录，并由双方当事人签字盖章。张三申请法院解除对该房屋的查封。

[问题]

1. 双方当事人达成和解协议后将会产生何种法律效果？

2. 法院可否根据张三的申请解除对房屋的查封？请说明理由。

3. 法院能否根据和解协议下达以房抵债的裁定？

4. 李四将该房屋过户给张三后，张三发现房屋存在较为严重的质量问题，价值明显低于100万元，张三应当如何处理？

5. 约定的履行期限届满，李四尚未履行协议，张三可以采取哪些途径救济？以上救济途径关系如何？

6. 和解协议签订后，李四认为该和解协议存在欺诈违背其真实意思，可以如何处理？

【分析与解答】

[分析与思路] 在执行中当事人达成和解协议的，法院应当裁定中止执行，权利人可以申请解除查封、扣押、冻结。如果和解协议履行完毕的，法院应当裁定执行终结；因迟延履行、瑕疵履行造成损失的，申请人可以另行起诉；如果义务人拒不履行和解协议，权利人可以选择申请恢复执行，也可以选择就和解协议起诉。当然，以上二者只能二选一：权利人申请恢复执行，法院裁定恢复执行后，权利人就和解协议起诉的，法院不予受理；权利人就和解协议起诉，法院受理后，裁定终结对原生效法律文书的执行。最后，执行中

达成和解协议的，法院不允许根据和解协议制作调解书，也不允许根据和解协议下达以物抵债的裁定书。

[答案要点]

1. 达成和解协议后法院应当裁定中止执行（要点1）。

2. 法院可以解除对房屋的查封（要点2）；根据司法解释规定，当事人达成和解协议，法院裁定中止执行后，申请执行人申请解除查封、扣押、冻结的，人民法院可以准许（要点3）。

3. 不能（要点4）。根据司法解释规定，当事人达成以物抵债执行和解协议的，人民法院不得依据该协议作出以物抵债裁定（要点5）。

4. 张三可以另行起诉李四要求赔偿（要点6）；执行和解协议履行完毕，申请执行人因被执行人迟延履行、瑕疵履行而遭受损害的，可以向执行法院另行提起诉讼（要点7）。

5. 张三可以选择申请法院恢复对原判决书的执行，也可以选择就和解协议提起诉讼（要点8）。以上两种方式关系如下：

（1）张三申请恢复执行，法院裁定恢复执行后，张三再就和解协议起诉的，法院不予受理（要点9）；

（2）张三就和解协议起诉，法院受理后，裁定终结对原生效法律文书的执行（要点10）。

6. 李四可以向执行法院（甲区法院）提起诉讼，请求撤销和解协议（要点11）。根据司法解释规定，当事人、利害关系人认为执行和解协议无效或者应予撤销的，可以向执行法院提起诉讼（要点12）。

考点三：执行担保

模型案例

法院生效判决要求李四在判决生效后10日内向张三支付30万元。履行期限届满，张三申请法院强制执行，执行中，李四表示确实没有可供执行的财产，案外人王五同意以自己的一辆汽车为该笔债务提供担保，担保期间为1年。经过张三同意后，法院裁定暂缓执行，期限为1年。

[问题]

1. 在暂缓执行期间届满后，李四仍不履行债务，张三可否申请变更王五为被执行人，对该汽车采取执行措施？

2. 在暂缓执行期间内，张三发现王五准备变卖该辆汽车，张三可以何种措施救济自身权益？

3. 王五承担担保责任后，可否向李四追偿？如果不能，请说明理由？如能，请说明追偿的方式？

4. 担保期间届满后，张三能否申请执行王五的这辆汽车？为什么？

【分析与解答】

[分析与思路] 关于执行担保，执行中，被执行人或者第三人（担保人）向执行法院提供担保，经申请人同意，法院决定暂缓执行。担保有期限的，暂缓执行期间应当与担保期限一致。如果在暂缓执行期间内，担保人转移、隐匿财产的或者暂缓执行期限届满后，

被执行人拒不履行义务的，权利人可以申请法院恢复执行，法院可以执行担保财产或者裁定执行保证人的财产，无需将担保人追加、变更为被执行人，也无需考虑担保人的先诉抗辩权。但执行担保财产或者保证人的财产应当受到如下限制：(1) 以担保人应当履行的义务为限，且担保人的财产被执行后，可以通过诉讼方式对被执行人进行追偿；(2) 以担保期间为限，担保人只在担保期间内承担担保义务，担保期间届满后，申请人申请执行担保财产或者保证人的财产的法院不予支持，担保期间自暂缓执行期限届满之日起计算。

[答案要点]

1. 不可以（要点1）。暂缓执行期间届满，义务人仍不履行义务的，法院可以依申请恢复执行，并直接裁定执行担保财产或者保证人的财产，不得将担保人列为被执行人（要点2）。

2. 张三可以申请法院恢复执行，并直接裁定执行该辆汽车（要点3）。在暂缓执行期限内，担保人转移、隐匿、变卖、毁损担保财产的，法院可以依申请恢复执行，并直接裁定执行担保财产或者保证人的财产（要点4）。

3. 可以（要点5）。王五可以通过另行起诉的方式向被执行人李四追偿（要点6）。

4. 不能（要点7），并且王五可以申请解除对该汽车的扣押。担保期间届满后，申请执行人申请执行担保财产或者保证人财产的，人民法院不予支持。他人提供财产担保的，人民法院可以依其申请解除对担保财产的查封、扣押、冻结（要点8）。

考点四：执行异议

模型案例

[案例一] 张三起诉李四要求李四归还借款10万元，法院判决支持了张三的诉讼请求，判决生效后，张三申请执行。执行中，法院发现李四没有现金及存款，遂将李四家中的一套名贵的红木家具列为执行标的。

[问题]

1. 李四认为该套红木家具为其生活用品，故而不能执行，李四可以何种方式进行救济？

2. 案外人王五主张这套红木家具是自己委托李四代为保管的，可以何种方式向执行法院主张权利？法院作出相应裁定后，相关主体可以何种方式救济？

（考生可以对法院作出的处理方式进行假设）

【分析与解答】

[分析与思路] 本题考查执行中的两种异议，一是对执行行为的异议，二是案外人对执行标的的异议。其在形式上的区别在于对执行行为的异议的主体是当事人和利害关系人，而案外人对执行标的的异议主体一定是案外人，故如果是当事人（申请执行人或者被执行人）提出的异议一定是对执行行为的异议。其在本质上的区别在于对执行行为的异议仅仅是异议人认为法院的执行行为违反法定程序，并未提出实体权利主张，故不会产生实体权利义务纠纷，故对法院裁定不服的，通过上级复议即可救济；而案外人对执行标的的异议一定是案外人对执行标的主张权利，法院对该异议作出中止或者驳回裁定后，应当通

过诉讼方式解决实体权利义务纠纷，即认为原生效判决有错误的，应当申请再审，认为与原生效裁判无关的，应当另行起诉。

结合本题分析，法院将李四家中的红木家具列为执行标的，在题目1中，被执行人李四认为根据《民事诉讼法》规定，被执行人及其所扶养的家属的生活必须用品不能执行，故认为法院执行该家具的行为违法，进而提出异议，此时并未提出实体权利主张，属于对执行行为的异议，法院认为异议成立的，裁定撤销、改正；法院认为异议不成立的，裁定驳回。此时并无实体权利义务纠纷，故对裁定不服的向上一级法院申请复议即可。

在题目2中案外人王五主张该套家具是自己所有，即对该套家具主张了实体权利，构成案外人对执行标的的异议，法院审查，认为异议成立的，应当裁定中止对该套家具的执行，认为异议不成立的，应当裁定驳回。此时，既然案外人对该套家具主张了实体权利，则产生了实体权利义务纠纷，则需要通过诉讼程序解决实体权利义务纠纷，即如果认为原生效判决确有错误的，应当申请再审，认为与原生效裁判无关的，应当另行起诉。显然本案法院生效判决是“李四归还张三借款10万”，该判决并未对该套家具的权利归属作出处理，故这套家具的权利归属存在新的争议，应当通过另行起诉（执行异议之诉）的方式解决。

关于执行异议之诉：(1) 如果法院认为王五的异议成立，裁定中止执行，此时执行将会中止，申请人张三希望继续执行，即可以提起诉讼（许可执行之诉），以案外人王五为被告，被执行人李四如果不反对则作为无独三参加诉讼，被执行人李四如果反对则作为共同被告参加诉讼；法院适用一审普通程序审理，认为张三的诉讼请求成立的，判决准许对该标的的执行；认为张三的诉讼请求不成立的，判决驳回张三的诉讼请求。(2) 如果法院认为王五的异议不成立，裁定驳回，此时执行将会继续，案外人王五希望停止对该标的的执行，即可以提起诉讼（案外人异议之诉），以申请人张三为被告，被执行人李四如果不反对则作为无独三参加诉讼，被执行人李四如果反对则作为共同被告参加诉讼；法院适用一审普通程序审理，认为案外人王五的诉讼请求成立的，判决不准许对房屋的执行，认为诉讼请求不成立的，判决驳回。

以上申请人张三提起的许可执行之诉或者案外人王五提起的案外人异议之诉统称为执行异议之诉，均由案外人王五对执行标的享有足以阻碍执行的权利承担证明责任。

[答案要点]

1. 李四可以书面形式向法院提出异议（执行行为异议），对法院裁定不服的，可以向上一级法院申请复议一次（要点1）；

2. 王五可以书面形式向执行法院提出异议（案外人对执行标的的异议）（要点2），法院审查，认为异议成立的裁定中止对该标的的执行，认为异议不成立的，裁定驳回异议。

法院裁定中止执行的，申请人张三可以以案外人王五为被告提起诉讼（许可执行之诉），被执行人李四反对的，列为共同被告，被执行人李四不反对的，列为第三人（要点3）。

法院裁定驳回的，案外人王五可以以申请人张三为被告提起诉讼（案外人异议之诉），被执行人李四反对的，列为共同被告，被执行人李四不反对的，列为第三人（要点4）。

[案例二] 张三起诉李四争议一套红木家具的所有权，法院判决该套家具归张三所有，

张三申请执行，法院对该套家具采取执行措施时，案外人王五向法院主张对该家具的所有权，提出案外人对执行标的的异议，法院审查后裁定驳回王五的异议。王五能否向法院提出执行异议之诉？为什么？

【分析与解答】

[分析与思路] 本案中判决的是家具归张三所有，张三申请执行家具，案外人王五对该家具主张权利，提出案外人对执行标的的异议，法院裁定中止或者驳回，在本案中法院生效判决确定家具归张三所有，已经对该家具权利归属作出了处理，王五想要维护自己的权利，必须推翻该判决，故属于原生效判决确有错误，应当申请再审，而不能提起执行异议之诉。

[答案要点] 王五不能提起执行异议之诉（要点1），因为本案属于原生效裁判确有错误的情形，王五应当向法院申请再审，而不能提出执行异议之诉（要点2）。

[总结与归纳]

案外人提出对执行标的的异议，法院裁定中止或者驳回后，原生效判决确有错误的，应当申请再审，与原生效裁判无关的应当提起执行异议之诉。何为原生效判决确有错误？何为与原生效判决无关？区分要点主要在于据以执行的生效判决是否对执行标的的权利归属作出处理：如果据以执行的生效判决未对执行标的的归属作出处理，属于与生效判决无关，应当通过另行提起执行异议之诉的方式解决；如果据以执行的生效判决已经对执行标的归属作出了处理，则属于原生效判决确有错误，应当通过再审程序纠正生效判决的错误。如在案例一中，据以执行的生效判决仅仅是判决李四归还张三10万元，并未对执行标的（红木家具）的权利归属作出处理，故属于与原生效裁判无关，应当通过执行异议之诉解决执行标的（红木家具）的权利归属争议；案例二中，据以执行的判决是红木家具归张三所有，已经对执行标的（红木家具）的权利归属作出处理，属于原生效判决确有错误，应当通过再审程序推翻错误的生效判决。

拓展案例

第三人撤销之诉 VS. 案外人对执行标的的异议

[案例一] 张三起诉李四归还借款100万元，法院判决李四归还张三借款100万元，张三申请执行该判决，执行中，法院将李四价值100万元的房屋列为执行标的；执行中，案外人王五对该房屋主张权利。请分析王五的救济方式？

[案例二] 张三起诉李四争议一套房屋所有权，法院判决房屋归张三所有，张三申请法院执行该房屋，执行中，案外人王五对该房屋主张权利。请分析王五的救济方式？

【分析与解答】

[分析与思路] 案例一中王五对房屋主张权利。

首先，判决并未对该房屋的权属进行处理，故该判决并未侵犯王五权利，故王五不能对该判决提出第三人撤销之诉，也不能对该判决申请再审；

其次，执行中将该房屋列为执行标的，侵犯王五的权利，王五可以提出案外人对执行标的的异议，法院审查认为异议成立的，裁定中止执行，认为异议不成立的，裁定驳回异议。此时由于生效判决并未对房屋权利归属作出处理，故属于与原生效判决无关的情形，可以通过提起执行异议之诉的方式解决房屋所有权归属争议。

案例二中王五对房屋主张权利。

首先，判决房屋归张三所有，该判决侵犯王五权利，王五可以对该判决提起第三人撤销之诉。在第三人撤销之诉中，如果王五希望中止对原生效判决的执行，可以提供担保，也可以提出案外人对执行标的的异议。如果此时王五提出了案外人对执行标的的异议，法院裁定中止或者驳回其异议后，王五不能再申请再审。（因为王五已经提出了第三人撤销之诉，此时如果再申请再审则会导致第三人撤销之诉和再审同时进行，而我们反复强调，第三人撤销之诉与再审不能同时进行。）

其次，执行了该房屋，执行侵犯王五权利，王五可以提起案外人对执行标的的异议。法院裁定中止执行或者驳回其异议后，由于据以执行的生效判决已经对该房屋的权利归属进行了处理，故属于原生效判决确有错误，应当申请再审，推翻原生效判决。当然，有同学指出在此种情形下，王五提出了案外人对执行标的的异议，法院裁定中止或者驳回后，属于原生效判决确有错误，王五申请再审的目的是为了推翻原生效判决，那么王五是否可以提出第三人撤销之诉呢？答案是否定的，因为《民事诉讼法》为案外人对执行标的的异议仅仅配置了两种救济制度——原判有错的申请再审，与原判无关的提起执行异议之诉。故王五提出案外人对执行标的的异议后，认为原生效判决有错的，只能申请再审，不能提出第三人撤销之诉。

［总结与归纳］

在整个案外人救济制度中，无外乎如下两种模型

模型一：判“钱”——执行“房”——异议“房”（判的和执行的不一样）

［案例］法院判决李四归还张三借款100万元，张三申请执行了李四的房，执行中王五对房屋主张权利。

1. 判“钱”，并未侵犯王五权利，故王五不能提出第三人撤销之诉、再审；

2. 执行“房”，侵犯王五权利，王五可以提出案外人对执行标的的异议，法院裁定中止或者驳回后，属于与原生效裁判无关，应当提起执行异议之诉。

模型二：判“房”——执行“房”——异议“房”（判的和执行的一样）

［案例］法院判决房屋归张三所有，张三申请执行李四的房屋，执行中王五对房屋主张权利。

1. 判“房”，侵犯王五权利，王五可以提出第三人撤销之诉，在第三人撤销之诉中，王五可以通过提供担保或者案外人对执行标的的异议，但此时不论法院裁定中止或者驳回均不得再申请再审。

2. 执行“房”，侵犯王五权利，王五可以提出案外人对执行标的的异议，法院裁定中止或者驳回后，属于原生效判决确有错误，应当申请再审。

［案例三］老张去世后，儿子张甲、张乙因为一幅古字画的继承问题发生纠纷，诉至某区人民法院。某区人民法院一审判决字画归张甲所有，张甲向张乙支付20万元。当事人均未上诉。判决生效后，张甲拒不向张乙支付20万元，张乙申请法院强制执行。执行时发现张甲没有可供执行的财产，于是法院扣押了张甲的一辆价值相当的汽车拟予以拍卖。现在出现如下情况：老张的生前好友老李向法院主张该幅字画是自己所有，只是借给

老张鉴赏而已，自己在一个月前刚得知老张死讯以及张甲、张乙之间的诉讼；同时，张甲的朋友王五向法院主张，自己在半个月前跟张甲签订了这辆汽车的买卖合同，并且自己已经支付了相应车款。

［问题］老李和王五分别可以通过何种方式救济自己的权利？并对该方式可能产生的法律效果予以分析。

【分析与解答】

［分析与思路］法院判决字画归张甲所有，张甲向张乙支付20万元；张乙向法院申请执行，法院执行了张甲的汽车。

老李对字画主张权利。首先，法院生效判决字画归张甲所有，该判决侵犯老李的权利，老李可以提出第三人撤销之诉；其次，法院并未执行该幅字画，执行并未侵犯老李权利，老李不能提出案外人对执行标的的异议。

王五对汽车主张权利。首先，法院生效判决字画归张甲所有，张甲向张乙支付20万元，该判决并未涉及该汽车权利归属，并未侵犯王五权利，故王五不能提出第三人撤销之诉；其次，法院执行了这辆汽车，侵犯王五权利，王五可以提起案外人对执行标的的异议，法院裁定中止或者驳回后，由于生效判决并未对该汽车的权利归属作出处理，属于与原生效裁判无关，应当通过执行异议之诉的方式解决汽车权利归属争议。

［答案要点］

1. 老李可以向该区法院提出第三人撤销之诉（要点1）。老李本应在原诉讼中作为有独三参加诉讼，但由于不能归责于自身的事由没有参加诉讼，现发现生效判决侵犯自身合法权益的，可以自知道或者应当知道权益受损之日起6个月内向作出该生效判决的法院提出第三人撤销之诉。法院适用一审普通程序审理，认为其诉讼请求成立的，判决撤销、改变原判决，认为诉讼请求不成立的，判决驳回。当事人对该判决不服的，可以上诉（要点2）。

2. 王五可以向执行法院提出案外人对执行标的的异议（要点3），法院认为异议成立的，裁定中止对该汽车的执行，认为异议不成立的，应当裁定驳回。法院裁定中止执行的，申请人张乙可以在15日之内起诉，以案外人王五为被告，被执行人张甲不反对的列为无独三，反对的列为共同被告；法院裁定驳回的，案外人王五可以在15日内起诉，以申请人张乙为被告，被执行人张甲不反对的列为无独三，反对的列为共同被告。对法院判决不服的，可以上诉（要点4）。

［案例四］老张去世后，儿子张甲、张乙因为一幅古字画的继承问题发生纠纷，诉至某区人民法院。法院判决字画归张甲所有，张甲向张乙支付20万元。判决生效后，张乙拒不交付这幅字画，张甲申请法院强制执行。案外人李某向法院主张该幅字画是自己借给老张鉴赏的，实属自己所有。

［问题］

1. 李某可以采取哪些途径维护自身合法权益？

2. 上述两种救济途径关系如何？

【分析与解答】

［分析与思路］本案例拓展角度在于李某既可以提出第三人撤销之诉，又可以提起案外人对执行标的的异议，从而进一步考查制度之间的关系。

李某是主张对字画的权利。

首先，法院判决字画归张甲所有，判决侵犯李某的权利，李某可以提出第三人撤销之诉；当然在第三人撤销之诉审理过程中，李某若希望中止执行，可以提供担保或者提出案外人对执行标的的异议。但此时不论法院裁定中止或者驳回，均不得申请再审。

其次，法院执行的是该幅字画，侵犯李某权利，李某可以提出案外人对执行标的的异议。法院裁定中止或者驳回后，由于法院生效判决已经对该幅字画的权利归属作出了处理，则属于原生效判决确有错误的情形，应当依法申请再审。但此时不得再提出第三人撤销之诉。

[答案要点]

1. 李某可以采取两种方式救济自身合法权益：

途径一：法院生效判决侵犯李某的权利，李某本应作为有独三参加诉讼，但由于不能归责于本人事由没能参加诉讼，但生效判决侵犯其合法权益，故李某可以自知道或者应当知道权益受损之日起6个月内向作出该生效判决的法院提出第三人撤销之诉（要点1）。

途径二：本案执行该字画侵犯李某合法权益，李某可以提出案外人对执行标的的异议，法院裁定驳回后，属于原生效判决确有错误，应当通过审判监督程序救济自己的权利（要点2）。

2. 上述两种途径只能择一进行，其关系如下（《民诉解释》第303条）：

（1）如果李某选择了第三人撤销之诉，在第三人撤销之诉中，李某可以向执行法院提出案外人对执行标的的异议，但对该异议不论法院裁定中止还是驳回，均不能再申请再审（要点3）；

（2）如果李某选择提出案外人对执行标的的异议，法院作出中止或者驳回的裁定后，属于原生效判决确有错误，应当申请再审，而不能提出第三人撤销之诉（要点4）。

[案例五] 甲有限责任公司成立于2016年3月，股东分别为A、B、C、D四家公司，持股比例分别是51%、37%、8%、4%。其中B公司名下37%的股权中，有17%是代E公司持有。B公司在E公司不知情的情况下，将自己名下的全部股权质押给D公司。

情形一：丁公司起诉E公司要求支付货款200万元，法院判决E公司向丁公司支付货款200万，丁公司申请法院强制执行，执行中法院发现E公司实际持有甲公司17%的股权，遂对B公司代持实际由E公司所有的该17%的股权采取拍卖措施，在执行过程中D公司对该股权主张权利。

[问题] 请分析D公司的救济途径（考生可以对救济途径产生的后果进行假设）。

情形二：B公司无法清偿D公司的债务，D公司向法院起诉B公司，法院经过审理后，判决B公司名下的37%股权归D公司所有，用以清偿B公司所欠D公司的债务。判决生效后，B公司拒不履行生效判决，D公司申请法院执行该判决，在执行中E公司主张B公司所持有的股权中17%是自己所有。

[问题] 请分析E公司可以采取的救济方式以及其相互关系。

情形三：B公司无法清偿D公司的债务，D公司以B公司为被申请人向法院申请实现担保物权，法院认为理由成立，裁定拍卖、变卖该股权。裁定生效后，D公司申请法院执行该裁定，在执行中E公司主张B公司所持有的股权中17%是自己所有，向执行法院提出案外人对执行标的的异议。

[问题]

1. 法院驳回E公司的异议后，E公司可以何种途径救济自己的权利？

2. E公司认为法院的裁定侵犯自身合法权益，能否提出第三人撤销之诉？并说明理由。

【分析与解答】

[分析与思路] 本案例拓展角度在于将执行标的从实物替换为股权，从而实现和商法的结合考查。

情形一：权利人是丁公司，义务人是E公司，案外人D公司对股权主张权利。

首先，法院的判决是E公司支付货款200万元，该判决并未侵犯案外人D公司的权利，故D公司不能提出第三人撤销之诉。

其次，法院执行的是该股权，执行侵犯D公司的权利，故D公司可以提出案外人对执行标的的异议。法院审查认为异议成立的，裁定中止执行，认为异议不成立的，裁定驳回异议。此时由于生效判决并未对该股权的归属作出处理，故属于与原生效判决无关的情形，可以通过提起执行异议之诉的方式解决股权归属争议。

情形二：权利人是D公司，义务人是B公司，案外人E公司对股权中的一部分主张权利。

首先，法院判决的是该股权归D公司所有，该判决侵犯E公司权利，E公司可以提出第三人撤销之诉。当然，E公司在第三人撤销之诉中希望中止执行的，可以提供担保或者提出案外人对执行标的的异议，但不论法院裁定中止或者驳回后，E公司都不能申请再审。

其次，法院执行的是该股权，侵犯E公司权利，E公司可以提出案外人对执行标的的异议。法院裁定中止或者驳回后，由于法院生效判决已经确定该股权属于D公司所有，故属于原生效判决确有错误，应当依法申请再审。

情形三：权利人是D公司，义务人是B公司，案外人E公司对股权中的一部分主张权利。

首先，法院裁定准许拍卖、变卖该股权，该裁定侵犯E公司的权利。但是值得注意的是本案法院是适用特别程序（实现担保物权）作出的裁定，特别程序所做判决、裁定不能提出第三人撤销之诉，E公司作为案外人，可以在知道或者应当知道权利受损之日起6个月内向作出该裁定的法院提出异议，法院适用特别程序，作出新裁定，撤销原裁定。

其次，法院执行的是该股权，侵犯E公司权利，E公司可以提出案外人对执行标的的异议。法院裁定中止或者驳回后，由于法院生效裁定确定的是拍卖、变卖该股权，故属于原生效裁定确有错误，此时E公司需要通过法定途径撤销作为执行依据的裁定，但是值得注意的是此时E公司却不能申请再审，因为本案生效裁定是法院适用特别程序（实现担保物权）作出的，特别程序的判决、裁定不适用再审制度，E公司如果认为该裁定错误的，可以自知道或者应当知道权利受损之日起6个月内向作出该裁定的法院提出异议。

综上所述，本题表面上是考查案外人对执行标的的异议、第三人撤销之诉。但由于生效裁定是实现担保这一特别程序作出的，故不能提出第三人撤销之诉，不能申请再审。故本题实际上考查的是对特别程序所做判决、裁定的救济制度。

[答案要点] 情形一：D公司可以提出案外人对执行标的的异议（要点1）。

法院认为异议成立的裁定中止执行，此时丁公司可以D公司为被告提起许可执行之诉，如果E公司反对，则将E公司列为共同被告，如果E公司不反对，则将E公司列为无独三（要点2）。

法院认为异议不成立的裁定驳回，此时D公司可以丁公司为被告提起案外人异议之诉，如果E公司反对，则将E公司列为共同被告，如果E公司不反对则将E公司列为无独三（要点3）。

情形二：E公司可以提出第三人撤销之诉（要点4）或者案外人对执行标的的异议（要点5）。

E公司提出第三人撤销之诉的，在诉讼中可以提出案外人对执行标的的异议，但法院裁定中止执行或者驳回之后不能申请再审（要点6）；

E公司提出案外人对执行标的的异议，法院裁定中止或者驳回之后应当依法申请再审，不能再提出第三人撤销之诉（要点7）。

情形三：1. E公司可以自知道或者应当知道权利受损之日起6个月内向作出该裁定的法院提出异议，法院适用特别程序，作出新裁定，撤销原裁定（要点8）；

2. E公司不能提出第三人撤销之诉（要点9），因为实现担保物权是特别程序，对特别程序所做判决、裁定不能提出第三人撤销之诉（要点10）。E公司如果认为裁定错误，可以自知道或者应当知道权利受损之日起6个月内向作出该裁定的法院提出异议。

考点五：变更、追加当事人

模型案例

[案例一] 法院在依法执行被执行人张某的财产过程中，张某死亡，张某有继承人张甲、张乙、张丙，其中张甲、张乙表示需要继承张某的遗产，而张丙放弃继承权，请问法院应当如何进行该案的执行程序？为什么？

[案例二] 被执行人甲公司（有限责任公司）在执行过程中分立为丙、丁两家公司，申请人张某可否申请法院追加、变更丙、丁公司为被执行人？法院对该申请裁定驳回后张某可以何种方式救济？

[案例三] 被执行人甲公司的财产不足以清偿债务，申请人张某认为甲公司的股东李某抽逃出资，能否申请追加、变更李某为被执行人？法院裁定追加、变更李某为被执行人，李某可以何种方式救济？

[案例四] 被执行人甲公司（个人独资企业）不能清偿债务，申请人张某申请法院追加出资人赵某为被执行人，法院裁定将赵某追加为被执行人。法院裁定追加赵某为被执行人的做法是否正确？赵某认为该裁定错误可以何种方式救济？

[案例五] 被执行人甲公司（一人有限责任公司）不能清偿债务，申请人张某以该公司股东李某的财产与甲公司混同为由，申请追加李某为被执行人。法院裁定追加李某为被执行人。法院裁定追加李某为被执行人的做法是否正确？李某对该裁定不服的，可以何种方式救济？

[案例六] 李某、王某、郑某、吴某合伙成立某广告事务所（有限合伙，其中李某、王某为普通合伙人，郑某、吴某为有限合伙人），张某申请执行该广告事务所财产，在执

行中，该广告事务所无法清偿债务，申请人张某认为有限合伙人郑某未足额出资，向法院申请追加李某、王某、郑某为被执行人，法院裁定驳回张某的申请。张某是否有权申请追加李某、王某、郑某为被执行人？张某对该裁定不服，可以何种方式救济？

【分析与解答】 以上案例考查执行中变更、追加当事人，要点有二：一是可以变更、追加谁为被执行人；二是对法院裁定不服，应当如何救济。

关于可以变更、追加谁为被执行人：根据实体法规定，谁需要对被执行债务承担责任即应当追加、变更谁为被执行人。如作为被执行人的法人合并、分立的，合并、分立后的法人需要对合并、分立前的债务承担责任，故可以追加合并、分立后的法人为被执行人；作为被执行人的个人独资企业不能清偿债务的，出资人应当承担责任，故可以追加、变更出资人为被执行人；如作为被执行人的合伙企业不能清偿债务的，普通合伙人以及没有足额出资或者抽逃出资的有限合伙人应当承担责任，故可以追加、变更普通合伙人以及没有足额出资或者抽逃出资的有限合伙人为被执行人；如作为被执行人的法人不能清偿债务，没有足额出资或者抽逃出资的股东、出资人应当承担责任，故可以追加、变更没有足额出资或者抽逃出资的股东、出资人为被执行人；如作为被执行人的一人有限责任公司不能清偿债务的，股东不能证明自身财产独立于公司财产的要承担责任，故可以追加不能证明自身财产独立于公司财产的股东为被执行人。

关于救济方式：一般情形下，法院作出变更、追加的裁定或者驳回申请的裁定后，申请人、被申请人、其他执行当事人对裁定不服的，可以申请上一级法院复议一次。但申请追加、变更依据实体法规定只有在符合一定条件才对义务人的债务承担责任的主体为被执行人时，申请人、被执行人、其他执行当事人对法院裁定不服的，可以自送达之日起15日内向执行法院提起执行异议之诉（经过诉讼程序审理该主体应否对被执行人的债务承担责任这一实体争议）。

关于诉讼：法院裁定驳回追加、变更的申请，应当由申请人起诉，以被申请人作被告，法院审理后认为申请人的诉讼请求成立的，应当判决追加、变更被申请人为被执行人，并确定其责任范围；法院审理认为诉讼请求不成立的，判决驳回。

法院裁定追加、变更被申请人为被执行人，应当由被申请人起诉，以申请人作为被告，法院审理后认为诉讼请求成立的，应当判决不得追加其为被执行人。诉讼请求不成立的，判决驳回。

[案例一]

[分析与思路] 根据《执行中变更、追加当事人若干问题规定》（2020年修正）作为被执行人的自然人死亡或被宣告死亡，申请执行人申请变更、追加该自然人的遗产管理人、继承人、受遗赠人或其他因该自然人死亡或被宣告死亡取得遗产的主体为被执行人，在遗产范围内承担责任的，人民法院应予支持。故本案中继承人张甲、张乙表示需要继承遗产，故法院应当裁定变更张甲、张乙为被执行人，在其继承的遗产范围内执行。

[答案要点] 法院应当裁定变更张甲、张乙为被执行人，在其继承的遗产范围内执行。

[案例二]

[分析与思路] 作为被执行人的法人或者其他组织合并、分立的，权利人可以申请追加、变更合并、分立后的法人为被执行人；合并、分立后的法人对合并、分立前的债务应当承担责任，对裁定不服的可以向上一级法院申请复议。

[答案要点] 可以申请追加、变更丙、丁为被执行人（要点1）；张某对裁定不服的可以向上一级法院申请复议一次（要点2）。

[案例三]

[分析与思路] 作为被执行人的法人不能清偿债务的，权利人可以申请追加、变更没有足额出资或者抽逃出资的股东为被执行人；法人的股东只有在没有足额出资或者抽逃出资的情形下才对法人债务承担责任，所以对裁定不服的应当另行起诉。

[答案要点] 张某可以申请变更、追加李某为被执行人（要点1）；李某对裁定不服的可以另行起诉（要点2）。

[案例四]

[分析与思路] 作为被执行人的个人独资企业不能清偿债务的，权利人可以申请追加出资人为被执行人；个人独资企业的出资人对个人独资企业的债务应当承担责任，故对裁定不服的应当向上一级法院申请复议。

[答案要点] 张某可以申请追加，变更赵某为被执行人（要点1），赵某对裁定不服的，可以向上一级法院申请复议（要点2）。

[案例五]

[分析与思路] 作为被执行人的一人有限责任公司不能清偿债务的，权利人可以申请追加、变更不能证明自身财产独立于公司财产的股东为被执行人；一人有限责任公司的股东只有在不能证明自身财产独立于公司财产时才需要对公司的债务承担责任，所以对该裁定不服的，应当另行起诉。

[答案要点] 张某可以申请追加、变更李某为被执行人（要点1），李某对裁定不服的，可以另行起诉（要点2）。

[案例六]

[分析与思路] 作为被执行人的合伙企业不能清偿债务的，权利人可以申请追加普通合伙人以及未足额出资或者抽逃出资的有限合伙人为被执行人；合伙企业的普通合伙人对合伙企业的债务应当承担责任，所以对裁定不服的，应当向上一级法院申请复议；合伙企业的有限合伙人只有在没有足额出资或者抽逃出资的情形下才对合伙企业债务承担责任，所以对裁定不服的应当另行起诉。

[答案要点] 张某可以申请追加、变更李某、王某、郑某为被执行人（要点1）；张某对法院驳回其追加、变更李某、王某为被执行人的裁定不服的，可以向上一级法院申请复议（要点2）；张某对法院驳回其追加、变更郑某为被执行人的裁定不服的，可以另行起诉（要点3）。

考点六：对保留所有权的买卖合同中标的物的执行

模型案例

[案例一] 张三将自有的一辆汽车出售给李四，合同中约定：车款共计10万元，李四向张三支付4万元后，张三即将汽车交付给李四使用；李四于6个月内向张三支付剩余6万元车款，李四付清该笔车款前，该汽车所有权属于张三所有。李四依照合同约定，向张

三支付了 4 万元，张三即将汽车交付给李四。后来王五起诉张三要求归还借款 10 万元，获得胜诉判决后，王五申请对张三强制执行，执行中法院发现这辆汽车。

[问题]

1. 法院能否扣押这辆汽车？

2. 李四可以何种方式维护自身合法权益？

[案例二] 张三将自有的一辆汽车出售给李四，合同中约定，车款共计 10 万元，李四向张三支付 4 万元后，张三即将汽车交付给李四使用；李四于 6 个月内向张三支付剩余 6 万元车款，李四付清该笔车款前，该汽车所有权属于张三所有。李四依照合同约定，向张三支付了 4 万元，张三即将汽车交付给李四。后来王五起诉李四要求归还借款 10 万元，获得胜诉判决后，王五申请李四强制执行，执行中法院发现这辆汽车。

[问题]

1. 法院能否扣押这辆汽车？

2. 张三可以何种方式维护自身合法权益？

[分析与思路] 以上两例考查最高人民法院《关于人民法院民事执行中查封、扣押、冻结若干问题规定》第 14、16 条规定。

其中第 14 条规定的情形是被执行人将财产出卖给第三人的情形：被执行人将其财产出卖给第三人，第三人已经支付部分价款并实际占有该财产，但根据合同约定被执行人保留所有权的，人民法院可以查封、扣押、冻结；第三人要求继续履行合同的，向人民法院交付全部余款后，裁定解除查封、扣押、冻结。其中第 16 条规定的情形是被执行人购买第三人财产的情形：被执行人购买第三人的财产，已经支付部分价款并实际占有该财产，第三人依合同约定保留所有权的，人民法院可以查封、扣押、冻结。保留所有权已办理登记的，第三人的剩余价款从该财产变价款中优先支付；第三人主张取回该财产的，可以依据民事诉讼法第二百二十七条规定提出异议。

对于以上两个条文的理解如下：

该规定的实体法依据是《民法典》第 641 条。《民法典》第 641 条规定："当事人可以在买卖合同中约定买受人未履行支付价款或者其他义务的，标的物的所有权属于出卖人。出卖人对标的物保留所有权，未经登记，不得对抗善意第三人。"

该规定的程序法依据是最高人民法院《关于人民法院民事执行中查封、扣押、冻结财产的规定》第 2 条第一款、第三款："人民法院可以查封、扣押、冻结被执行人占有的动产、登记在被执行人名下的不动产、特定动产及其他财产权。对于第三人占有的动产或者登记在第三人名下的不动产、特定动产及其他财产权，第三人书面确认该财产属于被执行人的，人民法院可以查封、扣押、冻结。"

说得直白一点，法院可以查封、扣押哪些财产？两类：

第一类是在物权形式上属于被执行人的财产：如被执行人占有的动产、登记在被执行人名下的不动产、特定动产及其他财产权；

第二类是在物权形式虽然属于他人所有，但他人通过书面形式确定属于被执行人所有的财产：如第三人占有的动产或者登记在第三人名下的不动产、特定动产及其他财产权，第三人书面确认该财产属于被执行人的。

结合案例理解以上司法解释的规定：

案例一属于被执行人将财产出卖给第三人的情形。首先，法院能否扣押这辆汽车？这辆汽车虽然由李四占有，但李四已经通过书面形式（买卖合同）确认此时车辆属于被执行人张三所有，所以法院可以扣押这辆汽车。

其次，李四的权利如何维护？李四根据合同约定向法院支付余款后取得汽车的所有权，此时汽车即归李四所有，故法院应当解除对该财产的查封、扣押、冻结。值得注意的是，为了防止被执行人转移财产，李四要求履行合同应当向法院交付余款，而不能向被执行人张三交付余款。

案例二属于被执行人购买第三人财产的情形。首先，法院能否扣押这辆汽车？这辆汽车由被执行人李四占有，法院可以扣押。其次，张三如何维护权利？其主张权利方式有二：

一是要求继续履行合同，主张剩余价款。值得注意的是如果保留所有权已经办理登记的，该所有权具有对抗效力，可以对抗法院的执行，故剩余价款可以从变卖款中优先支付；当然如果保留所有权未办理登记的，不具有对抗效力，不能主张优先支付。

二是要求取回汽车。此时张三是案外人，汽车是执行标的，案外人张三对执行标的主张权利，可以提出案外人对执行标的的异议。

当然，我们可以进一步拓展分析，如果张三对这辆汽车主张权利，提出案外人对执行标的的异议，法院认为异议成立的，裁定中止对汽车的执行，认为异议不成立的，裁定驳回。此时张三或者王五应以何种方式予以救济呢？根据《民事诉讼法》第 227 条规定，张三提出案外人对执行标的异议，法院作出中止或者驳回裁定后，如果认为原判决有错误的应当申请再审；与原判决无关的应当提起执行异议之诉。显然本案权利人是王五，义务人是李四，作为执行根据的判决内容是 10 万元，执行的是汽车，属于与原生效判决无关的情形，故应当提起执行异议之诉：如果法院裁定中止执行的，应当以申请人王五为原告，案外人张三为被告，被执行人李四反对的列为共同被告，不反对的列为无独三（许可执行之诉）；如果法院裁定驳回的，应当以案外人张三为原告，申请人王五为被告，被执行人李四反对的列为共同被告，不反对的列为无独三（案外人异议之诉）。

[答案要点]

[案例一] 法院可以扣押这辆汽车（要点 1）。李四可以向法院支付剩余 6 万元价款，法院解除对汽车的扣押（要点 2）。

[案例二] 法院可以扣押这辆汽车（要点 3）。如果保留所有权已经登记，张三就剩余 6 万元价款可以主张从汽车的拍卖款中优先受偿（要点 4）；张三主张取回该汽车的，可以向执行法院提出案外人对执行标的异议（要点 5）。

专题十 仲裁程序

怎么考

仲裁程序在主观题的考查不多，集中于简单题目。

层次一：简单题目。在案例中设置一个仲裁协议，让同学们分析仲裁协议的效力，或者分析发生纠纷后解决纠纷的途径。

层次二：简单题目。综合考查仲裁的知识点，包括仲裁协议效力，仲裁程序，仲裁裁决的撤销、执行、不予执行等。

考点一：仲裁协议

模型案例

[案例一] 广州的甲公司与长沙的乙公司在武汉签订家具加工合同，同时约定发生纠纷由南京仲裁委员会仲裁。后甲公司向南京仲裁委申请确认合同无效，并要求乙公司赔偿因为合同无效导致的损失。乙公司主张既然合同无效，仲裁协议也无效，故南京仲裁委无权受理本案。

[问题]

1. 乙公司可以向哪一机关（组织）申请确认仲裁协议效力？
2. 乙公司申请确认仲裁协议无效的主张能否得到支持？为什么？

[案例二] 广州市白云区甲公司与越秀区乙公司签订水泥买卖合同，约定乙公司在广州市天河区向甲公司交付一批水泥，双方当事人同时约定发生纠纷由广州仲裁委仲裁或者向合同实际履行地法院起诉；后来乙公司在广州市海珠区完成了这批水泥的交付，现在双方因为水泥质量问题发生争议，请回答以下问题：

[问题]

1. 关于水泥质量问题纠纷，甲、乙公司应当如何解决？为什么？
2. 关于水泥质量问题，甲公司向广州仲裁委申请仲裁，仲裁庭第一次开庭时，乙公司未到庭，而是在开庭后第二天向广州仲裁委申请确认仲裁协议无效，广州仲裁委应当如何处理？为什么？
3. 关于水泥质量问题，甲公司向海珠区人民法院提起诉讼，法院受理后，在首次开庭时，乙公司向法院提出仲裁协议，主张本案不应当由法院主管，法院应当如何处理？为什么？

4. 甲、乙公司对双方签订的仲裁协议效力产生争议，甲公司向广州仲裁委申请确认仲裁协议效力，广州仲裁委作出相应意思表示后，甲公司向广州中院申请确认仲裁协议的效力，广州中院应当如何处理？为什么？

【分析与解答】

[案例一]

[分析与思路] 问题1考查仲裁协议的效力确认，当事人对仲裁协议效力产生争议，可以在仲裁庭首次开庭前申请确认仲裁协议效力。有权确认仲裁协议效力的机构包括仲裁协议约定的仲裁委，申请人住所地、被申请人住所地、仲裁协议签订地、仲裁协议约定的仲裁委所在地中级人民法院。故当事人可以向南京仲裁委申请确认仲裁协议效力，也可以向广州、长沙、武汉、南京中院申请确认仲裁协议效力。

问题2考查仲裁协议效力的判断，考点在于仲裁协议效力的独立性，仲裁协议效力独立于合同而存在，合同无效并不当然导致仲裁协议无效，故乙公司关于仲裁协议无效的主张不能得到支持。

[答案要点]

1. 乙公司可以向南京仲裁委（要点1）申请确认仲裁协议效力，或者向广州中院（要点2）、长沙中院（要点3）、武汉中院（要点4）、南京中院（要点5）申请确认仲裁协议效力。当事人对仲裁协议效力发生争议，可以向仲裁协议约定的仲裁委申请确认仲裁协议效力，也可以向申请人住所地、被申请人住所地、仲裁协议签订地、仲裁协议约定的仲裁委所在地中院申请确认仲裁协议效力。

2. 不能（要点6）。根据仲裁协议效力具有独立性，合同无效并不当然导致仲裁协议无效（要点7）。

[案例二]

[分析与思路] 根据双方当事人的关于纠纷解决的协议"发生纠纷可以向广州仲裁委申请仲裁或者合同实际履行地法院管辖"，首先，该仲裁协议约定了或裁或审，该仲裁协议无效，案件属于人民法院主管；分析管辖，本案合同纠纷，首先，不存在专属管辖，其次，本案存在协议管辖——"合同实际履行地法院管辖"，本案合同实际履行地是广州市海珠区，故本案应当根据管辖协议确定由海珠区法院管辖。故本案发生纠纷当事人可以向广州市海珠区人民法院起诉。问题2中，申请确认仲裁协议效力应当在仲裁庭首次开庭前，故虽然本案仲裁协议无效，但甲公司向广州仲裁委申请仲裁，乙公司在仲裁庭首次开庭前未对仲裁协议效力提出异议，故广州仲裁委应当驳回当事人关于仲裁协议无效的申请，对案件继续审理。问题3中，首先本案仲裁协议无效，故不能排斥法院的管辖权，故法院应当继续审理；同时当事人要提出仲裁协议对抗法院的管辖应当在法院首次开庭前，本案中当事人在法院首次开庭时提出仲裁协议，法院亦应当继续审理。

问题4中关于仲裁协议效力，当事人有权向法院或者仲裁委申请确认仲裁协议效力，当事人同时向法院和仲裁委申请确认仲裁协议效力的，法院确认优先，但仲裁委先于法院接受申请，并已经作出决定的，法院不予受理。本案中当事人向仲裁委申请确认仲裁协议效力，仲裁委接受申请，并且已经作出了决定，当事人再向法院申请确认仲裁协议效力，法院应当不予受理。

[答案要点]

1. 应当向广州市海珠区法院起诉（要点1）；首先本案存在仲裁协议，但是该仲裁协议约定或裁或审，故仲裁协议无效（要点2），应当由法院主管；其次判断管辖，本案存在协议管辖，当事人协议约定由合同实际履行地（即广州市海珠区）人民法院管辖（要点3），故本案当事人应当向海珠区人民法院起诉。

2. 广州仲裁委应当驳回乙公司确认仲裁协议无效的申请，继续仲裁（要点4）；因为本案或裁或审的仲裁协议虽然无效，但申请确认仲裁协议无效应当在仲裁庭首次开庭前提出，一方向仲裁委申请仲裁，另一方未在仲裁庭首次开庭前对仲裁协议效力提出异议的，仲裁委有权仲裁（要点5）。

3. 法院应当继续审理本案（要点6），原因有二：一是本案或裁或审的仲裁协议无效（要点7），不妨碍法院行使管辖权；二是一方当事人向法院起诉，另一方当事人在首次开庭前未对法院受理该案提出异议的，法院应当继续审理（要点8）。综上，法院应当继续审理。

4. 广州中院应当不予受理（要点9）；本案关于仲裁协议效力的确认，仲裁委先于法院接受申请，并已经作出决定的，法院不予受理（要点10）。

考点二：仲裁程序、司法与仲裁

综合案例

甲区的甲公司和乙区的乙公司在丙区签订了一份厂房租赁合同，约定将乙公司位于丁区的厂房租赁给甲公司，租期为5年，甲公司支付租金200万元。同时在合同中约定，因为履行本合同产生的纠纷由合同签订地丙区人民法院管辖或者由位于该市的A仲裁委员会仲裁。

甲公司支付了租金后，乙公司未按照约定将厂房提供给甲公司使用，双方发生纠纷。甲公司持仲裁协议向A仲裁委员会申请仲裁，请求乙公司继续履行，并赔偿违约金20万元。A仲裁委员会受理该案后，在仲裁庭组成期间，甲公司和乙公司分别选定了张某和李某担任仲裁员，且双方当事人共同委托仲裁委员会主任指定了王某担任首席仲裁员。在首次开庭时，甲公司申请仲裁员李某回避，仲裁委员会主任作出了李某回避的决定后，直接指定了刘某担任仲裁员。在第二次开庭时，乙公司主张仲裁协议无效，要求仲裁庭驳回甲公司申请；而甲公司则申请仲裁程序重新进行。仲裁庭认为甲、乙公司的主张不成立，继续仲裁。

仲裁庭经过审理后，首席仲裁员王某认为甲公司要求继续履行合同的请求成立，但其违约金的请求不能支持，而仲裁员张某和刘某认为应当支持甲公司的全部仲裁请求。于是仲裁庭按照首席仲裁员王某的意见作出了裁决：乙公司继续履行合同，驳回关于违约金的请求。仲裁员张某和刘某拒绝在仲裁裁决书中签名，最后仲裁裁决书只有仲裁员王某的签名。

收到仲裁裁决书后，甲公司申请执行仲裁裁决，乙公司认为甲公司在仲裁中伪造证据，申请撤销仲裁裁决。

[问题]

1. 本案因为租赁合同发生纠纷后应当以何种方式解决？为什么？

2. 如果乙公司认为仲裁协议无效，欲申请确认仲裁协议效力，可以何种方式提出？

3. A 仲裁委员会受理该案并对该案进行仲裁是否正确？为什么？

4. 如何评价仲裁庭（仲裁委员会）在该案仲裁程序中的做法？

5. 甲公司应当向哪个法院申请执行仲裁裁决？乙公司应当向哪个法院申请撤销仲裁裁决？对于甲、乙公司的申请，法院在程序上应当如何操作？

6. 法院可否通知仲裁庭重新仲裁？为什么？在程序上应当如何操作？

7. 仲裁裁决被撤销后，甲、乙公司应以何种方式解决纠纷？

【分析与解答】

[分析与思路] 第一段：双方在合同中约定"纠纷由合同签订地丙区人民法院管辖或者由位于该市的 A 仲裁委员会仲裁"。首先，该仲裁协议约定或裁或审，仲裁协议无效，案件应当由人民法院主管。其次，判断本案合同纠纷，不动产租赁合同纠纷，应当由不动产所在地法院专属管辖，故本案虽然约定"由合同签订地丙区法院管辖"，但是该管辖协议违背了专属管辖无效。

第二段：甲公司持仲裁协议向 A 仲裁委申请仲裁，虽然该仲裁协议无效，但如果乙公司在仲裁庭首次开庭前未对该仲裁协议效力提出异议，则 A 仲裁委有权仲裁。甲公司的仲裁申请有二：一是继续履行合同，二是赔偿违约金 20 万元。在仲裁庭组成期间，甲公司和乙公司分别选定仲裁员，双方共同委托主任指定首席仲裁员，该仲裁庭的组成合法。甲公司申请仲裁员李某回避，仲裁员的回避由仲裁委主任决定，故主任决定李某回避的做法正确。同时仲裁员回避后，应当按照原来的程序重新选定或者指定仲裁员，故李某回避后，由于李某是乙公司选定的仲裁员，故应当由李某重新选定或者重新委托主任指定仲裁员，故仲裁委主任直接指定刘某担任仲裁员的做法错误。在第二次开庭时，乙公司主张仲裁协议无效，此时涉及考点在于主张仲裁协议无效应当在仲裁庭首次开庭前提出，故此时乙公司主张仲裁协议无效，仲裁委应当驳回其申请，继续仲裁；甲公司申请仲裁程序重新进行，涉及考点在于仲裁员回避后，仲裁程序是否重新进行应当由仲裁庭决定。故仲裁庭认为甲、乙公司的主张不成立，继续仲裁的做法正确。

第三段：关于仲裁裁决，首席仲裁员王某认为甲公司继续履行的请求成立，但违约金的请求不能支持，而张某和刘某认为应当支持甲公司的全部请求，可见本案仲裁员张某和刘某形成了多数意见，应当按照该多数意见作出裁决。而仲裁庭却按照首席仲裁员的意见作出裁决，该裁决错误。仲裁裁决应当由仲裁员签名，对仲裁裁决持不同意见的仲裁员可以拒绝签名，故裁决中只有首席仲裁员王某的签名是正确的。

第四段：乙公司以甲公司伪造证据为由申请撤销裁决，题目可能涉及仲裁裁决的撤销等问题。

[答案要点]

1. 本案当事人应当向丁区法院起诉（要点 1）。首先，本案仲裁协议因为约定或裁或审而无效（要点 2），仲裁协议无效，故应当通过诉讼方式解决纠纷。其次，本案虽然存在管辖协议（合同签订地丙区法院管辖），但该管辖协议违背了专属管辖规定而无效（要点 3），故本案应当由不动产所在地丁区法院专属管辖（要点 4）。

2. 乙公司可以在仲裁庭首次开庭前（要点 5）向 A 仲裁委员会或者该市中院申请确认仲裁协议效力（要点 6）。当事人对仲裁协议效力有异议的应当在仲裁庭首次开庭前提出，可以向协议约定的仲裁委员会或者仲裁委所在地中院提出申请。

3. 正确（要点7）。因为虽然本案仲裁协议无效，但一方当事人申请仲裁，另一方在仲裁庭首次开庭前没有对仲裁协议效力提出异议的，仲裁委员会有权对案件仲裁（要点8）。即对仲裁协议效力的异议应当在仲裁庭首次开庭前提出。

4. 仲裁委员会主任在决定李某回避后直接指定刘某担任仲裁员的做法错误（要点9）。仲裁员回避后应当由当事人重新选定或者重新委托主任指定仲裁员（要点10），不能由主任直接指定。

仲裁庭继续仲裁的做法正确（要点10）。首先，乙公司在仲裁庭首次开庭前没有对仲裁协议效力提出异议，故仲裁委员会有权仲裁（要点11）；其次，仲裁员回避后仲裁程序是否重新进行由仲裁庭决定（要点12），故仲裁庭决定程序继续进行的做法正确。

按照首席仲裁员意见作出裁决的做法错误（要点13）。仲裁裁决按照少数服从多数原则作出，只有在形不成多数意见时才按照首席仲裁员的意见作出裁决（要点14）。本案仲裁员张某和刘某形成了多数意见，应当按照该多数意见作出裁决。

仲裁裁决书中只有一名仲裁员签名的做法正确（要点15），仲裁裁决书由仲裁员签名，对仲裁裁决持不同意见的仲裁员可以拒绝签名（要点16）。

5. 甲公司应当向该市中院申请执行仲裁裁决（要点17），执行仲裁裁决由被执行人住所地或者被执行财产所在地中院管辖；乙公司应当向该市中院申请撤销仲裁裁决（要点18），撤销仲裁裁决由仲裁委员会所在地中院管辖。

一方申请执行仲裁裁决，另一方申请撤销仲裁裁决，法院应当裁定中止执行（要点19）。

6. 可以（要点20）。在撤销仲裁裁决的程序中，如果发现仲裁裁决当事人存在伪造证据或者隐瞒足以影响公正裁决的证据两种情形的，可以通知仲裁庭重新仲裁（要点21）。法院可以通知仲裁庭重新仲裁，在通知中应当说明理由，同时中止撤销仲裁裁决程序（要点22）。

7. 仲裁裁决被撤销后，当事人可以通过起诉（要点23）或者重新达成仲裁协议申请仲裁（要点24）的方式解决纠纷。

第三部分

民事诉讼法律文书格式与参考范文

民事诉讼法律文书格式

文书一：民事起诉状

民事起诉状

原告：×××，男/女，××××年××月××日生，×族，……（写明工作单位和职务或职业），住……。联系方式：……。

被告：×××，男/女，××××年××月××日生，×族，……（写明工作单位和职务或职业），住……。联系方式：……。

诉讼请求：

……

事实和理由：

……

证据和证据来源，证人姓名和住所：

……

此致

××××人民法院

附：本起诉状副本×份

起诉人（签名）

××××年××月××日

文书二：民事答辩状

民事答辩状

答辩人：×××，男/女，××××年××月××日生，×族，……（写明工作单位和职务或职业），住……。联系方式：……。

法定代理人/指定代理人：×××，……。

委托诉讼代理人：×××，……。

对××××人民法院（××××）……民初……号……（写明当事人和案由）一案的起诉，答辩如下：

……（写明答辩意见）。

证据和证据来源，证人姓名和住所：

……

此致

××××人民法院

附：本答辩状副本×份

答辩人（签名）

××××年××月××日

文书三：民事判决书

××××人民法院

民事判决书

（××××）××××民初×××号①

原告：×××，男/女，××××年××月××日出生，×族，……（工作单位和职务或者职业），住……。

被告：×××，男/女，××××年××月××日出生，×族，……（工作单位和职务或者职业），住……。

原告×××与被告×××……（案由）一案，本院于××××年××月××日立案后，依法适用普通程序，公开（或“因涉及……不公开”）开庭进行了审理。原告×××、被告×××到庭参加诉讼。本案现已审理终结。

原告×××向本院提出诉讼请求：1.……；2.……（明确原告的诉讼请求）。事实和理由：……（概述原告主张的事实和理由）。

被告×××辩称，……（概述被告答辩意见）。

当事人围绕诉讼请求依法提交了证据，本院组织当事人进行了证据交换和质证。对当事人无异议的证据，本院予以确认并在卷佐证。对有争议的证据和事实，本院认定如下：1.……；2.……（写明法院是否采信证据，事实认定的意见和理由）。

本院认为，……（写明争议焦点，根据认定的事实和相关法律，对当事人的诉讼请求作出分析评判，说明理由）。

综上所述，……（对当事人的诉讼请求是否支持进行总结评述）。依照《中华人民共和国……法》第×条、……（写明法律文件名称及其条款项序号）规定，判决如下：

一、……；

二、……。

如果未按本判决指定的期间履行给付金钱义务，应当依照《中华人民共和国民事诉讼法》第二百五十三条规定，加倍支付迟延履行期间的债务利息（没有给付金钱义务的，不写）。

案件受理费……元，由……负担。

如不服本判决，可以在判决书送达之日起十五日内，向本院递交上诉状，并按照对方当事人或者代表人的人数提出副本，上诉于××××人民法院。

审判长　×××

审判员　×××

审判员　×××

××××年××月××日

（院印）

本件与原本核对无异

书记员　×××

---

① 根据2018《关于修改〈关于人民法院案件案号的若干规定〉的决定》，案号各基本要素的编排规格为：“（收案年度）+法院代字+专门审判代字+类型代字+案件编号+号”，故作相应修改，例如：（2020）鲁1425民初2970号。

文书四：民事上诉状

民事上诉状

上诉人（原审诉讼地位）：×××，男/女，××××年××月××日出生，×族，……（写明工作单位和职务或者职业），住……。联系方式：……。

法定代理人/指定代理人：×××，……。

委托诉讼代理人：×××，……。

被上诉人（原审诉讼地位）×××，……。

……

×××因与×××……（写明案由）一案，不服××××人民法院××××年××月××日作出的（××××）……号民事判决/裁定，现提起上诉。

上诉请求：

……

上诉理由：

……

此致

××××人民法院

附：本上诉状副本×份

上诉人（签名或者盖章）

××××年××月××日

文书参考范文

［案例］2021年7月15日，居住在甲市A区的王某（住甲市A区滨江街道32号）驾车以60公里时速在甲市B区行驶，突遇居住在甲市C区的刘某（住甲市C区沿江街道500号）骑自行车横穿马路，王某紧急刹车，刘某在车前倒地受伤。刘某被送往甲市B区医院治疗。之后，双方就王某开车是否撞倒刘某，以及相关赔偿事宜发生争执，无法达成协议。

刘某诉至法院，主张自己被王某开车撞伤，要求赔偿医疗费、误工费共计45000元。刘某提交的证据包括：甲市B区交警大队的交通事故处理认定书（该认定书没有对刘某倒地受伤是否为王某开车所致作出认定）、医院的诊断书、处方、药费和住院费的发票，以及刘某所在天南公司出具的病假单和工资证明等。王某提交了自己在事故现场用数码摄像机拍摄的车与刘某倒地后状态的视频资料。图像显示，刘某倒地位置与王某车距离1米左右。王某以该证据证明其车没有撞倒刘某。王某同时向法庭提供了现场交通监控录像，该录像中显示刘某横穿马路，但由于拍摄角度问题，无法看清王某的车是否撞到刘某。

请结合本案案情撰写原告的起诉状、答辩状、一审法院判决书。

（要求：1. 文书写作规范；2. 符合法律规定及相关法学原理；3. 涉及的案件事实可以由考生自行合理假设）

［参考范文］

一、起诉状

民事起诉状

原告：刘某，男，1979 年 12 月 1 日生，汉族，住甲市 C 区沿江街道 500 号，天南公司员工。

被告：王某，男，1978 年 1 月 15 日生，汉族，住甲市 A 区滨江街道 32 号，无业。

诉讼请求：

1. 请求判令被告赔偿医疗费、误工费共计 45000 元；

2. 请求判令被告承担本案诉讼费用。

事实和理由：

原告于 2020 年 7 月 15 日在甲市 B 区骑自行车过马路时，被被告驾车撞伤，在交警到达现场进行勘验后，原告被送往甲市 B 区医院治疗，在此期间，原告花费住院费、医疗费、药费等共计 40000 元；因为受伤住院治疗 10 天，原告出院后，遵医嘱卧床休息 15 天，总共休假 25 天，产生误工费 5000 元。

事故发生后，原、被告双方因为赔偿问题不能协商一致，为维护原告合法权益，依法提起诉讼，希望人民法院支持原告诉讼请求。

证据和证据来源，证人姓名和住所：

书证：交通事故处理认定书，由 B 区交警大队依法出具；

书证：诊断证明书、处方、药费和住院费发票，由 B 区人民医院依法出具；

书证：病假单、工资证明，由天南公司依法出具。

此致

甲市 B 区人民法院

附：本起诉状副本 1 份

起诉人：刘某

2020 年 9 月 23 日

二、答辩状

民事答辩状

答辩人：王某，男，1978 年 1 月 15 日生，汉族，住甲市 A 区滨江街道 32 号，联系方式×××××。

对甲市 B 区人民法院（2020）B 法民初×××号原告刘某诉我交通损害赔偿纠纷一案的起诉，答辩如下：

1. 原告刘某主张的侵权事实不成立。答辩人驾驶中巴车正常行驶过程中遇到原告刘某骑车摔倒在答辩人车前，答辩人并未撞倒原告刘某，其所主张的侵权事实不成立，故答辩人不应当承担赔偿责任。

2. 原告刘某存在故意或者重大过失，应当减轻或者免除赔偿义务人的赔偿责任。原告刘某违反交通规则横穿马路，存在严重过错，对其损失亦应当承担责任，故应当依法减轻或者免除答辩人的赔偿责任。

综上所述，原告主张的侵权事实不成立，原告刘某存在故意或者重大过失，故请求人民法院判决驳回原告全部诉讼请求。

证据和证据来源，证人姓名和住所：

电子数据：现场视频资料，由答辩人在事故现场拍摄；

电子数据：现场交通监控视频，由B区交警大队提供。

此致

甲市B区人民法院

附：本答辩状副本1份

答辩人：王某

2020年9月28日

三、判决书

甲市B区人民法院

民事判决书

（2020）××××民初×××号

原告：刘某，男，1979年12月1日生，汉族，住甲市C区沿江街道500号，天南公司员工。

被告：王某，男，1978年1月15日生，汉族，住甲市A区滨江街道32号，无业。

原告刘某与被告王某交通事故责任纠纷一案，本院于2020年9月23日立案后，依法适用普通程序，公开开庭进行了审理。原告刘某、被告王某到庭参加诉讼。本案现已审理终结。

原告刘某向本院提出诉讼请求：1. 请求判令被告赔偿医疗费、误工费共计45000元；2. 请求判令被告承担本案诉讼费用。事实和理由：原告于2020年7月15日在甲市B区骑自行车过马路时，被被告王某驾车撞伤，在交警到达现场进行勘验后，被告被送往甲市B区医院治疗，在此期间，原告花费住院费、医疗费、药费等共计40000元，住院10天；原告出院后，遵医嘱卧床休息15天。总共休假25天，产生误工费5000元。为维护原告合法权益，提起诉讼，希望人民法院支持原告诉讼请求。

原告刘某为支持自己的诉讼主张，向本院提供如下证据：甲市B区交警大队的交通事故处理认定书（该认定书没有对刘某倒地受伤是否为王某开车所致作出认定）、医院的诊断书、处方、药费和住院费的发票，以及刘某所在天南公司出具病假单和工资证明。被告王某辩称：我并未撞到刘某，我看到刘某骑自行车横穿马路后紧急刹车，刹车位置相距刘某倒地位置相距一米左右，刘某是自己从自行车上倒地摔伤，故我对刘某所受损失不应承担责任，请求判令驳回原告诉讼请求。

被告王某为证明自己的主张，向本院提供现场用数码摄相机拍摄的现场视频资料，视频显示王某的车距离刘某倒地位置相距一米左右；以及现场交通监控录像，该录像中显示原告刘某横穿马路。

本院组织当事人进行了证据交换和质证。双方当事人对交警大队的交通事故处理认定书、医院的诊断书、处方、药费和住院费的发票，天南公司出具病假单和工资证明以及现场交通监控视频资料无异议，本院予以确认并在卷佐证。双方当事人对交通事故处理认定书和视频资料能否证明王某撞到刘某的事实产生争议，本院认定如下：1. 交通事故处理认定书没有对刘某倒地受伤是否为王某开车所致作出认定，本院无法据此认定王某开车撞到刘某；2. 王某提供的视频资料只能证明事故发生后的状态，并无法证明王某是否撞到刘某。故通过现有证据，本院无法认定王某是否撞到刘某，该案件处于事实不清、真伪不明。

本院认为，当事人对自己诉讼请求所依据的事实应当提供证据证明，原告主张侵权法律关系存在，应当对产生该侵权法律关系的基本事实承担举证证明责任，而本案原告刘某无法提供充分证据将侵权事实成立证明到高度可能性标准，故应当由承担举证证明责任的原告承担不利后果，即依据《最高人民法院关于适用〈中华人民共和国民事诉讼法〉的解释》第九十条之规定，本院依法适用举证证明责任推定原告主张的侵权事实不成立，故对原告主张的侵权事实本院不予采信，对其诉讼请求本院不予支持。

综上所述，依照《中华人民共和国民事诉讼法》第64条规定，判决如下：

驳回原告诉讼请求。

案件受理费××元，由原告负担。

如不服本判决，可以在判决书送达之日起十五日内，向本院递交上诉状，并按照对方当事人或者代表人的人数提出副本，上诉于甲市中级人民法院。

审判长　×××

审判员　×××

审判员　×××

本件与原件核对一致

××××年××月××日

书记员　×××

（院印）

[案例] 假设上述案件法院经过审理后，认为无法确定王某是否撞倒刘某，但即使王某没有撞倒刘某，由于王某车型大，车速快，刹车声刺耳，完全有可能吓倒刘某。因此王某应当对刘某受伤承担责任，同时由于刘某横穿马路，对受伤也有责任，因此判决刘某承担部分赔偿责任，即赔偿刘某医疗费6000元，误工损失2000元，以及精神抚慰金2000元。被告王某对该判决不服，欲提起上诉，请撰写一份本案的上诉状。

[参考范文]

民事上诉状

上诉人（原审被告）王某，男，1978年1月15日生，汉族，住甲市A区滨江街道32号，无业。联系方式×××××××。

被上诉人（原审原告）刘某，男，1979年12月1日生，汉族，住甲市C区沿江街道500号，天南公司员工。联系方式××××××。

上诉人王某因与被上诉人刘某交通损害赔偿纠纷一案，不服甲市B区人民法院2018年××月××日作出的（2018）××××民初第×××号民事判决，现提起上诉。

上诉请求：

1. 请求撤销原一审判决，驳回原告全部诉讼请求。
2. 请求判令被上诉人承担本案诉讼费用。

上诉理由：

1. 一审判决违反处分原则。处分原则要求法院围绕当事人的诉讼请求作出判决，本案中被上诉人仅仅诉请判决上诉人赔偿医疗费、误工费，并未提出精神抚慰金的诉讼请求，一审法院超出原告诉讼请求判令上诉人向被上诉人赔偿精神抚慰金2000元违反处分原则，应当依法予以撤销。

2. 一审判决认定事实错误。对于侵权事实存在与否，应当由主张侵权事实成立的一方当事人承担证明责任。本案被上诉人提供的证据无法证明上诉人驾车将其撞倒，故根据民事诉讼法及相关司法解释规定，法院应当适用证明责任作出对被上诉人不利的推定，即推定其主张的侵权事实不成立，而判决驳回其诉讼请求，但一审法院并未根据证明责任对案件事实作出认定，属于一审判决认定事实错误。

3. 原一审判决违反辩论原则。辩论原则要求只有当事人提出并加以主张的事实才能成为法院裁判依据。本案被上诉人向法院主张的事实是上诉人将其撞倒受伤，而一审法院判决认定“王某车型大，车速快，刹车声刺耳，完全有可能吓倒刘某”一审判决擅自将当事人没有主张的“吓倒”这一事实作为裁判依据，超出当事人事实主张，违反辩论原则。

综上所述，一审判决超出被上诉人诉讼请求判决上诉人赔偿精神抚慰金2000元违反处分原则，应当依法予以撤销；在本案侵权事实处于事实不清、真伪不明时，应当依法适用证明责任作出对被上诉人不利的判决，故请求二审法院依法撤销原一审判决，驳回被上诉人全部诉讼请求。

此致

甲市中级人民法院

附：本上诉状副本1份

上诉人：王某

××××年××月××日

第四部分

综合性案例分析

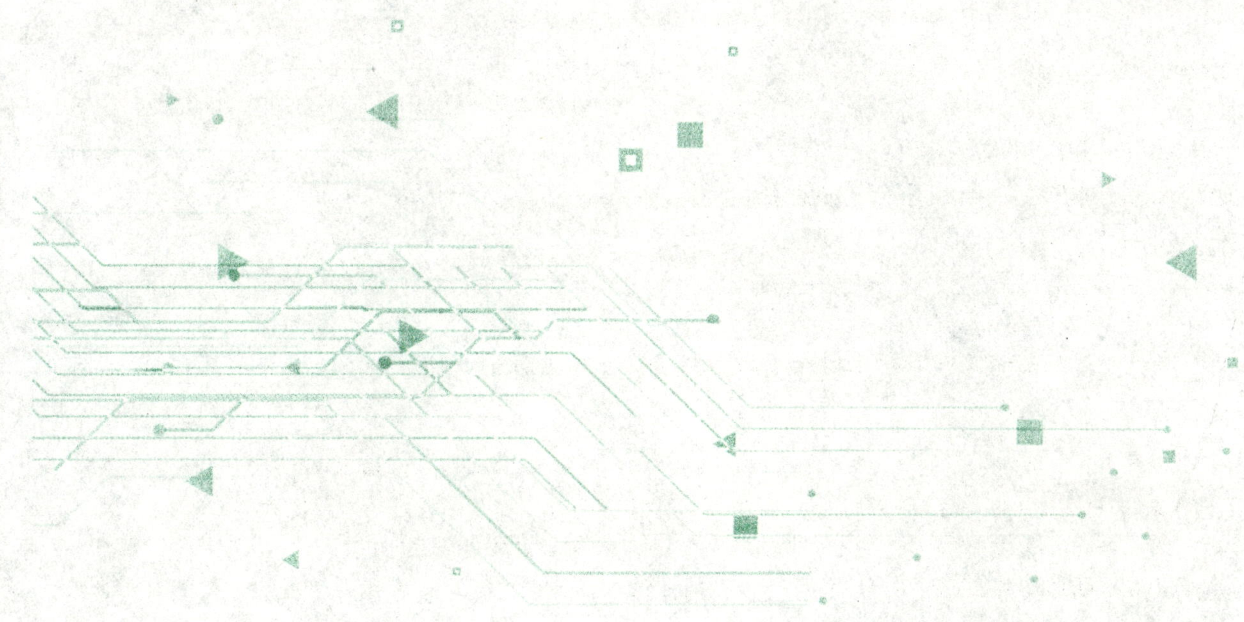

历年主观题规范化答题训练

一、(2015 年卷四第四题)

[案情] 杨之元开设古玩店，因收购藏品等所需巨额周转资金，即以号称“镇店之宝”的一块雕有观音图像的翡翠（下称翡翠观音）作为抵押物，向胜洋小额贷款公司（简称胜洋公司）贷款200万元，但翡翠观音仍然置于杨之元店里。后，古玩店经营不佳，进入亏损状态，无力如期偿还贷款。胜洋公司遂向法院起诉杨之元。

法院经过审理，确认抵押贷款合同有效，杨之元确实无力还贷，遂判决翡翠观音归胜洋公司所有，以抵偿200万元贷款及利息。判决生效后，杨之元未在期限内履行该判决。胜洋公司遂向法院申请强制执行。

在执行过程中，案外人商玉良向法院提出执行异议，声称该翡翠观音属于自己，杨之元无权抵押。并称：当初杨之元开设古玩店，需要有“镇店之宝”装点门面，经杨之元再三请求，商玉良才将自己的翡翠观音借其使用半年（杨之元为此还支付了6万元的借用费），并约定杨之元不得处分该翡翠观音，如造成损失，商玉良有权索赔。

法院经审查，认为商玉良提出的执行异议所提出的事实没有充分的证据，遂裁定驳回商玉良的异议。

[问题]

1. 执行异议被裁定驳回后，商玉良是否可以提出执行异议之诉？为什么？

2. 如商玉良认为作为法院执行根据的判决有错，可以采取哪两种途径保护自己的合法权益？

3. 与第2问“两种途径”相关的两种民事诉讼制度（或程序）在适用程序上有何特点？

4. 商玉良可否同时采用上述两种制度（或程序）维护自己的权益？为什么？

第一步：精读案例，分析考点

读案例	析考点
杨之元开设古玩店，因收购藏品等所需巨额周转资金，即以号称“镇店之宝”的一块雕有观音图像的翡翠（下称翡翠观音）作为抵押物，向胜洋小额贷款公司（简称胜洋公司）贷款200万元，但翡翠观音仍然置于杨之元店里。后，古玩店经营不佳，进入亏损状态，无力如期偿还贷款。胜洋公司遂向法院起诉杨之元。 法院经过审理，确认抵押贷款合同有效，杨之元确实无力还贷，遂判决翡翠观音归胜洋公司所有，以抵偿200万元贷款及利息①。判决生效后，杨之元未在期限内履行该判决。胜洋公司遂向法院申请强制执行②	①法院判决翡翠观音归胜洋公司所有——判的是翡翠观音。 ②胜洋公司申请执行翡翠观音——执行的是翡翠观音。 ③案外人商玉良对翡翠观音主张权利。 本案权利人是胜洋公司，义务人是杨之元，案外人商玉良对翡翠观音主张权利。 首先，本案生效判决是翡翠观音归胜洋公司所有，该判决侵犯商玉良权利，商玉良本应作为有独三参加诉讼，但由于不能归责于本人事由没有参加诉讼，故商玉良可以提起第三人撤销之诉

续表

读案例	析考点
在执行过程中，案外人商玉良向法院提出执行异议，声称该翡翠观音属于自己，杨之元无权抵押③。并称：当初杨之元开设古玩店，需要有“镇店之宝”装点门面，经杨之元再三请求，商玉良才将自己的翡翠观音借其使用半年（杨之元为此还支付了6万元的借用费），并约定杨之元不得处分该翡翠观音，如造成损失，商玉良有权索赔。 法院经审查，认为商玉良提出的执行异议所提出的事实没有充分的证据，遂裁定驳回商玉良的异议	其次，本案执行的是翡翠观音，侵犯商玉良权利，商玉良可以提出案外人对执行标的的异议。 综上所述，商玉良既可以提出第三人撤销之诉，又可以提出案外人对执行标的的异议，分而述之： 如果商玉良提出第三人撤销之诉，在第三人撤销之诉中，商玉良希望中止执行，可以提供担保，也可以提出案外人对执行标的的异议，当然，法院作出中止或者驳回的裁定后，商玉良不能再申请再审。 如果商玉良提出案外人对执行标的的异议，法院裁定中止驳回后，本案判决的是翡翠观音，执行的是翡翠观音，判决的和执行的一样，属于原生效判决确有错误，应当依法申请再审，当然此时不能提出第三人撤销之诉

第二步：结合题目，锁定要点

问题一：执行异议被裁定驳回后，商玉良是否可以提出执行异议之诉？为什么？

Step 1：考什么？

本题考查案外人对执行标的的异议，根据《民事诉讼法》第227条规定，人民法院自收到申请执行书之日起超过6个月未执行的，申请执行人可以向上一级人民法院申请执行。上一级人民法院经审查，可以责令原人民法院在一定期限内执行，也可以决定由本院执行或者指令其他人民法院执行。本案判决的是翡翠观音，执行的也是翡翠观音，属于原生效判决有错的情形，应当依法申请再审，而不能提起执行异议之诉。

本题设问可否提起执行异议之诉，显然是想考查同学们是否知道案外人对执行标的的异议所对应的两种救济方式（再审和执行异议之诉），以及二者适用情形的准确区分和判断。

Step 2：答什么？

根据《民事诉讼法》规定，案外人对执行标的的异议，法院审查后作出中止或者驳回裁定后，原生效判决有错的可以申请再审；与原生效判决无关的，可以提起执行异议之诉。

本案判决的是翡翠观音，执行的也是翡翠观音，属于原生效判决有错的情形，应当依法申请再审，而不能提起执行异议之诉。

问题二：如商玉良认为作为法院执行根据的判决有错，可以采取哪两种途径保护自己的合法权益？

Step 1：考什么？

本题考查撤销、改变生效判决的方式，整个《民事诉讼法》中推翻一份生效判决的方式只有两种方式——再审和第三人撤销之诉。所以本题答出这两种方式即可。

结合本案对题干的分析：首先，案外人商玉良认为判决错误，侵犯自身合法权益，可以提出第三人撤销之诉；其次，案外人商玉良认为执行翡翠观音侵犯自身合法权益，可以提出案外人对执行标的的异议，法院裁定中止或者驳回后，本案属于原生效判决确有错误的，应当依法申请再审。题目问及商玉良认为作为执行根据的判决有错，可以通过何种途径保护自身权利，那从以上分析过程中找到两种推翻错误生效判决的制度为：第三人撤销之诉和再审。

Step 2：答什么？

第三人撤销之诉和再审。

问题三：与第2问“两种途径”相关的两种民事诉讼制度（或程序）在适用程序上有何特点？

Step 1：考什么？

以第二问为基础，本题进一步问及第三人撤销之诉以及案外人申请再审的程序特点，属于识记内容，没有难度。

Step 2：答什么？

关于第三人撤销之诉的特点，在《民事诉讼法》第56条有明确阐述：本应作为有独三、无独三的人由于不能归责于本人的事由未参加诉讼，但有证据证明生效判决侵犯自身合法权益的，可以自知道或者应当知道权益受损之日起6个月内向作出生效判决的法院提起第三人撤销之诉。法院适用一审普通程序开庭审理。

关于案外人申请再审的特点，《民诉解释》第423条规定，案外人对驳回其执行异议裁定不服，认为原判决侵犯其合法权益的，可以自执行异议裁定送达之日起6个月内向作出原生效判决的法院申请再审。此时再审中涉及追加案外人参加诉讼的问题，需要考虑审级利益，即适用一审程序的再审中应当追加其参加诉讼，适用二审程序的应当追加其参加调解，调解不成的，撤销原判，发回重审。

问题四：商玉良可否同时采用上述两种制度（或程序）维护自己的权益？为什么？

Step 1：问什么？

本问考查第三人撤销之诉与案外人申请再审的关系。

根据第一步的考点分析，商玉良可以选择两条救济途径：第一条，商玉良可以提出第三人撤销之诉，在第三人撤销之诉中为了中止执行，可以提出案外人对执行标的的异议，但法院裁定驳回后不能申请再审。第二条，商玉良也可以直接提出案外人对执行标的的异议，法院裁定驳回后，认为原判决确有错误的，应当依法申请再审，而不能提出第三人撤销之诉。

据此，商玉良可以在以上两条途径中选择，而不能同时提出第三人撤销之诉和再审。

Step 2：答什么？

以上分析内容为《民诉解释》第303条的内容，同学们在第一问中需要明确回答出不能同时适用。而第二问的理由可以直接用《民诉解释》第303条的内容作答，也可以根据我们的分析思路作答，在答案中一定要明确：商玉良如果在第三人撤销之诉中提起案外人对执行标的的异议，法院驳回后不能申请再审；商玉良直接提出案外人对执行标的的异议，法院裁定驳回后应当依法申请再审而不能提起第三人撤销之诉（两个“不能”是关键）。

第三步：结合要点，组织答案

<table>
<tr><td colspan="2">问题一：执行异议被裁定驳回后，商玉良是否可以提出执行异议之诉？为什么？</td></tr>
<tr><td>怎么答</td><td>商玉良不可以提出执行异议之诉（要点 1）。
根据《民事诉讼法》规定，法院对案外人对执行标的的异议作出裁定后，案外人、当事人对裁定不服，认为原判决、裁定错误的，依照审判监督程序办理；与原判决、裁定无关的，可以自裁定送达之日起 15 日内向人民法院提起诉讼。
本案商玉良主张被抵押的翡翠观音属于自己所有，即法院将翡翠观音用以抵偿杨之元的债务的判决是错误的，属于认为原生效判决错误，应当依法申请再审，而不能提起执行异议之诉（要点 2）</td></tr>
<tr><td>点评</td><td>本题考查案外人对执行标的的异议所对应的两种救济途径（执行异议之诉和再审）的适用情形。同学们只需要准确判断本题属于原生判决错误的情形，应当依法申请再审，而不能提起执行异议之诉，即可准确作答。而在说明理由时即应当准确指出执行异议之诉是针对与原生效判决无关的情形，而本案属于原生效判决确有错误，应当申请再审</td></tr>
<tr><td colspan="2">问题二：如商玉良认为作为法院执行根据的判决有错，可以采取哪两种途径保护自己的合法权益？</td></tr>
<tr><td>怎么答</td><td>途径一：申请再审（要点 3）。
途径二：第三人撤销之诉（要点 4）</td></tr>
<tr><td>点评</td><td>1. 一方面，本题可以根据我们对案例的分析，梳理出第三人撤销之诉和再审两种制度。另一方面，题目问到“哪两种途径？”而整个民事诉讼法中推翻一份生效判决的制度只有第三人撤销之诉和再审，据此也可以直接得出答案。
2. 一般而言，题目没有问及理由，可以不予说明</td></tr>
<tr><td colspan="2">问题三：与第 2 问“两种途径”相关的两种民事诉讼制度（或程序）在适用程序上有何特点？</td></tr>
<tr><td>怎么答</td><td>1. 第三人撤销之诉：本应作为有独三、无独三的人（主体，要点 1）由于不能归责于本人的事由未参加诉讼，但有证据证明生效判决侵犯自身合法权益的（情形，要点 2），可以自知道或者应当知道权益受损之日起 6 个月内（时间，要点 3）向作出生效判决的法院（管辖，要点 4）提起第三人撤销之诉。法院适用一审普通程序开庭审理（程序，要点 5）。
2. 申请再审：案外人对驳回其执行异议裁定不服，认为原判决侵犯其合法权益的，可以自执行异议裁定送达之日起 6 个月内向作出原生效判决的法院申请再审。适用一审程序的再审中应当追加其参加诉讼，适用二审程序的应当追加其参加调解，调解不成的，撤销原判，发回重审（要点 6）</td></tr>
<tr><td colspan="2">问题四：商玉良可否同时采用上述两种制度（或程序）维护自己的权益？为什么？</td></tr>
<tr><td>怎么答</td><td>商玉良不能同时采用上述两种制度（要点 7）。
理由：根据《民诉解释》第 303 条规定，如果商玉良提出第三人撤销之诉后，未中止执行的，商玉良可以提起案外人对执行标的的异议，法院驳回后，不能申请再审（要点 8），只能继续通过第三人撤销之诉解决纠纷。
如果商玉良在执行中提出案外人对执行标的的异议，法院裁定驳回后，认为原生效裁判确有错误的，应当通过审判监督程序处理，而不能提起第三人撤销之诉（要点 9）</td></tr>
</table>

［综合点评］ 本题的案例和题目设置非常经典，简要分析点评如下。

案例来源：本题改编自《最高人民法院公报》（2015 年第 7 期），最高人民法院

（2013）民提字第 207 号案例（原型案例见下文）。案例的设置是将原型案例中的关键信息进行提炼后，大幅简化了题干信息，给出“判决翡翠观音、执行翡翠观音、案外人对翡翠观音主张权利”这一经典的案外人救济模型。

考查重点是《民诉解释》第 303 条。本案判决翡翠观音归胜洋公司所有，侵犯商玉良权利，商玉良可以提出第三人撤销之诉，在第三人撤销之诉中希望中止执行，可以提出案外人对执行标的的异议，但法院裁定驳回后，不能申请再审；本案执行翡翠观音，侵犯商玉良权利，商玉良可以提出案外人对执行标的的异议，法院裁定驳回后，认为原判决有错的，应当依法申请再审，而不能提起执行异议之诉。

题目设置为低开高走。本题以《民诉解释》第 303 条的理解与适用为主要考查内容，但是该内容难度太大，直接以之设题将导致大部分考生无法得分，无法实现考试的选拔目的，故命题老师对其进行了拆解和难度划分。题目将《民诉解释》第 303 条的内容设置为第四问，为压轴题，让少部分特别优秀的考生有发挥空间。而第一问为送分题，考查案外人对执行标的异议所对应的两种救济措施（再审和执行异议之诉）的适用情形，同学们只要能够准确判断本案属于原生效判决确有错误，应当申请再审，而不能提出执行异议之诉即可准确作答，而这是案外人对执行标的的异议这一考点下最基本的问题，该问是为了保障大多数同学得分。第二问、第三问是为了引出再审和第三人撤销之诉，为第四问的考查做铺垫。第二问中需要同学们思路清晰：首先判断出判决翡翠观音归胜洋公司所有，该判决侵犯商玉良权利，商玉良可以提出第三人撤销之诉；其次执行翡翠观音，侵犯商玉良权利，商玉良可以提出案外人对执行标的的异议，法院裁定驳回后，属于原判决确有错误，应当依法申请再审。据此同学们可以从中归纳出其中可以推翻生效判决的两种制度：第三人撤销之诉和再审。这一问从考点上来说没有难度，但是要求同学们分析问题的思路非常清晰。当然，命题老师的仁慈之处在于明确问及“两种途径”，大多数同学都能据此猜测出第三人撤销之诉和再审这两个答案，因为整个民事诉讼制度中能推翻一份生效判决的制度只有第三人撤销之诉和再审。故第二问也基本属于送分题。第三问结合第二问的回答进行阐述即可，考点没有难度，但是题目设问并不明确，可能涉及回答是否全面的问题。

从答题的角度来看，本题第一问考查基础问题，但有同学不能准确判断再审和执行异议之诉的适用情形，沿着“案外人对执行标的的异议——驳回——执行异议之诉”的思路，误答为“商玉良可以提起执行异议之诉”——完蛋！不仅第一问得不了分，更会导致连锁反应，一错到底，本题直接 0 分。

所以本题的区分度特别高：第一问答错的同学，后面的答案不用看，本题 0 分，当然，22 分全丢，基本上意味着直接出局；第一问答对的同学，第二问基本都没有问题，第三问多少能沾上边得到大部分分值，就算第四问不会，也能得到 15-18 分，这是大部分同学的得分区间；第一问回答对，第二问回答对，同时第四问也能回答对的同学，属于基础扎实，非常优秀的同学，第三问只要没有明显错误，基本上就能给满分。

[原型案例] 本案例改编自“孙昌明与威特公司、祥欣小额贷款公司案外人执行异议纠纷案”①

① （2013）民提字第 207 号，选自《中华人民共和国最高人民法院公报》2015 年 7 期。

2007年6月5日，威特公司向建行城北支行借款，将其所有的一栋写字楼抵押给建行城北支行，该行于2009年12月4日办理了上述房产抵押注销手续。同日，威特公司向祥欣公司借款400万元，以该写字楼的一层（共101、102、103、104共4间）作价530万元设定最高额抵押，双方签订了抵押合同，且于2009年12月4日办理了抵押登记。

1998年9月15日，威特公司与望海公司签订建设施工合同，将威特公司综合楼发包给望海公司承建，望海公司又将工程转包给孙昌明，孙昌明为工程实际施工人。2009年10月20日，威特公司与孙昌明签订协议书，确认欠孙昌明工程款405万元，并以该写字楼一层的101、102两间共计3738600元偿还，余款另行结算。2010年10月26日，江苏省盐城市亭湖区人民法院（以下简称亭湖法院）作出（2010）亭湖初字第0476号民事判决，确认孙昌明与威特公司于2009年10月20日签订的协议合法有效。

2010年，祥欣公司向盐城市中级人民法院（以下简称盐城中院）起诉威特公司归还借款，并要求就标的房屋拍卖款优先受偿。2010年8月26日，盐城中院作出一审判决，威特公司向祥欣公司偿还借款400万元，且祥欣公司有权就威特公司登记的抵押物折价或者以拍卖、变卖该财产的价款在该款项范围内享有优先受偿权。当事人均未上诉，判决生效。

祥欣公司申请强制执行该判决，盐城中院对标的房屋采取执行措施，执行过程中，孙昌明提出异议，对标的房屋一楼展示厅的两间主张权利。盐城中院于2011年4月25日作出裁定，驳回孙昌明的执行异议。

孙昌明对法院驳回其执行异议的裁定不服，向盐城中院提起了执行异议之诉，请求：

1. 确认该写字楼一楼101、102号房屋属于自己所有。

2. 判令威特公司继续履行合同，交付101、102号房屋。

威特公司、祥欣公司辩称：2009年10月20日之前，案涉房屋一直抵押给建行城北支行，即使威特公司欠付孙昌明工程款，但其出卖已经设定抵押房产的行为损害了抵押权人的利益，应为无效。

盐城中院一审判决驳回孙昌明的诉讼请求。

孙昌明不服一审判决，提起上诉。江苏省高院二审审理后判决驳回上诉，维持原判。

孙昌明认为江苏省高院二审判决确有错误，向最高人民法院申请再审。

最高人民法院经过审查，裁定再审，并由本院提审本案。

最高人民法院经过审理后裁定撤销原一审、二审判决，驳回孙昌明起诉。

［分析］本案申请执行人祥欣公司，被申请执行人为威特公司。执行根据是盐城中院的一审判决：威特公司向祥欣公司偿还借款400万元，且祥欣公司有权就威特公司登记的抵押物折价或者以拍卖、变卖该财产的价款在该款项范围内享有优先受偿权。本案作为执行根据的判决确定了申请人祥欣公司对标的房屋的优先受偿权；执行的对象也是该抵押房产；案外人孙昌明对该抵押房产的一部分主张权利。属于典型的判"房"——执行"房"——异议"房"的情形，故案外人孙昌明提出案外人对执行标的的异议被法院驳回后，孙昌明应当依法对作为执行根据的判决申请再审，而不能提起执行异议之诉，故对于孙昌明的起诉，盐城中院不应当受理，而盐城中院、江苏高院受理了此案，并对此案进行

了实体审理，该做法是不符合法律规定的，故最高院作出再审裁定，撤销原一审、二审判决，驳回孙昌明起诉。

二、(2014 年卷四第六题)

[案情] 赵文、赵武、赵军系亲兄弟，其父赵祖斌于 2013 年 1 月去世，除了留有一个元代青花瓷盘外，没有其他遗产。该青花瓷盘在赵军手中，赵文、赵武要求将该瓷盘变卖，变卖款由兄弟三人平均分配。赵军不同意。2013 年 3 月，赵文、赵武到某省甲县法院(赵军居住地和该瓷盘所在地) 起诉赵军，要求分割父亲赵祖斌的遗产。经甲县法院调解，赵文、赵武与赵军达成调解协议：赵祖斌留下的青花瓷盘归赵军所有，赵军分别向赵文、赵武支付人民币 20 万元。该款项分 2 期支付：2013 年 6 月各支付 5 万元、2013 年 9 月各支付 15 万元。

但至 2013 年 10 月，赵军未向赵文、赵武支付上述款项。赵文、赵武于 2013 年 10 月向甲县法院申请强制执行。经法院调查，赵军可供执行的款项有其在银行的存款 10 万元，可供执行的其他财产折价为 8 万元，另外赵军手中还有一把名家制作的紫砂壶，市场价值大约 5 万元。赵军声称其父亲留下的那个元代青花瓷盘被卖了，所得款项 50 万元做生意亏掉了。法院全力调查也未发现赵军还有其他的款项和财产。法院将赵军的上述款项冻结，扣押了赵军可供执行的财产和赵军手中的那把紫砂壶。

2013 年 11 月，赵文、赵武与赵军拟达成执行和解协议：2013 年 12 月 30 日之前，赵军将其在银行的存款 10 万元支付给赵文，将可供执行财产折价 8 万元与价值 5 万元的紫砂壶交付给赵武。赵军欠赵文、赵武的剩余债务予以免除。

此时，出现了以下情况：1. 赵军的朋友李有福向甲县法院报告，声称赵军手中的那把紫砂壶是自己借给赵军的，紫砂壶的所有权是自己的。2. 赵祖斌的朋友张益友向甲县法院声称，赵祖斌留下的那个元代青花瓷盘是他让赵祖斌保存的，所有权是自己的。自己是在一周之前（2013 年 11 月 1 日）才知道赵祖斌已经去世以及赵文、赵武与赵军进行诉讼的事。3. 赵军的同事钱进军向甲县法院声称，赵军欠其 5 万元。同时，钱进军还向法院出示了公证机构制作的债权文书执行证书，该债权文书所记载的钱进军对赵军享有的债权是 5 万元，债权到期日是 2013 年 9 月 30 日。

[问题]

1. 在不考虑李有福、张益友、钱进军提出的问题的情况下，如果赵文、赵武与赵军达成了执行和解协议，将产生什么法律后果？(考生可以就和解协议履行的情况作出假设)

2. 根据案情，李有福如果要对案中所提到的紫砂壶主张权利，在民事诉讼制度的框架下，其可以采取什么方式？采取相关方式时，应当符合什么条件？(考生可以就李有福采取的方式可能出现的后果作出假设)

3. 根据案情，张益友如果要对那个元代青花瓷盘所涉及的权益主张权利，在民事诉讼制度的框架下，其可以采取什么方式？采取该方式时，应当符合什么条件？

4. 根据案情，钱进军如果要对赵军主张 5 万元债权，在民事诉讼制度的框架下，其可以采取什么方式？为什么？

第一步：精读案例，分析考点

读案例	析考点
赵文、赵武、赵军系亲兄弟，其父赵祖斌于2013年1月去世，除了留有一个元代青花瓷盘外，没有其他遗产。该青花瓷盘在赵军手中，赵文、赵武要求将该瓷盘变卖，变卖款由兄弟三人平均分配。赵军不同意。2013年3月，赵文、赵武到某省甲县法院（赵军居住地和该瓷盘所在地）起诉赵军，要求分割父亲赵祖斌的遗产。经甲县法院调解，赵文、赵武与赵军达成调解协议：赵祖斌留下的青花瓷盘归赵军所有，赵军分别向赵文、赵武支付人民币20万元。①该款项分2期支付：2013年6月各支付5万元、2013年9月各支付15万元。 但至2013年10月，赵军未向赵文、赵武支付上述款项。赵文、赵武于2013年10月向甲县法院申请强制执行。②经法院调查，赵军可供执行的款项有其在银行的存款10万元，可供执行的其他财产折价为8万元，另外赵军手中还有一把名家制作的紫砂壶，市场价值大约5万元。赵军声称其父亲留下的那个元代青花瓷盘被卖了，所得款项50万元做生意亏掉了。法院全力调查也未发现赵军还有其他的款项和财产。法院将赵军的上述款项冻结，扣押了赵军可供执行的财产和赵军手中的那把紫砂壶。③ 2013年11月，赵文、赵武与赵军拟达成执行和解协议④：2013年12月30日之前，赵军将其在银行的存款10万元支付给赵文，将可供执行财产折价8万元与价值5万元的紫砂壶交付给赵武。赵军欠赵文、赵武的剩余债务予以免除。 此时，出现了以下情况：（1）赵军的朋友李有福向甲县法院报告，声称赵军手中的那把紫砂壶是自己借给赵军的，紫砂壶的所有权是自己的。⑤（2）赵祖斌的朋友张益友向甲县法院声称，赵祖斌留下的那个元代青花瓷盘是他让赵祖斌保存的，所有权是自己的。⑥自己是在一周之前（2013年11月1日）才知道赵祖斌已经去世以及赵文、赵武与赵军进行诉讼的事。（3）赵军的同事钱进军向甲县法院声称，赵军欠其5万元。⑦同时，钱进军还向法院出示了公证机构制作的债权文书执行证书，该债权文书所记载的钱进军对赵军享有的债权是5万元，债权到期日是2013年9月30日	①调解协议内容：青花瓷盘归赵军所有，赵军向赵文、赵武分别支付20万元。 ②赵文、赵武申请执行调解书中确定的20万元。赵文、赵武是申请人，赵军是被申请人。 ③法院扣押了紫砂壶和其他财产。 ④执行和解：执行中达成和解协议，法院应当裁定中止执行，权利人可以申请解除查封、扣押、冻结——和解协议履行完毕的，法院裁定执行终结；义务人拒绝履行和解协议的，权利人可以申请恢复对原生效调解书的执行，也可以选择就和解协议起诉。 ⑤李有福对紫砂壶主张权利 首先，调解书并不涉及紫砂壶的权利归属，未侵犯李有福权利，李有福不能提出第三人撤销之诉； 其次，执行了紫砂壶，侵犯李有福权利，李有福可以提出案外人对执行标的的异议。 故李有福可以提出案外人对执行标的的异议。 法院裁定中止或者驳回后，作为执行根据的调解书并未涉及紫砂壶的权利归属，故本案属于与原生效判决无关的情形，应当通过执行异议之诉的方式解决紫砂壶的权利归属争议：法院裁定中止的——申请人赵文、赵武以李有福为被告提起许可执行之诉，赵军不反对的列为无独三，赵军反对的列为共同被告；法院裁定驳回的——案外人李有福以赵文、赵武为被告提起案外人异议之诉，赵军不反对的列为无独三，赵军反对的列为共同被告。 ⑥张益友对青花瓷盘主张权利 首先，调解书确定青花瓷盘归赵军所有，侵犯张益友权利，张益友可以提出第三人撤销之诉； 其次，执行的紫砂壶和其他财产，并未执行青花瓷盘，没有侵犯张益友权利，张益友不能提出案外人对执行标的的异议。 故张益友可以提出第三人撤销之诉。 ⑦本来赵军的所有财产只有23万元（存款10万元，紫砂壶值5万元，其他财产可以折价8万元），需要清偿赵文、赵武共计40万元，现在钱进军又需要执行5万，明显不足以清偿所有债务，涉及参与分配这一考点

第二步：结合题目，锁定要点

问题一：在不考虑李有福、张益友、钱进军提出的问题的情况下，如果赵文、赵武与赵军达成了执行和解协议，将产生什么法律后果？（考生可以就和解协议履行的情况作出假设）

Step 1：考什么？

本题考查执行和解的法律效果。根据《执行和解规定》，在执行中，当事人达成和解协议的，执行人员将执行和解协议记入笔录，双方当事人签字、盖章后法院裁定中止执行，权利人可以申请解除查封、扣押、冻结，法院裁定中止执行；和解协议履行完毕的，法院裁定执行终结；义务人拒绝履行和解协议的，权利人可以申请恢复执行，也可以选择就执行和解协议向执行法院起诉。（定位考点④）

Step 2：答什么？

题目提示“考生可以就和解协议履行的情况作出假设”，而和解协议的履行情况就两种可能，履行完毕或者拒绝履行，显然，题目希望考生对和解协议履行完毕或者义务拒不履行和解协议这两种情形的处理方式作出回答。故答案中应当包含如下要点：

（1）法院裁定中止执行。

（2）和解协议履行完毕：执行终结。

（3）义务人拒不履行和解协议：权利人可以选择申请恢复执行或者就执行和解协议起诉。

问题二：根据案情，李有福如果要对案中所提到的紫砂壶主张权利，在民事诉讼制度的框架下，其可以采取什么方式？采取相关方式时，应当符合什么条件？（考生可以就李有福采取的方式可能出现的后果作出假设）

Step 1：考什么？

本题考查案外人李有福的救济方式。李有福对紫砂壶主张权利。首先，调解书的内容是青花瓷盘归赵军所有，赵军向赵文、赵武支付20万元，不涉及紫砂壶的权利归属，未侵犯案外人李有福的权利，李有福不能提出第三人撤销之诉；其次，法院执行时扣押了紫砂壶，侵犯李有福权利，李有福可以提出案外人对执行标的的异议。故本题考查案外人李有福的救济方式，李有福可以提出案外人对执行标的的异议。（定位考点⑤）

Step 2：答什么？

第一问直接回答李有福可以提出案外人对执行标的的异议。对于第二问应当符合什么条件，题目提示“考生可以就李有福采取的方式可能出现的后果作出假设”，而案外人对执行标的的异议，法院可能作出中止执行的裁定，也可能作出驳回的裁定，显然，题目希望考生对法院作出中止或者驳回裁定后的救济方式作出回答。首先，本案调解书的内容是青花瓷盘和20万元，执行的是紫砂壶，属于与原生效裁判无关，应当提出执行异议之诉：如果法院裁定中止执行的，应当由申请人赵文、赵武提起许可执行之诉，案外人李有福为被告，被执行人赵军反对的应当作为共同被告，赵军不反对的列为无独三；如果法院裁定驳回李有福的异议，应当由案外人李有福提起案外人异议之诉，申请人赵文、赵武为被告，被执行人赵军反对的列为共同被告，不反对的列为无独三。故答案中应当包含如下要点：

（1）李有福可以提出案外人对执行标的的异议。

（2）法院作出裁定后本案属于与原生效裁判无关，应当提起执行异议之诉。

（3）法院裁定中止的，申请人赵文、赵武提起许可执行之诉，案外人李有福作为被告，被执行人赵军反对的应当作为共同被告，赵军不反对的列为无独三。

（4）法院裁定驳回的，案外人李有福提起案外人异议之诉，申请人赵文、赵武为被告，被执行人赵军反对的列为共同被告，不反对的列为无独三。

问题三：根据案情，张益友如果要对那个元代青花瓷盘所涉及的权益主张权利，在民事诉讼制度的框架下，其可以采取什么方式？采取该方式时，应当符合什么条件？

Step 1：考什么？

本题考查案外人张益友的救济方式。张益友对青花瓷盘主张权利。首先调解书的内容是青花瓷盘归赵军所有，赵军向赵文、赵武支付 20 万元，调解书内容侵犯张益友权利，赵文、赵武、赵军基于继承关系主张青花瓷盘权利，张益友与继承关系无关，是基于一个独立的所有权关系主张独立权利，本应作为有独三参加诉讼，但由于不能归责于本人事由没有参加诉讼，发现生效调解书侵犯其合法权益，故可以提出第三人撤销之诉。同时，本案执行的紫砂壶，并不涉及青花瓷盘，未侵犯张益友权利，张益友不能提出案外人对执行标的的异议。故本题考查案外人张益友的救济方式，张益友可以提出第三人撤销之诉。（定位考点⑥）

Step 2：答什么？

第一问直接答张益友可以提起第三人撤销之诉。第二问涉及第三人撤销之诉的条件，这是同学们非常熟练的内容“本应作为有独三、无独三的人，由于不能归责于本人事由没有参加诉讼，但发现生效判决、裁定、调解书侵犯自身合法权益的，可以自知道或者应当知道权益受损之日起 6 个月内向作出该生效裁判的法院提起第三人撤销之诉”。故本题答案应当包含如下要点：

（1）张益友可以提起第三人撤销之诉。

（2）应当满足的条件：①张益友作为原告，赵文、赵武、赵军作为被告；②向作出调解书的法院即甲县法院提出诉讼；③应当自知道或者应当知道权利受损之日起的 6 个月内提出。

问题四：根据案情，钱进军如果要对赵军主张 5 万元债权，在民事诉讼制度的框架下，其可以采取什么方式？为什么？

Step 1：考什么？

本题赵军所有财产价值 23 万元（存款 10 万元，紫砂壶值 5 万元，其他财产可折价 8 万元），需要向赵文、赵武清偿 40 万元，此时钱进军又主张 5 万元债权，显然不足以清偿所有债务，故本案钱进军可以主张参与分配。（定位考点⑦）

Step 2：答什么？

第一问直接回答参与分配。第二问需要考生回答参与分配的适用条件。故本题的答案中需要涉及的要点如下：

（1）钱进军可以申请参加参与分配。

（2）参与分配的适用条件：被执行人无法清偿所有债权；被执行人是自然人或者其他

组织；多个申请人对被执行人享有到期债权；申请人已经取得执行依据；参与分配只适用于金钱债权；发生在执行开始后，被申请人的财产执行终结前。

第三步：结合要点，组织答案

<table>
<tr><td colspan="2">问题一：在不考虑李有福、张益友、钱进军提出的问题的情况下，如果赵文、赵武与赵军达成了执行和解协议，将产生什么法律后果？（考生可以就和解协议履行的情况作出假设）</td></tr>
<tr><td>怎么答</td><td>如果赵文、赵武与赵军达成了执行和解协议，将产生的法律后果是：1. 和解协议达成后，法院裁定中止执行（要点 1）；2. 如果在执行和解履行期内赵军履行了和解协议，执行程序终结（要点 2）；3. 约定的履行期限届满后，义务人赵军拒不履行和解协议的，赵文、赵武可以申请法院恢复对原生效调解书的执行，也可以就和解协议提起诉讼（要点 3）</td></tr>
<tr><td>点评</td><td>本题题目中直接给出了执行和解，而就其后果问题进行设问，并且提示考生可以就和解协议的履行情况作出假设，故题目是希望考生能够清晰地分析出执行和解的法律效果。结合题目提示，和解协议的履行情况不外乎是履行完毕和拒不履行两种情形，故本题没有难度，唯一的要求是同学们的逻辑和思路清晰</td></tr>
<tr><td colspan="2">问题二：根据案情，李有福如果要对案中所提到的紫砂壶主张权利，在民事诉讼制度的框架下，其可以采取什么方式？采取相关方式时，应当符合什么条件？（考生可以就李有福采取的方式可能出现的后果作出假设）</td></tr>
<tr><td>怎么答</td><td>李有福可以书面方式向甲县法院提出案外人对执行标的的异议（要点 4）。
1. 法院认为异议成立的，裁定中止执行。此时申请人赵文、赵武可以在收到裁定后 15 天内提起执行异议之诉（许可执行之诉），以案外人李有福为被告，被执行人赵军反对的列为共同被告，不反对的列为无独三。法院适用一审普通程序审理，认为诉讼请求成立的，判决准许对该紫砂壶的执行，认为诉讼请求不成立的，判决驳回（要点 5）。对该判决不服的，可以上诉。
2. 法院认为异议不成立的，裁定驳回异议。此时案外人李有福可以在收到裁定后的 15 天内提起执行异议之诉（案外人异议之诉），以申请人赵文、赵武为被告，被执行人赵军反对的列为共同被告，不反对的列为无独三。法院适用一审普通程序审理，认为诉讼请求成立的，判决不准许对该紫砂壶的执行，认为诉讼请求不成立的，判决驳回（要点 6）。对该判决不服的，可以上诉</td></tr>
<tr><td>点评</td><td>第一问关于李有福的救济方式，需要同学们准确分析出李有福的救济方式为案外人对执行标的的异议。
第二问题目提示考生可以就李有福采取的方式可能出现的后果作出假设，案外人对执行标的的异议，不外乎是法院裁定中止执行或者驳回异议两种后果，显然，题目希望考生对执行异议之诉（包括许可执行之诉和案外人异议之诉）进行具体阐述，同学们在作答时应当注意完整阐述</td></tr>
<tr><td colspan="2">问题三：根据案情，张益友如果要对那个元代青花瓷盘所涉及的权益主张权利，在民事诉讼制度的框架下，其可以采取什么方式？采取该方式时，应当符合什么条件？</td></tr>
</table>

续表

怎么答	张益友可以提出第三人撤销之诉（要点7）；张益友提出第三人撤销之诉应当符合的条件是：1. 张益友作为原告，赵文、赵武、赵军作为被告；2. 向作出调解书的法院即甲县法院提出诉讼；3. 应当自知道或者应当知道权利受损之日起的6个月内提出（要点8）
点评	第一问关于张益友的救济方式，需要同学们准确分析出张益友的救济方式为第三人撤销之诉。 第二问关于第三人撤销之诉的条件也是同学们比较熟悉的问题，只要同学们能够结合案例对第一问进行准确判断，第二问的回答应该不能存在障碍
问题四：根据案情，钱进军如果要对赵军主张5万元债权，在民事诉讼制度的框架下，其可以采取什么方式？为什么？	
怎么答	钱进军可以申请参与分配（要点9）。因为本案符合申请参与分配的条件。按照《民事诉讼法》的规定，参与分配的条件包括：第一，被执行人的财产无法清偿所有债权；第二，被执行人为自然人或其他组织，而非法人；第三，有多个申请人对同一被申请人享有债权；第四，申请人必须取得生效的执行根据；第五，参与分配的债权只限于金钱债权；第六，参与分配必须发生在执行程序开始后，被执行人的财产清偿完毕之前（要点10）
点评	本题考查参与分配的适用情形与程序，相对比较简单

[综合点评] 本题总共四问，第一问和第四问是没有难度的。难度在于第二问和第三问对于案外人救济方式的考查，需要同学们有清晰的分析思路，这一点也是我们反复给大家训练的。

首先，确定案外人对什么东西主张权利？判决书（包括调解书、裁定书）判什么？执行的是什么？

其次，判决书侵犯案外人权利了吗？

——判决书侵犯案外人权利的，提第三人撤销之诉；

——判决书没有侵犯案外人权利的，不能提第三人撤销之诉。（判决都没有侵犯你的权利，你去撤销人家干嘛！）

再次，执行侵犯案外人权利了吗？

——执行侵犯案外人权利的，提案外人对执行标的的异议；

——执行没有侵犯案外人权利的，不能提案外人对执行标的的异议。（执行都没有侵犯你的权利，你去异议啥?!）

三、(2013年卷四第七题)

[案情] 孙某与钱某合伙经营一家五金店，后因经营理念不合，孙某唆使赵龙、赵虎兄弟寻衅将钱某打伤，钱某花费医疗费2万元，营养费3000元，交通费2000元。钱某委托李律师向甲县法院起诉赵家兄弟，要求其赔偿经济损失2.5万元，精神损失5000元，并提供了医院诊断书、处方、出租车票、发票、目击者周某的书面证言等证据。甲县法院适用简易程序审理本案。二被告没有提供证据，庭审中承认将钱某打伤，但对赔偿金额提出异议。甲县法院最终支持了钱某的所有主张。

二被告不服，向乙市中院提起上诉，并向该法院承认，二人是受孙某唆使。钱某要求追加孙某为共同被告，赔偿损失，并要求退伙析产。乙市中院经过审查，认定孙某是必须参加诉讼的当事人，遂通知孙某参加调解。后各方达成调解协议，钱某放弃精神损害赔偿，孙某即时向钱某支付赔偿金1.5万元，赵家兄弟在7日内向钱某支付赔偿金1万元，孙某和钱某同意继续合伙经营。乙市中院制作调解书送达各方后结案。

[问题]

1. 请结合本案，简要概括钱某的起诉状或法院的一审判决书的结构和内容。（起诉状或一审判决书择一作答；二者均答时，评判排列在先者）

2. 如果乙市中院调解无效，应当如何处理？

3. 如果甲县法院重审本案，应当在程序上注意哪些特殊事项？

4. 近年来，随着社会转型的深入，社会管理领域面临许多挑战，通过人民调解、行政调解、司法调解和民事诉讼等多种渠道化解社会矛盾纠纷成为社会治理的必然选择；同时，司法改革以满足人民群众的司法需求为根本出发点，让有理有据的人打得赢官司，让公平正义通过司法渠道得到彰显。请结合本案和社会发展情况，试述调解和审判在转型时期的关系。

答题要求：

1. 根据法律、司法解释规定及民事诉讼法理论知识作答；

2. 观点明确，逻辑清晰，说理充分，文字通畅；

3. 请按提问顺序逐一作答，总字数不得少于600字。

第一步：精读案例，分析考点

读案例	析考点
孙某与钱某合伙经营一家五金店，后因经营理念不合，孙某唆使赵龙、赵虎兄弟寻衅将钱某打伤，钱某花费医疗费2万元，营养费3000元，交通费2000元。钱某委托李律师向甲县法院起诉赵家兄弟①，要求其赔偿经济损失2.5万元，精神损失5000元②，并提供了医院诊断书、处方、出租车票、发票、目击者周某的书面证言等证据③。甲县法院适用简易程序审理本案。二被告没有提供证据，庭审中承认将钱某打伤，但对赔偿金额提出异议。甲县法院最终支持了钱某的所有主张。二被告不服，向乙市中院提起上诉，并向该法院承认，二人是受孙某唆使。钱某要求追加孙某为共同被告④，赔偿损失，并要求退伙析产⑤。乙市中院经过审查，认定孙某是必须参加诉讼的当事人，遂通知孙某参加调解。后各方达成调解协议，钱某放弃精神损害赔偿，孙某即时向钱某支付赔偿金1.5万元，赵家兄弟在7日内向钱某支付赔偿金1万元，孙某和钱某同意继续合伙经营。乙市中院制作调解书送达各方后结案	①本案是孙某唆使赵龙、赵虎侵权，按理说应当将孙某、赵龙、赵虎列为共同被告，而钱某仅仅起诉了赵龙、赵虎，显然，此处案例埋了一个伏笔——一审遗漏了当事人孙某。涉及的考点是一审遗漏当事人的，二审法院可以组织当事人调解，调解不成，撤销原判，发回重审。 ②原告的诉讼请求有二：经济损失2.5万元，精神损失5000元。注意：原告的诉讼请求往往是重要解题信息：如果一审判决超出原告诉讼请求，涉及违反处分原则这一考点；如果一审判决遗漏原告诉讼请求，涉及二审法院调解不成，发回重审这一考点；如果二审增加诉讼请求，涉及二审法院调解不成告知另行起诉这一考点。 ③题目列举证据，可能会涉及证据的种类和分类的判断问题

续表

读案例	析考点
	④孙某是一审遗漏的当事人，一审遗漏必须参加诉讼当事人的，二审法院可以组织当事人调解，调解不成，撤销原判，发回重审。重审时追加孙某为共同被告。 ⑤退伙析产是一审中没有提到的诉讼请求，故涉及二审中新增独立的诉讼请求，二审法院可以组织当事人调解，调解不成，告知另行起诉

第二步：结合题目，锁定要点

问题一：请结合本案，简要概括钱某的起诉状或法院的一审判决书的结构和内容。(起诉状或一审判决书择一作答；二者均答时，评判排列在先者)

Step 1：考什么？

题目很明确，考查起诉书或者判决书的结构和内容。本题借助案例提供的案情，考查起诉书或者判决书的结构和内容。注意，题目要求简要概括，并不需要完整地写一份起诉书或者判决书。

Step 2：答什么？

结合案情整理起诉书或者判决书的结构和内容。具体内容见后。

问题二：如果乙市中院调解无效，应当如何处理？

Step 1：考什么？

如果中院调解无效，应当如何处理？显然考查我们在案例中已经分析到的对于一审遗漏当事人孙某以及二审中新增退伙析产的诉讼请求，涉及二审法院调解不成，发回重审或者告知另诉的问题。(定位考点④⑤)

Step 2：答什么？

本题考查一审中遗漏当事人以及二审中原告新增独立诉讼请求的处理。答案要点中应当包含如下内容：

(1) 对于一审中遗漏当事人孙某，二审法院调解不成，应当撤销原判，发回重审。

(2) 对于二审新增退伙析产的诉讼请求，二审法院调解不成，应当告知另行起诉，但当事人同意由二审法院一并审理并作出判决的除外。

问题三：如果甲县法院重审本案，应当在程序上注意哪些特殊事项？

Step 1：问什么？

本题问及甲县法院重审本案应当在程序上注意哪些特殊问题，显然需要同学们注意两个方面，一是发回重审中的考点，诸如一审法院应当另行组成合议庭、适用一审程序重新审理，所做判决为一审判决等；二是在重新审理过程中应当将原程序中的错误加以纠正，如一审遗漏当事人孙某。

Step 2：答什么？

本题答案中应当包含如下要点：

(1) 甲县法院应当另行组成合议庭，适用一审程序重新审理本案。

(2) 重新审理时应当追加孙某为共同被告。

问题四：近年来，随着社会转型的深入，社会管理领域面临许多挑战，通过人民调解、行政调解、司法调解和民事诉讼等多种渠道化解社会矛盾纠纷成为社会治理的必然选择；同时，司法改革以满足人民群众的司法需求为根本出发点，让有理有据的人打得赢官司，让公平正义通过司法渠道得到彰显。请结合本案和社会发展情况，试述调解和审判在转型时期的关系。

Step 1：考什么？

本题为论述，显然没有标准答案，逻辑清晰，言之成理即可。但是从题目中希望同学们能够抓住主要问题，不要偏题。题目中提到：调解——成为社会治理的必然选择；司法——让公平正义得到彰显；显然，调解和诉讼都是化解社会矛盾、实现社会管理的重要制度，二者各有千秋，又能相得益彰。所以同学们的作答应当包含：1. 调解的基本特征、优势；2. 诉讼的基本特征、优势；3. 正确处理调解和诉讼的关系，取长补短，相得益彰。

Step 2：答什么？

虽然是论述题，没有标准答案，逻辑清晰，言之成理即可。建议同学们的论述中包含如下方面：

（1）调解的基本特征，优势。

（2）诉讼的基本特征，优势。

（3）如何正确的处理调解和诉讼的关系，既能充分发挥二者的优势，又能取长补短，实现二者的相得益彰。

（4）构建中国特色的纠纷解决方式，推进国家治理体系和治理能力现代化。

第三步：结合要点，组织答案

<table>
<tr><td colspan="2">问题一：请结合本案，简要概括钱某的起诉状或法院的一审判决书的结构和内容（起诉状或一审判决书择一作答；二者均答时，评判排列在先者）</td></tr>
<tr><td>怎么答</td><td>详见下文（起诉状和判决书范文）</td></tr>
<tr><td colspan="2">问题二：如果乙市中院调解无效，应当如何处理？</td></tr>
<tr><td>怎么答</td><td>调解不成，则应当撤销原判，将钱某要求孙某赔偿的诉讼请求，发回一审法院重审（要点1）；对于钱某退伙析产的诉讼请求应该告知原告另行起诉，或者征求当事人同意后一并审理（要点2）</td></tr>
<tr><td colspan="2">问题三：如果甲县法院重审本案，应当在程序上注意哪些特殊事项？</td></tr>
<tr><td>怎么答</td><td>1. 甲县法院应当适用一审普通程序（不得适用简易程序）（要点3）另行组成合议庭（要点4）重新审理。
2. 甲县法院应当追加孙某作为共同被告参加诉讼，并为其指定举证期限（要点5）</td></tr>
<tr><td colspan="2">问题四：近年来，随着社会转型的深入，社会管理领域面临许多挑战，通过人民调解、行政调解、司法调解和民事诉讼等多种渠道化解社会矛盾纠纷成为社会治理的必然选择；同时，司法改革以满足人民群众的司法需求为根本出发点，让有理有据的人打得赢官司，让公平正义通过司法渠道得到彰显。请结合本案和社会发展情况，试述调解和审判在转型时期的关系</td></tr>
<tr><td>怎么答</td><td>略</td></tr>
</table>

起诉状和判决书范文：

(1)① 起诉状。

民事起诉状

原告：钱某，男，×岁，汉族，××××年××月××日生，居民身份证号码××××××××××，住×××市××区××街道××号。

委托代理人：李某，××律师事务所律师。

被告：赵龙，男，×岁，汉族，××××年××月××日生，居民身份证号码××××××××××，住×××市××区××街道××号。

被告：赵虎，男，×岁，汉族，××××年××月××日生，居民身份证号码××××××××××，住×××市××区××街道××号。

诉讼请求

1. 请求判令二被告共同向原告赔偿经济损失2.5万元，精神损失5000元；
2. 请求判令二被告承担本案诉讼费用。

事实和理由

二被告于××××年××月××日在××处寻衅，并将原告打伤，原告为治疗花费2万元，营养费3000元，并花费交通费2000元，同时由于受伤给原告的生活、精神等方面带来极大影响，故依法向人民法院提起诉讼，请求人民法院支持原告全部诉讼请求。

证据和证据来源，证人姓名、住所

1. 书证：医院诊断书、处方、发票，由××医院出具；出租车票，由××出租车公司出具；
2. 证人周某的书面证言。

此致

甲县人民法院

起诉人：钱某

××××年××月××日

(2) 判决书。

甲县人民法院

民事判决书

(2013) ××××民初×××号

原告：钱某，男，××××年××月××日生，住××××××××。

委托代理人：李某，××××律师事务所律师。

被告：赵龙，男，××××年××月××日生，住××××××××。

被告：赵虎，男，××××年××月××日生，住××××××××。

原告钱某与被告赵龙、赵虎人身损害赔偿纠纷一案（案由），本院于××年×月×日立案受理后，依法适用简易程序，由审判员张三担任独任审判员，公开开庭审理了本案。原告、被告均到庭参加诉讼，本案现已审理终结。

① 本题仅要求作答其一，笔者从解析考点、帮助考生掌握知识点的角度出发对起诉状和判决书内容都做解析。

原告诉称二被告于××××年××月××日在××处寻衅，并将原告打伤，原告为治疗花费2万元，营养费3000元，并花费交通费2000元，同时由于二被告的侵权行为给原告的生活、精神等方面带来极大影响，请求人民法院判令被告支付医疗费、营养费、交通费共计2.5万元，并支付精神抚慰金5000元。

二被告当庭承认对原告实施了侵权行为，但对原告主张的赔偿数额提出异议。

经审理查明，二被告于××××年××月××日在××处寻衅，并将原告打伤。以上事实，二被告当庭表示承认，本院依法予以采信。原告为治疗花费2万元，营养费3000元，并花费交通费2000元，同时二被告的侵权行为给原告的生活、精神等方面带来极大影响。以上事实，有医院诊断书、处方、发票、出租车票、证人周某的书面证言予以证实，本院依法予以采信。

本院认为，二被告寻衅并殴打原告，侵害原告的人身权利，依法应当承担侵权损害赔偿责任。依据《中华人民共和国民法典》第××条，判决如下：

二被告赵龙、赵虎于本判决生效后十日内向原告张三支付医疗费、误工费、残疾赔偿金共×××元。

如果未按照本判决指定的履行支付金钱义务，应当根据《民事诉讼法》第二百五十三条之规定加倍支付迟延履行期间债务利息。

案件受理费×××元，由被告赵龙承担××元、被告赵虎承担××元。

如不服本判决，可以自收到本判决之次日起十五日内通过本院或者直接向××市中级人民法院上诉。书面上诉，应当提交上诉状正本一份，副本二份。

审判员　张三

（注意：题目已经明确适用简易程序审理，故由审判员独任审理，有些考生直接套用判决书格式，画蛇添足，列出了三名审判人员，是不细心所致的错误。）

（甲县人民法院印章）

××××年××月××日

本件与原件核对无异

书记员　李四

四、（2012年卷四第五题）

［案情］居住在甲市A区的王某驾车以60公里时速在甲市B区行驶，突遇居住在甲市C区的刘某骑自行车横穿马路，王某紧急刹车，刘某在车前倒地受伤。刘某被送往甲市B区医院治疗，疗效一般，留有一定后遗症。之后，双方就王某开车是否撞倒刘某，以及相关赔偿事宜发生争执，无法达成协议。

刘某诉至法院，主张自己被王某开车撞伤，要求赔偿。刘某提交的证据包括：甲市B区交警大队的交通事故处理认定书（该认定书没有对刘某倒地受伤是否为王某开车所致作出认定）、医院的诊断书（复印件）、处方（复印件）、药费和住院费的发票等。王某提交了自己在事故现场用数码摄像机拍摄的车与刘某倒地后状态的视频资料。图像显示，刘某倒地位置与王某车距离1米左右。王某以该证据证明其车没有撞倒刘某。

一审中，双方争执焦点为：刘某倒地受伤是否为王某驾车撞倒所致；刘某所留后遗症是否因医疗措施不当所致。

法院审理后，无法确定王某的车是否撞倒刘某。一审法院认为，王某的车是否撞倒刘某无法确定，但即使王某的车没有撞倒刘某，由于王某车型较大、车速较快、刹车突然、刹车声音刺耳等原因，足以使刘某受到惊吓而从自行车上摔倒受伤。因此，王某应当对刘某受伤承担相应责任。同时，刘某因违反交通规则，对其受伤也应当承担相应责任。据此，法院判决：王某对刘某的经济损失承担50%的赔偿责任。关于刘某受伤后留下后遗症问题，一审法院没有作出说明。

王某不服一审判决，提起上诉。二审法院审理后认为，综合各种证据，认定王某的车撞倒刘某，致其受伤。同时，二审法院认为，一审法院关于双方当事人就事故的经济责任分担符合法律原则和规定。故此，二审法院驳回王某上诉，维持原判。

[问题]

1. 对刘某提起的损害赔偿诉讼，哪个（些）法院有管辖权？为什么？

2. 本案所列当事人提供的证据，属于法律规定中的哪种证据？属于理论上的哪类证据？

3. 根据民事诉讼法学（包括证据法学）相关原理，一审法院判决是否存在问题？为什么？

4. 根据《民事诉讼法》有关规定，二审法院判决是否存在问题？为什么？

第一步：精读案例，分析考点

读案例	析考点
居住在甲市A区的王某驾车以60公里时速在甲市B区行驶，突遇居住在甲市C区的刘某骑自行车横穿马路，王某紧急刹车，刘某在车前倒地受伤。①刘某被送往甲市B区医院治疗，疗效一般，留有一定后遗症。之后，双方就王某开车是否撞倒刘某，以及相关赔偿事宜发生争执，无法达成协议。 刘某诉至法院，主张自己被王某开车撞伤②，要求赔偿。刘某提交的证据包括：甲市B区交警大队的交通事故处理认定书（该认定书没有对刘某倒地受伤是否为王某开车所致作出认定）、医院的诊断书（复印件）、处方（复印件）、药费和住院费的发票等。王某提交了自己在事故现场用数码摄像机拍摄的车与刘某倒地后状态的视频资料。图像显示，刘某倒地位置与王某车距离1米左右。王某以该证据证明其车没有撞倒刘某。③ 一审中，双方争执焦点为：刘某倒地受伤是否为王某驾车撞倒所致；刘某所留后遗症是否因医疗措施不当所致④	①侵权纠纷的管辖权，本案应当由被告住所地（A区）或者侵权行为地（B区）法院管辖。 ②原告主张的事实是王某开车将自己撞伤。 ③当事人提供的证据，涉及证据种类和分类的判断： 1. 事故认定书——书证、原始证据、间接证据、本证。 2. 诊断书、处方的复印件——书证、传来证据、间接证据、本证。 3. 药费、住院费发票——书证、原始证据、间接证据、本证。 4. 视频资料——电子数据、原始证据、间接证据、反证。 ④两个争议焦点：当事人应当围绕争议焦点举证、质证，法院应当对争议焦点作出判断。 ⑤事实不清，真伪不明时怎么办？——应当适用证明责任，由承担证明责任的刘某承担不利后果，即推定刘某主张的侵权事实不成立，判决刘某败诉。 ⑥首先，法院并没有按照考点⑤所分析的结论判决刘某败诉，显然法院的判决违反了证明责任适用规则；其次，法院判决认定的事实是王某吓倒了刘某，而当事人争议的事实是王某是否撞倒刘某，显然法院将当事人尚未主张的“吓倒”这一事实作为了裁判依据，超出当事人的事实主张，违反辩论原则

续表

读案例	析考点
法院审理后，无法确定王某的车是否撞倒刘某⑤。一审法院认为，王某的车是否撞倒刘某无法确定，但即使王某的车没有撞倒刘某，由于王某车型较大、车速较快、刹车突然、刹车声音刺耳等原因，足以使刘某受到惊吓而从自行车上摔倒受伤。因此，王某应当对刘某受伤承担相应责任。同时，刘某因违反交通规则，对其受伤也应当承担相应责任。据此，法院判决：王某对刘某的经济损失承担50%的赔偿责任。⑥关于刘某受伤后留下后遗症问题，一审法院没有作出说明⑦。 王某不服一审判决，提起上诉。二审法院审理后认为，综合各种证据，认定王某的车撞倒刘某，致其受伤⑧。同时，二审法院认为，一审法院关于双方当事人就事故的经济责任分担符合法律原则和规定。故此，二审法院驳回王某上诉，维持原判⑨	⑦法院应当对当事人争议的事实予以明确，故法院未对刘某受伤留下后遗症这一争议焦点作出说明，遗漏当事人争议焦点。 ⑧二审法院认为综合本案证据足以认定刘某撞倒王某，显然二审法院认定事实与一审法院认定事实不一样，属于一审法院认定事实错误，故二审法院应当依法改判。 ⑨一审法院认定事实错误时，二审法院依然维持原判的做法错误

第二步：结合题目，锁定要点

问题一：对刘某提起的损害赔偿诉讼，哪个（些）法院有管辖权？为什么？

Step 1：考什么？

题目问本案由哪个（些）法院管辖及其依据，直接定位考点①。

Step 2：答什么？

题目问及管辖法院和理由，显然答案中应当包含如下内容：

结论：本案由A区或者B区法院管辖。

理由：侵权纠纷由侵权行为或者被告住所地法院管辖。

问题二：本案所列当事人提供的证据，属于法律规定中的哪种证据？属于理论上的哪类证据？

Step 1：考什么？

本题考查证据的种类与分类问题。(定位考点③)

Step 2：答什么？

本题对于证据种类和分类的判断比较简单，唯一值得注意的是需要将题目所列举的证据逐一进行种类和分类的判断，注意答题逻辑和顺序要清晰，避免遗漏。考生可以按照题目中给出的证据顺序逐一判断、回答，参考如下顺序：

（1）事故认定书——书证、原始证据、间接证据、本证。

（2）诊断书、处方的复印件——书证、传来证据、间接证据、本证。

（3）药费、住院费发票——书证、原始证据、间接证据、本证。

（4）视频资料——电子数据、原始证据、间接证据、反证。

问题三：根据民事诉讼法学（包括证据法学）相关原理，一审法院判决是否存在问题？为什么？

Step 1：问什么？

本题问一审判决是否存在问题，这种题目要答对不难，难的是要答全，不要遗漏。必须在读案例的时候结合考点认真分析，逐一梳理出案例中存在的错误。（定位考点⑥⑦）。

Step 2：答什么？

本题答案中应当包含如下要点：

（1）法院在事实不清，证据不足时未适用证明责任作出判决，违反证明责任适用规则。

（2）法院将当事人没有主张的“吓倒”这一事实作为裁判依据，超出当事人的事实主张，违反辩论原则。

（3）法院未对后遗症这一争议焦点作出说明，遗漏当事人争议焦点。

问题四：根据《民事诉讼法》有关规定，二审法院判决是否存在问题？为什么？

Step 1：考什么？

跟上题一样，问及二审法院存在什么错误，在精读案例过程中可以分析出相关考点。题干中给出二审法院认定的事实与一审法院认定的事实不一致，考点在于二审法院认为一审判决认定事实错误，二审法院应当依法改判，故二审法院驳回上诉，维持原判错误。（定位考点⑧⑨）

Step 2：答什么？

答案中应当体现出二审法院认为一审判决认定事实错误的应当依法改判、撤销这一要点。

第三步：结合要点，组织答案

<table>
<tr><td colspan="2">问题一：对刘某提起的损害赔偿诉讼，哪个（些）法院有管辖权？为什么？</td></tr>
<tr><td>怎么答</td><td>本案应由甲市B区或者A区法院管辖（要点1）。
因为本案为侵权纠纷，由被告住所地或者侵权行为地法院管辖（要点2），B区为侵权行为地，A区为被告住所地</td></tr>
<tr><td>点评</td><td>本题由A区或者B区法院管辖属于简单问题。“为什么？”这一问同学们将得出这一结论所适用的法律依据（大前提）答出即可</td></tr>
<tr><td colspan="2">问题二：本案所列当事人提供的证据，属于法律规定中的哪种证据？属于理论上的哪类证据？</td></tr>
<tr><td>怎么答</td><td>1. 事故认定书——书证、原始证据、间接证据、本证（要点3）。
2. 诊断书、处方的复印件——书证、传来证据、间接证据、本证（要点4）。
3. 药费、住院费发票——书证、原始证据、间接证据、本证（要点5）。
4. 视频资料——电子数据、原始证据、间接证据、反证（要点6）</td></tr>
<tr><td>点评</td><td>这一问比较简单，唯一值得注意的是必须将题目给出的所有证据逐一检索、判断，不要遗漏</td></tr>
<tr><td colspan="2">问题三：根据民事诉讼法学（包括证据法学）相关原理，一审法院判决是否存在问题？为什么？</td></tr>
<tr><td>怎么答</td><td>1. 一审法院违反辩论原则（要点7），因为辩论原则要求只有当事人主张的事实才能作为法院裁判的依据（要点8），法院以当事人并未主张的王某吓倒刘某的事实作为裁判的依据，违反了辩论原则</td></tr>
</table>

续表

怎么答	2. 在王某是否撞倒刘某这一事实处于真伪不明的状态下，法院没有适用证明责任的分配作出判决，该做法错误（要点9）。因为当案件事实处于真伪不明的状态时，法院应当适用证明责任（要点10），作出对承担证明责任一方当事人不利的推定，即推定王某并未撞倒刘某，侵权行为不存在。 3. 法院未对第二个争议焦点作出说明的做法是错误的（要点11）。法院应当就双方当事人所有的争议焦点作出说明，而法院遗漏该焦点的做法错误（要点12）
问题四：根据《民事诉讼法》有关规定，二审法院判决是否存在问题？为什么？	
怎么答	二审法院驳回上诉，维持原判的做法错误（要点13），因为二审法院认定的事实与一审法院认定的事实不同，二审法院应当依法改判，而不是驳回上诉，维持原判（要点14）

[综合点评] 本题的第一问和第二问属于简单问题。第三和第四问本身难度不大，但考生要想准确且全面地回答确实不易。同学们一定要按照老师强调的“带着考点读案例”的方法，逐一思考案例信息中涉及的考点：如读到“法院审理后，无法确定王某的车是否撞倒刘某”，应当马上想到事实不清，真伪不明时应当适用证明责任，判决刘某败诉。进而在读到法院的一审判决内容时方能准确判断一审法院的判决存在错误。如读到“二审法院认为根据现有证据足以认定王某撞倒刘某”时，应当马上想到此时二审法院认定事实与一审法院认定事实不一致，二审法院应当依法改判。进而在读到二审法院驳回上诉，维持原判时方能准确判断出二审的判断存在错误。否则当同学们囫囵吞枣地读完案例，做到题目问及一审、二审法院存在何种错误时方才知道“啊，原来案例里法院的做法是错误的?!”，此时倒回去分析案例中存在的错误，难免东一榔头西一棒子，难以准确而全面地梳理出法院的错误做法。

五、(2011 年卷四第五题)

[案情] 甲公司职工黎某因公司拖欠其工资，多次与公司法定代表人王某发生争吵，王某一怒之下打了黎某耳光。为报复王某，黎某找到江甲的儿子江乙（17 周岁），唆使江乙将王某办公室的电脑、投影仪等设备砸坏，承诺事成之后给其一台数码相机作为报酬。事后，甲公司对王某办公室损坏的设备进行了清点登记和拍照，并委托、授权律师尚某全权处理本案。尚某找到江乙了解案情，江乙承认受黎某指使。甲公司起诉要求黎某赔偿损失，并要求黎某向王某赔礼道歉。诉讼中，黎某要求法院判决甲公司支付其劳动报酬。审理时，法院通知江乙参加诉讼。经审理，法院判决侵权人赔偿损失，但对甲公司要求黎某向王某赔礼道歉的请求、黎某要求甲公司支付劳动报酬的请求均未作处理。

[问题]

1. 王某、江甲、江乙是否为本案当事人？各是什么诉讼地位？为什么？

2. 原告甲公司向法院提交了公司制作的王某办公室损坏设备登记表、对损坏设备拍摄的照片、律师尚某调查江乙的录音资料。上述材料能否作为本案证据？如果能，分别属于法律规定的何种证据？

3. 甲公司向法院提交的委托律师尚某代理诉讼的授权委托书上仅写明“全权代理”字样，尚某根据此授权可以行使哪些诉讼权利？为什么？

4. 一审法院对甲公司要求黎某向王某赔礼道歉的诉讼请求、黎某要求甲公司支付劳动报酬的诉讼请求依法应当如何处理？为什么？

5. 根据现行法律规定，黎某解决甲公司拖欠工资问题的途径有哪些？

第一步：精读案例，分析考点

读案例	析考点
甲公司职工黎某因公司拖欠其工资，多次与公司法定代表人王某发生争吵，王某一怒之下打了黎某耳光。为报复王某，黎某找到江甲的儿子江乙（17岁），唆使江乙将王某办公室的电脑、投影仪等设备砸坏，承诺事成之后给其一台数码相机为报酬。①事后，甲公司对王某办公室损坏的设备进行了清点登记和拍照，并委托、授权律师尚某全权处理本案②。尚某找到江乙了解案情，江乙承认受黎某指使。甲公司起诉要求黎某赔偿损失，并要求黎某向王某赔礼道歉③。诉讼中，黎某要求法院判决甲公司支付其劳动报酬④。审理时，法院通知江乙参加诉讼。经审理，法院判决侵权人赔偿损失，但对甲公司要求黎某向王某赔礼道歉的请求、黎某要求甲公司支付劳动报酬的请求均未作处理⑤	①侵权纠纷当事人问题：甲公司是原告，黎某、江甲、江乙是共同被告。涉及考点是无、限制民事行为能力人致人损害，无、限制民事行为能力人和监护人为共同被告。 ②“全权处理”涉及考点是委托授权书中无具体授权内容，仅有全权代理等字样的，视为一般授权。 ③甲公司提出两个诉讼请求：一是要求黎某赔偿损失，二是要求黎某向王某赔礼道歉。黎某是否向王某赔礼道歉与甲公司无关，甲公司不是适格原告，不符合起诉条件，法院应当裁定不予受理或者驳回起诉。 ④黎某要求甲公司支付劳动报酬——劳动纠纷仲裁前置，未经劳动仲裁直接起诉不属于法院主管，法院应当裁定不予受理或者驳回起诉。 ⑤法院对甲公司要求黎某赔礼道歉，黎某要求甲公司支付劳动报酬未作处理，显然涉及读案例部分的考点④⑤

第二步：结合题目，锁定要点

问题一：王某、江甲、江乙是否为本案当事人？各是什么诉讼地位？为什么？

Step 1：考什么？

题目问题很明确，王某、江甲、江乙是否为本案当事人，其诉讼地位是什么？根据前述分析，本案应当以甲公司为原告，黎某、江甲、江乙为被告，结合题目，考点在于王某是原告甲公司的法定代表人，故不是当事人。江甲、江乙是共同被告，考点在于无、限制民事行为能力人致人损害的，本人和监护人作为共同被告。（定位考点①）

Step 2：答什么？

答案中应当明确：

（1）王某不是当事人，是原告甲公司的法定代表人。

（2）江甲和江乙是当事人，是本案共同被告。

（3）甲公司是本案的侵权法律关系的受害人，是适格原告，王某是甲公司的法定代表人；

（4）无、限制民事行为能力人致人损害，无、限制民事行为能力人和监护人为共同被告。

问题二：原告甲公司向法院提交了公司制作的王某办公室损坏设备登记表、对损坏设备拍摄的照片、律师尚某调查江乙的录音资料。上述材料能否作为本案证据？如果能，分别属于法律规定的何种证据？

Step 1：考什么？

本题设问很直接，需要考生判断损害设备登记表、损害设备照片、录音资料是否是本案证据？属于何种证据？

首先，损坏的设备是本案的物证。那么与之相关的设备登记表只是证据的清单，其本身不是证据；对该物证拍摄的照片，值得注意的是证据的种类判断应当以证据的原始状态为准，传来形式的不同不影响证据种类的判断，故该损害设备照片属于物证，是物证的传来形式。

其次，录音资料是视听资料。（本题是2011年的题目，在当年的《民事诉讼法》中还没有“电子数据”这一证据种类，故直接将录音资料判断为视听资料。根据现行《民事诉讼法》，如果题目说明是“录音带”则判断为视听资料，题目说明是“数码录音笔”等则判断为电子数据）

Step 2：答什么？

本题不要求说明理由，直接对每一个问题作出明确回答即可：

损坏设备登记表不是本案的证据；损坏设备照片是本案的证据，是物证；录音资料是本案的证据，是视听资料。

问题三：甲公司向法院提交的委托律师尚某代理诉讼的授权委托书上仅写明“全权代理”字样，尚某根据此授权可以行使哪些诉讼权利？为什么？

Step 1：问什么？

本题设问很直接，直接定位考点②。

Step 2：答什么？

第一问直接答出一般授权的委托代理人可以代为行使的诉讼权利即可。第二问需要回答出根据委托授权书中仅有“全权代理”字样，而无具体授权内容的，视为一般授权的规定。

问题四：一审法院对甲公司要求黎某向王某赔礼道歉的诉讼请求、黎某要求甲公司支付劳动报酬的诉讼请求依法应当如何处理？为什么？

Step 1：考什么？

逐一分析两个诉讼请求

（1）黎某是否向王某赔礼道歉这一诉讼请求与甲公司无关，甲公司不是适格原告，不符合起诉条件。

（2）黎某要求甲公司支付劳动报酬属于劳动纠纷，未经劳动仲裁直接起诉的，不属于法院主管，不符合起诉条件。

综上，本题考点在于起诉条件。（定位考点③④）

Step 2：答什么？

首先明确给出对于两项诉讼请求法院应当不予受理或者驳回起诉。关于理由可以结合起诉条件予以分析。

（1）起诉条件：原告适格、被告明确、诉讼请求具体、属于法院主管和受诉法院管辖。

（2）甲公司要求黎某向王某赔礼道歉，甲公司不是适格原告，不符合起诉条件。

（3）黎某要求甲公司支付劳动报酬，属于劳动纠纷，未经劳动仲裁直接起诉的，不属于法院主管，不符合起诉条件。

问题五：根据现行法律规定，黎某解决甲公司拖欠工资问题的途径有哪些？

Step 1：问什么？

本题问题很直接，甚至不需要案例即可直接作答。

Step 2：答什么？

劳动纠纷的解决途径包括和解、调解、劳动仲裁、对仲裁裁决不服的可以提起诉讼。

第三步：结合要点，组织答案

<table>
<tr><td colspan="2">问题一：王某、江甲、江乙是否为本案当事人？各是什么诉讼地位？为什么？</td></tr>
<tr><td>怎么答</td><td>王某不是本案当事人，江甲和江乙是本案当事人（要点 1）。
王某是原告甲公司的法定代表人（要点 2），江甲和江乙是本案被告（要点 3）。
理由：根据《民诉解释》的规定，无、限制民事行为能力人致人损害的，以其监护人为共同被告（要点 4），故江甲和江乙是本案共同被告。王某不是侵权法律关系当事人，不是本案当事人，但作为本案原告甲公司的法定代表人，代表甲公司参加诉讼（要点 5）</td></tr>
<tr><td colspan="2">问题二：原告甲公司向法院提交了公司制作的王某办公室损坏设备登记表、对损坏设备拍摄的照片、律师尚某调查江乙的录音资料。上述材料能否作为本案证据？如果能，分别属于法律规定的何种证据？</td></tr>
<tr><td>怎么答</td><td>损坏设备登记表不能作为本案证据（要点 6）；照片可以作为本案证据，属于物证（要点 7）；录音资料可以作为本案证据，属于视听资料（要点 8）</td></tr>
<tr><td>点评</td><td>本题难度体现在损坏设备登记表和损毁设备照片的判断。需要大家判断出来损坏的设备是物证。
首先，损坏设备登记表本身并不能证明案件事实，只是损坏设备这一证据的清单而已，证据清单不是证据；
其次，证据种类的判断应当以证据的原始形态为准进行判断，证据的传来形式不影响证据种类的判断。故损坏的设备是物证，设备照片同样是物证，是物证的传来形式而已</td></tr>
<tr><td colspan="2">问题三：甲公司向法院提交的委托律师尚某代理诉讼的授权委托书上仅写明“全权代理”字样，尚某根据此授权可以行使哪些诉讼权利？为什么？</td></tr>
<tr><td>怎么答</td><td>尚某为一般授权委托代理人，可以行使除和解，调解，承认、放弃、变更诉讼请求，上诉，反诉外的其他诉讼权利（要点 9）。
根据司法解释，在委托授权书中仅写明“全权代理”并无具体授权的，视为一般授权（要点 10）</td></tr>
<tr><td colspan="2">问题四：一审法院对甲公司要求黎某向王某赔礼道歉的诉讼请求、黎某要求甲公司支付劳动报酬的诉讼请求依法应当如何处理？为什么？</td></tr>
<tr><td>怎么答</td><td>法院应当依法裁定驳回甲公司起诉（要点 11），因为甲公司不是本案适格原告，不符合起诉条件（要点 12）；
法院应当依法裁定驳回黎某起诉（要点 13），因为劳动纠纷未经劳动仲裁，不属于法院主管，不符合起诉条件（要点 14）</td></tr>
</table>

续表

问题五：根据现行法律规定，黎某解决甲公司拖欠工资问题的途径有哪些？	
怎么答	黎某可以与公司进行和解（要点 15）。 可以在人民调解委员会组织下进行调解（要点 16）。 可以向劳动争议仲裁委员会申请仲裁（要点 17）。 对劳动仲裁裁决不服的，可以向法院起诉（要点 18）

六、（2010 年卷四第五题）

［案情］甲省 A 县大力公司与乙省 B 县铁成公司，在丙省 C 县签订煤炭买卖合同，由大力公司向铁成公司出售 3000 吨煤炭，交货地点为 C 县。双方约定，因合同所生纠纷，由 A 县法院或 C 县法院管辖。

合同履行中，为便于装船运输，铁成公司电话告知大力公司交货地点改为丁省 D 县，大力公司同意。大力公司经海运向铁成公司发运 2000 吨煤炭，存放于铁成公司在 D 县码头的货场。大力公司依约要求铁成公司支付已发煤款遭拒，遂决定暂停发运剩余 1000 吨煤炭。

在与铁成公司协商无果情况下，大力公司向 D 县法院提起诉讼，要求铁成公司支付货款并请求解除合同。审理中，铁成公司辩称并未收到 2000 吨煤炭，要求驳回原告诉讼请求。大力公司向法院提交了铁成公司员工季某（季某是铁成公司业务代表）向大力公司出具的收货确认书，但该确认书是季某以长远公司业务代表名义出具的。经查，长远公司并不存在，季某承认长远公司为其杜撰。据此，一审法院追加季某为被告。经审理，一审法院判决铁成公司向大力公司支付货款，季某对此承担连带责任。

铁成公司不服一审判决提起上诉，要求撤销一审判决中关于责令自己向大力公司支付货款的内容，大力公司、季某均未上诉。经审理，二审法院判决撤销一审判决，驳回原告要求被告支付货款并解除合同的诉讼请求。

二审判决送达后第 10 天，大力公司负责该业务的黎某在其手机中偶然发现，自己存有与季某关于 2000 吨煤炭验收、付款及剩余煤炭发运等事宜的谈话录音，明确记录了季某代表铁成公司负责此项煤炭买卖的有关情况，大力公司遂向法院申请再审，坚持要求铁成公司支付货款并解除合同的请求。

［问题］

1. 本案哪个（些）法院有管辖权？为什么？
2. 一审法院在审理中存在什么错误？为什么？
3. 分析二审当事人的诉讼地位。
4. 二审法院的判决有何错误？为什么？
5. 大力公司可以向哪个（些）法院申请再审？
6. 法院对大力公司提出的再审请求如何处理？为什么？

第一步：精读案例，分析考点

读案例	析考点
甲省A县大力公司与乙省B县铁成公司，在丙省C县签订煤炭买卖合同，由大力公司向铁成公司出售3000吨煤炭，交货地点为C县。双方约定，因合同所生纠纷，由A县法院或C县法院管辖。① 合同履行中，为便于装船运输，铁成公司电话告知大力公司交货地点改为丁省D县，大力公司同意。大力公司经海运向铁成公司发运2000吨煤炭，存放于铁成公司在D县码头的货场。大力公司依约要求铁成公司支付已发煤款遭拒，遂决定暂停发运剩余1000吨煤炭。 在与铁成公司协商无果情况下，大力公司向D县法院提起诉讼②，要求铁成公司支付货款并请求解除合同③。审理中，铁成公司辩称并未收到2000吨煤炭，要求驳回原告诉讼请求。大力公司向法院提交了铁成公司员工季某④（季某是铁成公司业务代表）向大力公司出具的收货确认书，但该确认书是季某以长远公司业务代表名义出具的。经查，长远公司并不存在，季某承认长远公司为其杜撰。据此，一审法院追加季某为被告⑤。经审理，一审法院判决铁成公司向大力公司支付货款，季某对此承担连带责任⑥。 铁成公司不服一审判决提起上诉，要求撤销一审判决中关于责令自己向大力公司支付货款的内容，大力公司、季某均未上诉⑦。经审理，二审法院判决撤销一审判决，驳回原告要求被告支付货款并解除合同的诉讼请求⑧。 二审判决送达后第10天，大力公司负责该业务的黎某在其手机中偶然发现，自己存有与季某关于2000吨煤炭验收、付款及剩余煤炭发运等事宜的谈话录音，明确记录了季某代表铁成公司负责此项煤炭买卖的有关情况，大力公司遂向法院申请再审⑨，坚持要求铁成公司支付货款并解除合同的请求⑩	①合同纠纷的管辖权问题，双方存在管辖协议，协议约定由A县或者C县法院管辖，涉及“当事人在管辖协议中确定了两个以上与争议有实际联系的法院管辖的，原告可以选择向其中一个法院起诉”这一考点。据此，原告可以选择向A县或者C县法院起诉。 ②D县法院没有管辖权，但可能涉及应诉管辖问题。即虽然D县法院没有管辖权，但被告在提交答辩状期间没有提出管辖权异议，并且应诉答辩的，视为D县法院有管辖权，但违反级别管辖和专属管辖的除外。 ③ 诉讼请求有两个：一是支付货款，二是解除合同，注意一审判决是否存在超出、遗漏诉讼请求的问题。 ④季某是铁成公司的员工，可能涉及的考点是法人的工作人员执行工作任务引发纠纷应当由法人为当事人这一考点。 ⑤承考点④，法人工作人员执行工作任务引发纠纷应当以法人为当事人，故季某不能作为当事人，法院追加季某为被告的做法错误。 ⑥一审判决支付货款，显然遗漏原告诉讼请求。涉及考点有二：一审遗漏解除合同的诉讼请求错误；二审法院可以组织当事人调解，调解不成，撤销原判，发回重审。 ⑦涉及二审当事人诉讼地位的问题。铁成公司上诉，是上诉人。铁成公司的上诉请求是对一审判决中自己向大力公司支付货款内容不满，故大力公司是被上诉人，季某按照原审地位列明，为原审被告。 ⑧对于一审遗漏的解除合同这一诉讼请求，二审法院直接予以驳回的做法错误。二审法院可以组织当事人调解，调解不成应当撤销原判，发回重审。 ⑨申请再审涉及两个问题——理由和管辖。 申请再审的理由是发现新证据足以推翻原判决、裁定

续表

读案例	析考点
	申请再审原则上应当向上一级法院提出，但一方人数众多或者双方都是公民的情形下，当事人可以选择向原审法院提出申请。本案不存在一方人数众多或者双方都是公民的情形，故大力公司应当向上一级法院，即D省高院申请再审。 ⑩再审的请求，值得注意的问题是本案原来是两审终审结案，现在不论是D省高院提审还是指令原中院或者其他中院重新审理，都是适用二审程序重新审理。故对于一审遗漏的解除合同这一诉讼请求，在适用二审程重新审理过程中可以组织当事人调解，调解不成撤销原一审、二审判决，发回重审

第二步：结合题目，锁定要点

问题一：本案哪个（些）法院有管辖权？为什么？

Step 1：考什么？

本题考查合同纠纷的管辖问题，案例中设置了管辖协议约定了A县或者C县法院管辖，显然希望考查管辖协议约定了两个以上与争议有实际联系地点法院这一情形的处理。（定位考点①）

Step 2：答什么？

答案中应当明确：

（1）本案原告可以选择向A县或者C县法院起诉。（结论）

（2）根据司法解释规定，当事人在管辖协议中约定了两个以上与争议有实际联系地点的法院管辖，原告可以选择向其中一个法院起诉。（理由）

问题二：一审法院在审理中存在什么错误？为什么？

Step 1：考什么？

评价一审法院存在什么错误，结合案例分析，一审法院存在两处错误，一是错误追加季某为被告，涉及法人工作人员的诉讼地位这一问题；二是遗漏当事人诉讼请求。（定位考点⑤⑥）

Step 2：答什么？

答案中应当明确：

（1）法院追加季某为被告的做法错误；法院遗漏解除合同这一诉讼请求的做法错误。（结论）

（2）根据司法解释规定，法人的工作人员执行工作任务引发纠纷，应当以法人为当事人。

法院判决应当对当事人的诉讼请求作出判决，不能遗漏当事人的诉讼请求。（理由）

问题三：分析二审当事人的诉讼地位。

Step 1：考什么？

本题考查二审当事人诉讼地位，涉及二审当事人诉讼地位这一考点。（定位考点⑦）

Step 2：答什么？

答案中应当明确：

（1）铁成公司为上诉人，大力公司为被上诉人，季某为原审被告。（结论）

（2）司法解释关于二审当事人诉讼地位的规定：铁成公司提起上诉，铁成公司为上诉人。铁成公司上诉是对自己与大力公司之间的权利义务分担有意见，故应当将大力公司列为被上诉人。未上诉的季某依原审地位列明。（《民诉解释》第 319 条）（结论）

问题四：二审法院的判决有何错误？为什么？

Step 1：考什么？

显然，从案例的分析中我们看出二审对于一审遗漏的解除合同这一诉讼请求直接判决驳回的做法是错误的，涉及对一审遗漏当事人诉讼请求，二审法院可以组织当事人调解，调解不成，撤销原判，发回重审这一考点。（定位考点⑧）

Step 2：答什么？

答案中应当明确：

（1）二审法院直接判决驳回解除合同这一诉讼请求的做法错误。（结论）

（2）根据司法解释规定：当事人在一审中已经提出的诉讼请求，一审法院未做审理、判决的，二审法院可以组织当事人调解，调解不成，撤销原判，发回重审。（理由）

问题五：大力公司可以向哪个（些）法院申请再审？

Step 1：考什么？

本题考查再审的管辖问题。涉及考点是当事人申请再审应当向上一级法院提出申请，但一方人数众多或者双方都是公民的案件，当事人可以选择向原审法院提出申请。（定位考点⑨）

Step 2：答什么？

答案中应当明确：

（1）大力公司应当向省高院申请再审。（结论）

（2）《民事诉讼法》关于再审管辖的规定：当事人申请再审应当向上一级法院提出，但一方人数众多或者双方都是公民的案件，当事人也可以向原审法院提出申请。（《民事诉讼法》第 199 条）（理由）

问题六：法院对大力公司提出的再审请求如何处理？为什么？

Step 1：考什么？

再审请求有二，一是支付货款，二是解除合同。显然，解除合同是一审遗漏的诉讼请求，而本案又是适用二审程序的再审，故考查适用二审程序的再审中，再审法院对一审遗漏的诉讼请求可以组织当事人调解，调解不成，撤销原一审、二审判决，发回重审。（定位考点⑩）

Step 2：答什么？

答案中应当明确：

（1）对解除合同的诉讼请求，再审法院可以组织当事人调解，调解不成，撤销原判，发回重审。

（2）本案终审判决为二审法院作出的，故不论高院提审还是指令原中院或者其他中院再审，均适用二审程序重新审理。

（3）适用二审程序的再审过程中发现原一审法院判决遗漏当事人诉讼请求，再审法院可以组织当事人调解，调解不成的，撤销一审、二审判决，发回一审法院重新审理。

第三步：结合要点，组织答案

<table>
<tr><td colspan="2">问题一：本案哪个（些）法院有管辖权？为什么？</td></tr>
<tr><td>怎么答</td><td>结论：本案原告可以选择向A县或者C县法院起诉（要点1）。
理由：因为原、被告间存在有效的管辖协议，应当依据管辖协议确定管辖权。同时，根据司法解释规定，管辖协议约定两个与争议有实际联系地点的法院管辖，原告可以选择向其中的一个法院起诉（要点2）</td></tr>
<tr><td colspan="2">问题二：一审法院在审理中存在什么错误？为什么？</td></tr>
<tr><td>怎么答</td><td>结论：一审法院存在两处错误：一是追加季某为共同被告（要点3），二是法院仅仅判决支付货款，遗漏了解除合同这一诉讼请求（要点4）。
理由：（1）因为根据司法解释规定，法人的工作人员执行工作任务致人损害，以法人为当事人（要点5），即工作人员不能作为当事人；
（2）法院应当针对原告的诉讼请求作出判决，而不能遗漏当事人诉讼请求（要点6）</td></tr>
<tr><td colspan="2">问题三：分析二审当事人的诉讼地位</td></tr>
<tr><td>怎么答</td><td>铁成公司为上诉人，大力公司为被上诉人，季某为原审被告（要点7）</td></tr>
<tr><td>点评</td><td>本题没有要求说明理由，故可以不予说明。如果题目要求说明理由，可以按照如下方式回答：
铁成公司提起上诉应当为上诉人，铁成公司的上诉请求是对自己与大力公司之间的权利义务分担有意见，故应当将大力公司列为被上诉人，未提起上诉的季某依原审地位列明</td></tr>
<tr><td colspan="2">问题四：二审法院的判决有何错误？为什么？</td></tr>
<tr><td>怎么答</td><td>结论：二审法院直接判决驳回解除合同这一诉讼请求的做法错误（要点8）。
理由：根据司法解释规定，当事人在一审中已经提出的诉讼请求，一审法院未做审理、判决的，二审法院可以组织当事人调解，调解不成，撤销原判，发回重审（要点9）</td></tr>
<tr><td colspan="2">问题五：大力公司可以向哪个（些）法院申请再审？</td></tr>
<tr><td>怎么答</td><td>大力公司应当向省高院申请再审（要点10）</td></tr>
</table>

续表

点评	本题没有要求说明理由，故可以不予说明。当然，如果题目要求说明理由的话，应当给出这一要点：当事人申请再审应当向上一级法院提出，但一方人数众多或者双方都是公民的案件，当事人也可以向原审法院提出申请。本案不存在一方人数众多、双方都是公民的情形，故应当向上一级法院申请再审（《民事诉讼法》第199条）
问题六：法院对大力公司提出的再审请求如何处理？为什么？	
怎么答	结论：对于解除合同这一诉讼请求，再审法院可以进行调解，调解不成，撤销原来一审、二审判决，发回一审法院重新审理（要点11）。 理由：本案高院裁定再审后可以提审或者指令原审中院或者其他中院再审，均应当适用二审程序对本案进行重新审理（要点12）；在适用二审程序重新审理过程中，对于原一审遗漏的诉讼请求，法院可以组织当事人调解，调解不成的撤销原一审、二审判决，发回一审法院重审（要点13）

模拟案例

［案例一］吴某驾驶号牌为岭B37089的一辆客车行至路上，行人张某倒在车前受伤，张某即被送往成津县人民医院治疗，诊断为左腿股骨骨折、左手尺骨骨折、全身多处软组织挫伤，共住院治疗15天，花费医疗费17万元，医嘱卧床休息3个月。经天平司法鉴定中心鉴定为九级伤残。

经查，该客车登记车主为悦达客运公司，并向鸿运保险公司投保交强险。张某与驾驶人吴某以及悦达客运公司协商赔偿事宜：悦达客运公司称该车辆已经转让给邓某，应当由邓某承担赔偿责任，悦达客运公司与邓某存在如下转让合同："邓某于2020年5月向悦达客运公司支付车款共计35万元，悦达客运公司即将车交付邓某，双方应当于2020年12月之前办理过户登记手续。在本合同签订后，变更过户登记手续前，该车产生的一切费用和侵权责任等风险均由邓某承担，邓某每月向悦达客运公司支付1200元管理费，悦达客运公司代邓某向鸿运保险公司缴纳交强险费用并办理相关手续。"吴某主张其是邓某请来的司机，自己没有赔偿能力。

张某将邓某和相关利害关系人作为被告向沙州市成津县法院提起诉讼，要求各被告共同赔偿医疗费17万元，残疾赔偿金28000元，误工损失15000元，精神抚慰金1万元。为证明自己的主张，张某向法庭提供成津县交警大队出具的交通事故责任认定书，该责任认定书认定号牌为岭B37089的客车将张某撞伤，客车承担本次事故全部责任；天平司法鉴定中心鉴定意见书；医疗费发票；医院的诊断证明书、处方，张某单位出具的病假单以及收入证明，个人所得税纳税证明。

被告邓某辩称：该客车并未撞倒张某，系张某自己倒地受伤，并向法庭提供了司机吴某用手机拍摄的现场照片，该照片显示吴某倒地的位置离客车还有1.5米左右。

法院通知吴某出庭作证，吴某拒不出庭，但向法庭提供书面证言：我在开车行驶过程中并未看见张某，也未感觉到客车撞人，只是听见路人呼救，停车后看见张某倒在地上。

法院组织当事人调解，在调解中，被告邓某承认侵权事实，但关于本案医疗费用问题各方争执不下，法院不再组织调解。

在随后的法庭调查与辩论阶段，各被告坚持认为客车未撞倒张某，且认为医疗费发票中有5万元无对应处方印证，不予认可。原告张某称这部分发票对应的处方遗失，自己已经在举证期限届满前申请法院向医院调查收集，法院未予许可。

法院经过审理，认定客车撞倒原告张某，判决各被告在相应责任范围内共计赔偿原告张某医疗费12万元，残疾赔偿金28000元，误工损失15000元，共计163000元。双方当事人均未上诉。

判决生效后，张某以原审法院未予以准许调查收集处方这一重要证据为由申请再审。再审中，张某坚持要求判决被告赔偿医疗费17万元，残疾赔偿金28000元，误工损失15000元，精神抚慰金1万元，以及自己支付的鉴定费用4000元。

[问题]

1. 本案应当以谁为被告？为什么？

2. 吴某的证言能否作为认定案件事实的根据？

3. 能否根据邓某的承认认定客车撞倒张某？为什么？

4. 张某应当向哪些（个）法院申请再审？为什么？

5. 法院裁定再审后应否裁定中止原判的执行？应当适用何种程序进行审理？请说明理由。

6. 法院在再审中对张某的诉讼请求应当如何处理？请说明理由。

[题干分析]

案例第1段陈述本案基本案情。第二段交代当事人信息：客车实际所有人是邓某，登记在悦达客运公司名下，邓某向客运公司缴纳管理费，客运公司代办保险等手续，则为挂靠关系，考点在于挂靠关系致人损害，如果权利人主张挂靠方与被挂靠方都要承担责任的将其列为共同被告。同时车辆由鸿运保险公司交强险，故该车致人损害鸿运保险公司应当向受害人承担赔偿责任，亦应当列为共同被告。同时吴某为提供劳务致人损害，应当以接受劳务方为被告，故吴某不能作为本案被告。

第3段交代被告邓某的诉讼请求以及向法庭提供的证据。第4段交代邓某的答辩意见，以及提供的证据；第5段交代司机吴某提供的书面证言，涉及考点在于无正当理由未出庭的证人提供的书面证言不得作为认定案件事实的根据。

第6段涉及考点是在调解中为了达成调解协议而做的妥协和让步涉及对案件事实的认可不得在其后的诉讼中作为对其不利的证据使用，即不构成自认，但当事人均认可或者法律另有规定的除外。

第7段交代对5万元的医疗费发票对应的处方当事人申请法院调查收集，法院不予调查收集，涉及考点是对于审理案件需要的主要证据，当事人因为客观原因不能自行收集，书面申请法院调查收集，法院未调查收集的，当事人可以据此申请再审。

第8段交代一审法院的判决，仔细甄别一审法院的判决和原告的诉讼请求，一审法院遗漏了精神抚慰金的请求，显然二审法院对该精神抚慰金的诉讼请求可以组织当事人调解，调解不成的撤销原判，发回重审。

第9段交代当事人申请再审。首先本案并不存在一方人数众多或者双方当事人都是公民的情形，故当事人只能向上一级法院即沙州市中院申请再审。因当事人申请而裁定再审的案件应当由中级以上法院审理，故本案应当由沙洲中院提审，故应当适用二审程序审理。既然是适用二审程序重新审理，那么对于一审中遗漏的精神抚慰金的诉讼请求，法院可以组织当事人调解，调解不成的，撤销一审判决，发回一审法院重审。在再审中，张某增加了鉴定费这一诉讼请求，涉及的考点是再审范围有限原则，当事人超出原审范围增加、变更的诉讼请求不属于再审范围，故对该再审请求，再审法院不予审理。

［答案要点］

1. 本案应当以邓某、鸿运保险公司为被告，如果张某主张悦达客运公司承担责任的，将悦达客运公司列为共同被告（要点1）。司机吴某不能作为被告（要点2）。

理由：挂靠关系致人损害，权利人主张挂靠方与被挂靠方承担责任的，应当列为共同被告（要点3）；鸿运保险公司为该车承保了交强险，故对受害人张某承担赔偿责任，为共同被告；司机吴某提供劳务致人损害，应当以接受劳务方为被告（要点4），吴某不能作为被告。

2. 不能（要点5）；根据《证据规定》无正当理由未出庭的证人提供的书面证言不得作为认定案件事实的根据（要点6）。

3. 不能（要点7）。邓某是在调解中对该事实予以承认。在调解中为了达成调解协议而做的妥协和让步不得在其后的诉讼中作为对其不利的证据，但当事人均同意或者法律另有规定的除外（要点8）。

4. 应当向沙州市中级人民法院申请再审（要点9）；根据《民事诉讼法》规定，申请再审应当向上一级法院提出，但一方人数众多或双方都是公民的案件当事人可以选择向原审法院申请（要点10）。本案不存在一方人数众多或者双方都是公民的情形，故只能向上一级法院申请再审。

5. 法院裁定再审后可以不中止执行（要点11）。法院裁定再审后应当裁定中止原判决、裁定、调解书的执行，但追索赡养费、扶养费、抚育费、医疗费、劳动报酬的可以不中止执行（要点12）。本案属于追索医疗费的，可以不中止执行。

本案应当适用二审程序重新审理（要点13）。因当事人申请而裁定再审的案件应当由中级以上法院审理，但当事人依法向基层法院申请再审的除外（要点14）。故本案应当由沙州市中级人民法院重新审理。本案原来是由成津县法院终审，现在是沙洲中院提审，故应当适用二审程序重新审理。

6. （1）对于精神抚慰金这一诉讼请求，再审法院可以组织当事人调解，调解不成，撤销一审判决，发回重审（要点15）；适用二审程序再审的案件，发现原一审遗漏当事人诉讼请求的，再审法院可以组织当事人调解，调解不成，撤销原判，发回重审（要点16）。（2）张某在再审中增加鉴定费的诉讼请求不属于再审范围，再审法院应当不予审理（要点17）。根据再审范围有限原则，在再审中新增、变更诉讼请求的，不属于再审范围

(要点 18)。

[案例二] 明州市A区永嘉房地产开发公司与明州市B区百川建筑材料有限公司(简称:百川公司)在明州市C区签订了钢材买卖合同,约定百川公司在明州市D区向永嘉公司提供一批钢材,永嘉公司支付钢材货款共计2000万元。同时双方约定,因为履行合同发生纠纷应当由明州仲裁委仲裁,或者由C区、D区法院管辖。后来永嘉公司电话通知百川公司将交货地点改为明州市E区,百川公司同意。后百川公司在E区向永嘉公司交付了第一批钢材。百川公司依约要求永嘉公司支付该批次钢材对应款项1000万元遭拒,百川公司决定停止交付剩余部分钢材。

在与永嘉公司协商未果的情形下,百川公司向D区法院提起诉讼,请求判令永嘉公司支付货款1000万元,并要求解除合同。在法院首次开庭前,永嘉公司主张双方存在仲裁协议,本案不属于法院主管,D区法院认为永嘉公司的异议不成立,继续对案件进行审理。诉讼中,永嘉公司辩称未收到该批钢材,请求判令驳回原告诉讼请求。百川公司主张该批货物已经向永嘉公司的采购部经理陈某完成了交付,并向法庭出示了陈某出具的收货单,以及永嘉公司对陈某的委托授权书。永嘉公司承认陈某是本公司的员工,且任采购部经理,但陈某无权代为收货,且陈某也未将该批次钢材交付给永嘉公司。百川公司申请法庭通知陈某出庭参加诉讼。

一审法院经过审理后,认为百川公司的诉讼请求成立,判决永嘉公司支付货款1000万元,并判决解除合同。判决后,永嘉公司对一审判决中支付货款部分不服,向明州市中级法院提起上诉。明州市中级人民法院经过审理后,认为一审法院判决永嘉公司支付货款部分认定事实清楚,适用法律正确,但是判决解除合同部分缺乏法律依据。明州中院二审判决驳回上诉,维持原判。

判决生效后,百川公司申请执行该判决,经查,永嘉公司除了在E区有五套商品房价值800万左右,没有其他财产可供执行,法院查封了该五套房屋;同时永嘉公司的股东陆某未足额出资,百川公司申请法院追加陆某为被执行人,法院认为该申请成立,裁定追加陆某为被执行人。在执行中,案外人大金公司向执行法院主张本公司于法院查封前已经就该五套房屋与永嘉公司签订了房屋买卖合同,并支付了超过50%的房屋价款,请求法院中止对该五套房屋的执行;永嘉公司亦认为房屋已经出售给大金公司,不能执行;法院审查,认为大金公司的异议成立,裁定中止执行。

[问题]

1. D区法院认为永嘉公司的异议不成立,继续对案件进行审理的做法是否正确?请说明理由。

2. 法院依法通知陈某出庭,陈某可以何种身份参加诉讼?为什么?

3. 请分析对本案事实的证明责任分配?简要说明理由。

4. 请评价明州中院的二审裁判是否正确?为什么?

5. 本案百川公司可以向哪些法院申请执行?

6. 本案陆某不服法院追加其为被执行人的裁定,应当以何种方式救济?

7. 百川公司对法院中止执行的裁定不服,可以何种方式救济?为什么?

[题干分析]

案例第1段交代当事人住所地、合同履行地等信息，可能会涉及管辖的判断。本案存在仲裁协议“因为履行合同发生纠纷应当由明州仲裁委仲裁，或者由C区、D区法院管辖”，首先，或裁或审的仲裁协议无效，案件应当属于法院主管；其次，本案当事人约定由C区或者D区法院管辖，根据司法解释规定，当事人约定两个以上与争议有实际联系的法院管辖的，管辖协议有效，当事人可以选择向其中一个法院起诉，故当事人可以选择向C区或者D区法院起诉。

第2段百川公司向D区法院起诉，根据前述分析，D区法院具有管辖权。注意原告的诉讼请求有二：一是支付货款1000万元，二是解除合同。首次开庭前，被告永嘉公司提出仲裁协议对法院受理案件提出异议，根据前述分析，仲裁协议无效，本案D区法院有管辖权，应当继续审理。故D区法院继续审理的做法正确。在庭审中双方当事人对百川公司是否已经交付了钢材的事实发生争议的描述，可能会涉及证明对象和证明责任的问题：百川公司主张已经向陈某交付了这批钢材，即合同已经履行，故百川公司应当对该事实承担证明责任，即对已经向陈某交付这批钢材的事实承担证明责任；永嘉公司主张陈某没有代理权，显然对是否具有代理权产生争议，应当由主张有代理权的一方，即百川公司对陈某有代理权的事实承担证明责任；而永嘉公司承认陈某是本公司员工已经构成自认，自认事实属于免证事实，无需证据证明；双方对陈某是否将该批钢材交付给永嘉公司的事实产生争议，而该事实与本案无关，不是本案证明对象，无需证据证明。百川公司申请法庭通知陈某参加诉讼，陈某是永嘉公司员工，法人的工作人员执行工作任务引发的纠纷应当以法人为当事人，即陈某不能作为本案当事人，其作为了解案件事实的人，应当以证人身份参加诉讼。

第3段交代二审，一审判决永嘉公司支付货款并解除合同，而永嘉公司对支付货款部分判决不服，提起上诉，显然二审法院仅仅针对上诉请求所涉及的支付货款部分进行审理，而对上诉请求未涉及的解除合同部分不予审理，可能涉及“二审的审理范围”这一考点。果然，二审法院认为支付货款部分判决正确，而解除合同部分缺乏法律依据，而对一审法院解除合同部分的判决当事人并未上诉，且未违反法律禁止性规定，也未损害国家、社会、第三人利益，故不属于二审法院审理范围，故二审法院不能予以改判。显然，二审法院驳回上诉，维持原判的做法正确。

第4段交代执行，首先被执行人永嘉公司在E区有可供执行的房屋，显然本案应当由一审法院即D区法院或者与之同级的被执行财产所在地E区法院管辖。被执行人永嘉公司仅有可供执行的房屋价值800万元，不足以清偿所有债权，而股东陆某未足额出资，法院追加陆某为被执行人，此时涉及“执行中变更、追加当事人”的考点，陆某对该裁定不服的，应当另行起诉。案外人大金公司对执行标的（房屋）主张权利，构成案外人对执行标的的异议，法院审查认为异议成立而裁定中止执行，本案判决的是1000万元，执行的房屋，案外人大金公司异议的是房屋，显然属于与原生效裁判无关的情形，应当通过执行异议之诉的方式解决房屋权利归属问题，即由申请人百川公司作为原告提起许可执行之诉，以案外人大金公司为被告，被执行人永嘉公司提出了反对百川公司的意见，应当作为共同被告。

[答案要点]

1. D区法院认为永嘉公司的异议不成立，继续审理案件的做法是正确的（要点1）。首先本案或裁或审的仲裁协议无效（要点2），故本案属于法院主管；其次本案管辖协议约定由C区或者D区法院管辖，根据司法解释规定，管辖协议约定两个以上与争议有实际联系的法院管辖的，原告可以选择向其中一个法院起诉（要点3），故D区法院对本案有管辖权。

2. 陈某不能作为本案的当事人，但可以证人身份出庭（要点4）。首先陈某是永嘉公司的工作人员，其执行工作任务引发纠纷应当以法人永嘉公司为当事人，故陈某不能以当事人身份参加诉讼（要点5）。其作为了解案件情况的人，可以证人身份出庭。

3. 百川公司应当对已经将钢材交付给陈某（要点6），且陈某具有代理权的事实承担证明责任（要点7）；因为对于合同是否履行的事实应当由主张合同已经履行的一方当事人承担证明责任（要点8）；对于是否具有代理权的事实应当由主张有代理权的一方当事人承担证明责任（要点9）；陈某是百川公司的员工的事实不是证明对象（要点10），因为该事实已为被告永嘉公司自认，自认事实属于免证事实，无需证据证明（要点11）；对于陈某是否将钢材交付给永嘉公司的事实不是证明对象（要点12），因为该事实属于与案件无关的事实，不是本案证明对象，无需证据证明（要点13）。

4. 二审法院判决正确（要点14）。二审围绕当事人上诉请求所涉及的事实认定和法律适用问题进行审理，对于当事人上诉请求未涉及的事实和法律问题二审法院不予审理，但一审判决违反法律禁止性规定或者侵害国家、社会、第三人利益的除外（要点15）。故虽然一审判决解除合同缺乏法律依据，但当事人并未对其提出上诉，也并未违反法律禁止性规定，并未损害国家、社会、第三人利益，故二审法院不予审理，驳回上诉，维持原判做法正确。

5. 百川公司可以向一审法院D区法院或者与之同级的被执行财产所在地E区法院申请执行（要点16）。

6. 陆某不服追加其为被执行人的裁定，可以通过另行起诉的方式予以救济（要点17）。

7. 百川公司对法院中止执行的裁定不服的，可以以案外人大金公司和被执行人永嘉公司为被告提起诉讼（要点18）。首先本案大金公司对执行标的主张权利，构成案外人对执行标的的异议（要点19），法院裁定中止执行的，此时属于与原生效裁判无关，故应当以案外人大金公司为被告提起诉讼（要点20），同时被执行人永嘉公司表示反对，故将其列为共同被告（要点21）。

[案例三] 齐三强和儿子齐小川（12周岁）从陆吉安家的三层楼房下经过，被三楼上掉下的一块玻璃碎片砸伤，齐三强被送往医院治疗，总共花费医疗费11.8万元。齐三强向被告陆吉安住所地明州市城关区人民法院提起诉讼，要求陆吉安赔偿医疗费11.8万元，误工费1万元，残疾赔偿金3.2万元。向法院提供了诊断证明书、医疗费发票、其所在单位出具的病假单、收入证明、天正鉴定中心出具的鉴定意见书、砸伤自己的玻璃碎片、现场的监控视频（记录齐三强被楼上玻璃碎片砸伤的过程），并申请齐小川作为证人出庭作证（齐小川陈述齐三强在行至该三层楼房下被三楼的玻璃碎片掉下砸伤）。陆吉安主张房

屋所有权人是陈明扬，自己是承租人，自己在正常打开窗户时窗户掉下，应该是窗户质量问题所致，自己并没有过错；且齐三强受伤是在该楼房的院子里，齐三强未经自己同意而私自进入自家院子，对其受伤也有过错，应当自行承担责任。城关区人民法院依法审理后，判决被告陆吉安赔偿原告齐三强医疗费、残疾赔偿金共计11万元。

齐三强不服一审判决，提出上诉，坚持要求判令被告赔偿医疗费11.8万元，误工费1万元，残疾赔偿金3.2万元，并要求赔偿精神抚慰金1万元。陆吉安主张该房屋是陈明扬所有，应当由陈明扬承担责任。明州市中级人民法院依法通知陈明扬参加诉讼，二审法院组织当事人调解并达成调解协议：陆吉安和陈明扬分别向齐三强赔偿7.5万元，齐三强放弃其他诉讼请求。明州市中级人民法院依法制作调解书送达各方当事人。

陆吉安和陈明扬拒绝履行调解书，齐三强申请城关区人民法院对二义务人强制执行，法院扣押了陈明扬名下一辆汽车（价值8万元）；扣押了陆吉安所持有的的一块名贵手表（价值约10万元）。

在执行中，陈明扬与齐三强达成和解协议，陈明扬于30日内将该辆汽车交付给齐三强，并办理全套过户手续用以清偿调解书所确认的7.5万元债务。执行员将该和解协议记入笔录，陈明扬和齐三强签字。

陆吉安的朋友赵德良向城关区法院主张，陆吉安所持有的手表是陆吉安通过保留所有权的方式向自己购买，并向法院提交了其与陆吉安签订的买卖合同，合同中约定“赵德良将手表出售给陆吉安，手表价值10万元。陆吉安向赵德良支付3万元后，赵德良将手表交付给陆吉安。陆吉安试戴6个月后若无质量问题即向赵德良支付剩余7万价款。陆吉安向赵德良支付剩余7万价款之前，由赵德良保留对手表的所有权。”

[问题]

1. 对本案一审中争议事实应当由谁承担证明责任？

2. 请分析原告齐三强向法院提供的证据分别属于何种证据种类？在理论上如何分类？

3. 本案中齐小川所作证言是否具有证明力？

4. 明州市中院如果无法组织当事人达成调解协议应当如何处理？

5. 陈明扬与齐三强达成和解协议将产生哪些法律效果？

6. 法院能否扣押陆吉安所持有的手表？赵德良能否主张从手表的变价款中优先支付剩余的7万元价款？赵德良能否向城关区法院提出案外人对执行标的的异议？如果法院驳回其异议后，赵德良可以通过何种方式救济？

[题干分析]

案例第1段交代案件性质是搁置物致人损害，在民事诉讼中涉及证明责任分配问题，注意过错倒置的规定，即应当由原告证明行为、结果、因果关系，被告证明免责事由和无过错。交代原告齐三强的诉讼请求是赔偿医疗费、误工费和残疾赔偿金三项，注意将该诉讼请求逐一画出，与一审判决和上诉请求逐一对比，如果一审判决超出诉讼请求，则涉及违反处分原则，如一审判决遗漏诉讼，则涉及“二审调解不成，撤销原判，发回重审”，当然，“如果二审中当事人新增诉讼请求，则涉及调解不成，告知另行起诉，但经当事人同意后二审法院可以一并审理并作出判决”等考点。并且提供了一系列证据，注意这些证据的种类和理论分类的讨论。证人齐小川注意两点：一是未成年，涉及未成年人只要能够正确表达，待证事实与其年龄、智力相符，其证言就具有证明力，同时证人是原告齐三强的儿子，与案件有利害关系的人可以作为证人，即证人不适用回避制度，只不过与案件有利害关系的证人提供的证言证明力小，不能单独作为认定案件事实的依据。被告陆吉安主张窗户质量问题，自己没有过错，应当由被告陆吉安承担证明责任，同时受害人齐三强擅自进入自家院子也有过错属于减轻或者免除责任的事由，应当由被告陆吉安承担证明责任，注意“证明责任分配”的考点。一审法院判决被告赔偿医疗费和残疾赔偿金11万元，显然，遗漏了误工费这一诉讼请求，涉及“一审法院遗漏诉讼请求，二审法院只准调解，调解不成，撤销原判，发回重审”这一考点。

齐三强上诉，坚持医疗费、误工费、残疾赔偿金的诉讼请求，同时新增了精神抚慰金的诉讼请求，显然涉及“二审新增诉讼请求，二审法院可以调解，调解不成，告知另行起诉，但当事人同意由二审法院一并审理并作出判决的，二审法院可以一并审理并作出判决”的考点。陆吉安主张应当由房屋所有权人陈明扬承担责任，显然，陈明扬应当作为共同被告，而一审法院将其遗漏，故涉及“一审遗漏必须参加诉讼的当事人，二审法院调解不成，发回重审”的考点。二审法院调解结案，陆吉安和陈明扬分别赔偿齐三强7.5万元。

执行中，法院扣押了陈明扬的汽车，扣押了陆吉安持有的手表，对其采取执行措施。

首先，陈明扬与齐三强达成和解协议，涉及执行和解的考点——达成和解协议后，法院裁定中止执行，权利人齐三强可以申请法院解除对汽车的扣押；和解协议履行完毕的，法院做执行结案处理；义务人拒不履行和解协议的，权利人可以选择申请恢复对原生效调解书的执行，也可以就和解协议提起诉讼。

其次，陆吉安所持有的手表是通过保留所有权的方式向赵德良购买。根据最高人民法院关于《人民法院民事执行中查封、扣押、冻结财产的规定》第16条，被执行人向第三人购买的财产，已经支付部分价款，并实际占有该财产，第三人依照合同约定保留所有权的，人民法院可以查封、扣押、冻结。保留所有权经过登记的，第三人的剩余价款从该财产的变价款中优先支付；第三人主张取回该财产的，可以依据《民事诉讼法》第227条规定提出异议。故法院可以扣押陆吉安持有的手表。同时赵德良的救济方式有二：其一，可以主张从手表的变价款中优先支付剩余的7万元价款，但应当以保留所有权已经登记为前提，显然，本案中该保留所有权未经登记，故赵德良不能主张优先受偿；其二，可以主张取回该手表，此时赵德良应当向城关区法院提出案外人对执行标的的异议。进一步讨论，如果赵德良向城关区法院提出案外人对执行标的的异议，法院裁定中止或者驳回后，本案作为执行根据的调解书的内容是陆吉安向齐三强支付7.5万元，执行的是手表，故属于与原生效判决、裁定、调解书无关的情形，故应当提起执行异议之诉，详述如下：如果法院裁定中止执行，则申请人齐三强为原告，案外人赵德良为被告，被执行人陆吉安反对的列为共同被告，不反对的列为无独三；如果法院裁定驳回异议，则案外人赵德良为原告，申请人齐三强为被告，被执行人陆吉安反对的列为共同被告，不反对的列为无独三。

[答案要点]

1. 原告齐三强应当对自己被陆吉安家的玻璃碎片砸伤、自己遭受的损失（支出的医疗费、产生的误工费、残疾损失等）（结果）以及自己的损失与被玻璃碎片砸伤具有因果关系（因果关系）承担证明责任（要点1）；被告陆吉安应当对玻璃掉下是窗户质量问题所致，自己并没有过错（无过错）（要点2），以及原告齐三强未经允许进入自己院子对受伤存在过错（免责或者减轻责任事由）的事实承担证明责任（要点3）。

2. 原告齐三强提供的诊断证明书、医疗费发票、其所在单位出具的病假单、收入证明为书证（要点4）；天正鉴定中心出具的鉴定意见书为鉴定意见（要点5）；玻璃碎片为物证（要点6）；现场的监控视频为电子数据（要点7）；证人齐小川提供的证言为证人证言（要点8）。

关于理论分类：以上证据均为原始证据（要点9）；监控视频和证人证言为直接证据，其余证据均为间接证据（要点10）；以上证据均为本证（要点11）。

3. 齐小川所作证言具有证明力，但不能单独作为认定案件事实的依据（要点12）。理由：只要能够正确表达且了解案件事实的人都可以作为证人（要点13），所以虽然齐小川是未成年人，且与案件有利害关系，但依然可以作为证人，其证言具有证明力；其次，与案件有利害关系的证人提供的证言不能单独作为认定案件事实的依据（要点14），故齐小川所作证言证明力较小，不得单独作为认定案件事实的依据。

4. 对于一审法院遗漏误工费的诉讼请求，二审法院可以调解，调解不成，发回一审法院重审（要点15）；对于一审遗漏陈明扬这一必要共同诉讼人，二审法院可以调解，调解不成，发回重审（要点16）；对于原告齐三强在二审中新增精神抚慰金的诉讼请求，二审法院可以调解，调解不成，告知当事人另行起诉，但当事人同意由二审法院一并审理的，二审法院可以一并审理（要点17）。

5. 达成和解协议后，法院可以裁定中止执行，且可以根据齐三强的申请解除对该汽车的扣押（要点18）。

（1）如果和解协议履行完毕，法院裁定执行终结（要点19）。

（2）如果陈明扬拒不履行和解协议，齐三强可以选择申请恢复对原生效判决的执行，也可以选择就和解协议提起诉讼（要点20）。

6. 法院可以扣押这块手表（要点21）；由于该保留所有权未经登记，故赵德良不能主张从手表的变价款中优先受偿（要点22）。赵德良可以向城关区法院提出案外人对执行标的的异议（要点23）。法院裁定驳回其异议后，赵德良可以齐三强为被告提起执行异议之诉，如果陆吉安反对的列为共同被告，不反对的列为无独三（要点24）。

[案例四] 老张有三个儿子，张甲、张乙、张丙，张丙长期在外工作，老张去世后，留有一幅明代字画（价值60万元），张甲诉张乙遗产继承纠纷诉至A省B市C区法院，要求分割老张的遗产，C区人民法院判决字画归张乙所有，张乙向张甲支付30万元。张甲不服判决，提起上诉，B市中院二审驳回上诉，维持原判。判决生效后，张乙拒不向张甲支付，张甲申请强制执行。在执行中，法院经调查发现张乙除了持有的嘉吉公司30%的股权外没有其他可供执行的财产。张乙声称那幅明代字画已经变卖，所得款项由于投资失

败亏掉了。法院遂对张乙持有的嘉吉公司的30%的股权采取执行措施。在执行中，出现如下情形：

情形一，张丙主张自己也是继承人，自己在2个月前才知道父亲的死讯以及张甲、张乙之间的诉讼。

情形二，老张的生前好友老李主张那副明代字画是自己借给老张鉴赏，自己在1个月前才知道老张的死讯和张甲、张乙之间的诉讼。

情形三，张乙的朋友王五向法院主张张乙已经将其持有的嘉吉公司的30%股权质押给自己。

[问题]

1. 张丙可以何种方式救济自己的权利？请详述该种救济途径。

2. 老李可以何种方式救济自己的权利？请详述该种救济途径的特征。

3. 王五可以何种方式救济自己的权利？请详述该种救济途径的后果。（考生可以对该救济途径产生的后果进行假设）

[分析与思路] 本案的权利人是张甲，义务人是张乙，法院判决的是字画归张乙所有，张乙向张甲支付30万元；法院执行的是张乙持有的嘉吉公司的股权。

情形一中，张丙对遗产（字画）主张权利，张丙本应该作为原审共同原告参加诉讼，但由于不能归责于本人事由没有参加诉讼的，现在发现生效判决侵犯自身合法权益，可以依法申请再审。值得注意的是：本案终审判决是二审程序作出的，故张丙申请再审，法院裁定再审后应当适用二审程序审理，故在再审程序中应当追加张丙为共同原告，组织当事人调解，调解不成，撤销原判，发回重审。

情形二中，老李对字画主张权利，法院生效判决字画归张乙所有，该判决侵犯老李权利，老李本应作为有独三参加诉讼，但由于不能归责于本人事由没有参加诉讼，但发现生效判决侵犯自身合法权益，可以提起第三人撤销之诉；其次，执行的是张乙持有的嘉吉公司30%股权，并未侵犯老李合法权益，故老李不能提起案外人对执行标的的异议。

情形三中，王五对股权主张权利，法院生效判决字画归张乙所有，张乙向张甲支付30万元，该判决并未侵犯王五权益，故王五不能对该判决提起第三人撤销之诉；法院执行的是张乙持有的嘉吉公司30%股权，侵犯王五的权利，王五可以提出案外人对执行标的的异议。王五提出案外人对执行标的的异议，法院裁定中止或者驳回后，本案生效判决是张乙向张甲支付30万元，执行的是张乙持有的嘉吉公司的股权，判决并未确定执行标的的（股权）归属，属于与原生效裁判无关，应当通过执行异议之诉的方式解决股权的权利归属争议。

[答案要点]

1. 张丙应当自知道或者应当知道权利受损之日起6个月内向B市中院或者A省高院申请再审（要点1）。法院裁定再审后，应当适用二审程序对案件重新审理，重新审理时应当追加张丙作为共同原告，组织当事人调解，调解不成的，撤销原一审、二审判决，发回一审法院重审（要点2）。（《民诉解释》第422条）

2. 老李可以自知道或者应当知道权利受损之日起6个月内向B市中院提出第三人撤

销之诉（要点3）。本应作为有独三、无独三的人，因不能归责于本人的事由未参加诉讼，但有证据证明发生法律效力的判决、裁定、调解书损害其民事权益的，可以自知道或者应当知道其民事权益受到损害之日起6个月内，向作出该判决、裁定、调解书的人民法院提起诉讼（要点4）。

3. 王五可以提出案外人对执行标的的异议（要点5）。法院认为异议成立的，裁定中止执行；认为异议不成立的，裁定驳回。对法院裁定不服的，可以提起执行异议之诉：法院裁定中止后，张甲可以王五为被告提起执行异议之诉（许可执行之诉），张乙不反对的列为无独三，张乙反对的列为共同被告。法院裁定驳回后，王五可以张甲为被告提起执行异议之诉（案外人异议之诉），张乙不反对的，列为无独三，张乙反对的列为共同被告（要点6）。

[案例五] 甲、乙、丙、丁四人分别持有嘉吉公司20%、40%、20%、20%的股权。乙将其名下的40%股权质押给丁，向丁借款200万元。后来乙拒不归还借款。丁起诉乙要求归还借款，且对该40%股权优先受偿。法院经过审理，认为质押有效，乙应向丁归还借款200万元，且丁有权就该40%股权优先受偿。后乙拒不履行该判决，丁向法院申请强制执行，法院遂对该股权进行拍卖。此时案外人戊向法院提出异议，主张乙名下的40%股权中有20%是代自己持有，自己是这20%股权的实际持有人。法院经审查，认为戊的异议不成立，裁定驳回其异议。

[问题]

1. 戊对法院驳回其异议的裁定不服，可否提出执行异议之诉？为什么？
2. 戊认为作为执行根据的判决有错，可以采取哪两种措施维护自己的合法权益？
3. 第2问中两种措施分别具有什么特点？
4. 戊可否同时采取上述两种措施？为什么？

[分析与思路] 本案权利人是丁，义务人是乙，本案法院判决的是丁有权对该股权优先受偿，执行的是该股权，案外人戊对该股权主张权利。

首先，法院判决的是丁有权就该股权主张权利，该判决侵犯戊的权利，戊可以提出第三人撤销之诉。

其次，法院执行的是该股权，执行侵犯戊的权利，戊可以提出案外人对执行标的的异议。法院裁定中止或者驳回之后，本案判决的是股权，执行的是股权，属于原生效判决确有错误的情形，应当依法申请再审，而不能提起执行异议之诉。

综上，戊可以提出第三人撤销之诉，也可以提出案外人对执行标的的异议。

如果戊提出第三人撤销之诉，在第三人撤销之诉中如果希望中止执行的可以提供担保，也可以提出案外人对执行标的的异议，但此时法院裁定中止或者驳回后不可以申请再审。

如果戊提出案外人对执行标的的异议，法院裁定中止或者驳回后，属于原生效判决确有错误，应当依法申请再审，而不能提出第三人撤销之诉。

[答案要点]

1. 不可以（要点1）。因为本案法院判决的是丁就该股权优先受偿，执行的是该股权，属于原生效判决确有错误的情形，应当依法申请再审（要点2），不能提起执行异议之诉。

2. 戊可以通过提出第三人撤销之诉（要点3）或者申请再审（要点4）的方式维护自身合法权益。

3.（1）第三人撤销之诉的特点：本应作为案件有独三或者无独三的人（要点5）因为不能归责于自己的事由没能参加诉讼的，但认为生效裁判侵犯自身合法权益的（要点6），可以自知道或者应当知道权益受损之日起6个月内向作出生效裁判的法院起诉（要点7）。法院应当组成合议庭适用一审普通程序审理（要点8），以起诉第三人为原告，原审当事人为被告，所作判决为一审判决，当事人可以上诉（要点9）。

（2）案外人申请再审的特点：适用一审程序再审，应当追加戊作为第三人，一并审理，所作判决为一审判决，当事人可以上诉（要点10）。适用二审程序再审，可以通知戊参加调解，调解不成，撤销原判，发回一审法院重审（要点11）。

4. 不能（要点12）。如果戊提出第三人撤销之诉后，未中止执行的，戊可以提起案外人对执行标的的异议，法院驳回后，不能申请再审（要点13），只能继续通过第三人撤销之诉解决纠纷。

如果戊在执行中提出案外人对执行标的的异议，法院裁定驳回后，认为原生效裁判确有错误的，应当通过审判监督程序处理，而不能提起第三人撤销之诉（要点14）。

众合法考2021年“客观题学习包”免费课堂课程安排

<table>
<tr><td rowspan="11">理论先修阶段
（理论筑基——简明扼要地讲授部门法纲领性内容，培养法学逻辑思维能力）</td><td>教学内容</td><td colspan="5">各科主讲老师简明扼要地讲授部门法纲领性内容，搭建知识框架</td></tr>
<tr><td>教学目标</td><td colspan="5">使考生初步形成对法考的认知，培养法学逻辑</td></tr>
<tr><td rowspan="9">课程安排</td><td>部门法</td><td>授课老师</td><td>课时</td><td>配套图书</td><td>上传时间</td></tr>
<tr><td>民法</td><td>孟献贵</td><td>2天</td><td rowspan="8">专题讲座·先修卷</td><td rowspan="8">已上传</td></tr>
<tr><td>刑法</td><td>徐光华</td><td>2天</td></tr>
<tr><td>行政法</td><td>李 佳</td><td>2天</td></tr>
<tr><td>民诉法</td><td>戴 鹏</td><td>2天</td></tr>
<tr><td>刑诉法</td><td>左 宁</td><td>2天</td></tr>
<tr><td>商经知</td><td>郄鹏恩</td><td>2天</td></tr>
<tr><td>理论法</td><td>马 峰</td><td>2天</td></tr>
<tr><td>三国法</td><td>李曰龙</td><td>2天</td></tr>
<tr><td rowspan="11">专题强化阶段
（夯实基础——全面系统地讲授部门法知识点，构建各学科知识体系）</td><td>教学内容</td><td colspan="5">各科主讲老师全面系统地讲授部门法内容，构建各学科知识体系，深入学习法学理论</td></tr>
<tr><td>教学目标</td><td colspan="5">让考生树立体系思维，掌握重点难点内容</td></tr>
<tr><td rowspan="9">课程安排</td><td>部门法</td><td>授课老师</td><td>课时</td><td>配套图书</td><td>上传时间</td></tr>
<tr><td>民法</td><td>孟献贵</td><td>8天</td><td rowspan="8">专题讲座·精讲卷</td><td rowspan="8">2021年1月中旬开始陆续上传</td></tr>
<tr><td>刑法</td><td>徐光华</td><td>8天</td></tr>
<tr><td>行政法</td><td>李 佳</td><td>6天</td></tr>
<tr><td>民诉法</td><td>戴 鹏</td><td>4天</td></tr>
<tr><td>刑诉法</td><td>左 宁</td><td>7天</td></tr>
<tr><td>商经知</td><td>郄鹏恩</td><td>7天</td></tr>
<tr><td>理论法</td><td>马 峰</td><td>7天</td></tr>
<tr><td>三国法</td><td>李曰龙</td><td>4天</td></tr>
<tr><td rowspan="11">题库破译阶段
（真题为王——透视命题规律，做到举一反三，真正把题做“透”）</td><td>教学内容</td><td colspan="5">通过对10年真题的全面讲解，归纳考试重点和规律，掌握考试方向，学会一道题，做对一类题</td></tr>
<tr><td>教学目标</td><td colspan="5">让考生了解考试规律，知道学习的重点，培养解题思路，学会解题技巧</td></tr>
<tr><td rowspan="9">课程安排</td><td>部门法</td><td>授课老师</td><td>课时</td><td>配套图书</td><td>上传时间</td></tr>
<tr><td>民法</td><td>孟献贵</td><td>3天</td><td rowspan="8">专题讲座·真金题卷</td><td rowspan="8">2021年3月中旬开始陆续上传</td></tr>
<tr><td>刑法</td><td>徐光华</td><td>3天</td></tr>
<tr><td>行政法</td><td>李 佳</td><td>3天</td></tr>
<tr><td>民诉法</td><td>戴 鹏</td><td>2天</td></tr>
<tr><td>刑诉法</td><td>左 宁</td><td>3天</td></tr>
<tr><td>商经知</td><td>郄鹏恩</td><td>3天</td></tr>
<tr><td>理论法</td><td>马 峰</td><td>2天</td></tr>
<tr><td>三国法</td><td>李曰龙</td><td>2天</td></tr>
<tr><td rowspan="11">背诵突破阶段
（精华背诵——系统化梳理考点，总结归纳规律性知识内容）</td><td>教学内容</td><td colspan="5">对比梳理考点，总结归纳规律性知识内容，深化拔高</td></tr>
<tr><td>教学目标</td><td colspan="5">帮助考生在复习后期，全面快速地回顾考点，提高应试能力</td></tr>
<tr><td rowspan="9">课程安排</td><td>部门法</td><td>授课老师</td><td>课时</td><td>配套图书</td><td>上传时间</td></tr>
<tr><td>民法</td><td>孟献贵</td><td>4天</td><td rowspan="8">专题讲座·背诵卷</td><td rowspan="8">2021年6月下旬开始陆续上传</td></tr>
<tr><td>刑法</td><td>徐光华</td><td>4天</td></tr>
<tr><td>行政法</td><td>李 佳</td><td>3.5天</td></tr>
<tr><td>民诉法</td><td>戴 鹏</td><td>3天</td></tr>
<tr><td>刑诉法</td><td>左 宁</td><td>4天</td></tr>
<tr><td>商经知</td><td>郄鹏恩</td><td>4天</td></tr>
<tr><td>理论法</td><td>马 峰</td><td>4天</td></tr>
<tr><td>三国法</td><td>李曰龙</td><td>3天</td></tr>
<tr><td colspan="7">注：课程上传时间如有变动，请以官网实际上传时间为准</td></tr>
<tr><td colspan="7">听课方式
①电脑听课 众合官网（www.zhongheschool.com）-选择众合法考-选择公开课；B站：UP主-众合教育
②手机听课 下载竹马法考APP -选择学习-选择公开课；下载众合在线APP -选择众合法考-选择公开课</td></tr>
</table>

官网咨询热线 400-6116-858

众合法考2021年面授教学计划

系列班次	班次名称	课程类型	时间跨度	标准价格	2021学年“年前特惠”计划			2021年“梦想之旅”阶段性特惠计划				
					校园特惠月	年前特惠	新春特惠	点亮梦想	追逐梦想	拥抱梦想	完美冲刺	决战今朝
					9.01–10.12	10.13–11.23	11.24–2.02	2.03–3.08	3.09–4.05	4.06–6.21	6.22–8.02	8.03–10.01
高端系列	众合尊享私教	脱产	3.16–8.25	128000	86800	88800	92800	96800	98800	无优惠，客观题不过，退费		
	众合VIP私教	脱产	3.16–8.25	49800	38800	40800	42800	45800	48800	无优惠		
	方圆旗舰A班	脱产	4.14–8.25	64800	46800	49800	52800	55800	无优惠，客观题不过，重读方圆旗舰B班			
	方圆旗舰B班	脱产	4.14–8.25	42800	30800	32800	34800	36800	38800	40800	无优惠	
集训系列	先锋集训班	脱产	5.12–8.25	28880	21080	22580	24080	25580	27080	28000	无优惠	
	先锋冲关班	脱产	6.08–8.25	12800	10680	10880	11080	11280	11480	11680	无优惠	
	暑期冲关班	脱产	7.08–8.25	10880	8380	8580	8780	8980	9180	9480	9780	无优惠
冲刺系列	冲刺点睛班	脱产	8.18–8.25	3480	无优惠							
	冲刺密卷班	脱产	8.28–8.29	5280	3480不过不退费，5280不过全退							
周末系列	周末全程班	周末	3.06–8.25	12380	9080	9480	9880	9980	无优惠			
	周末提升班	周末	3.06–8.15	9880	7080	7480	7880	7980	无优惠			
	大学生长训班	周末+暑期	3.06–8.25	16800	11180	13280	13380	13580	13780	13880	13980	14080
主观系列	主观题案例长训班	脱产	8.02–10.07	19800	13800	14800	15800	16800	17800	18800	19000	无优惠
	主观题旗舰集训班	脱产	9.10–10.07	12380	9380	9880	10380	10880	11380	11880	12080	无优惠
	主观题精品突破班	冲刺	10.01–10.07	8380	4980	5580	6180	6780	7380	7680	7980	8380
	主观题案例技巧班	冲刺	10.08	580	无优惠							
	主观题点睛密卷班	冲刺	10.09–10.10	5280	5280不过全退，3180不过不退							

官网咨询热线 400-6116-858

众合法考2021年网授教学计划

客观题班次

课程名称	课程区间	标准价格	10.21-12.27	12.28-1.30	1.31-3.13	3.14-4.14	4.15-6.05	6.06-7.09
法考旗舰全程班	3.20-10.13	16800	8280	8880	9280	9680	9880	无优惠
		客观题不过免费重读2022年客观题旗舰全程						
客观题旗舰全程班	3.20-08.25	7880	4480	4880	5280	5480	5680	无优惠
法考精品全程班	4.17-10.13	11800	无优惠（不过收6180，其余全退）					
客观题精品全程班	4.17-8.25	6380	3980	4680	5080	5280	5480	5680
客观题暑期精品班	7.12-8.25	9800	无优惠					
客观题冲刺点睛班	8.18-8.25	1680	无优惠					
客观题冲刺密卷班	8.31-9.1	3480	无优惠（3480不过全退，2080不过不退）					

主观题班次

课程名称	课程区间	标准价格	即日起-2.5	2.6-3.13	3.14-4.14	4.15-4.30	5.1-5.15	5.16-6.5
主观题百日冲关班	6.05-10.09	12800	8280	8380	8880	9080	9680	10080
		4.20日前报名；报班赠送客观题精讲卷七卷本，三国法除外						
课程名称	**课程区间**	**标准价格**	**即日起-6.5**	**6.6-7.5**	**7.6-8.5**	**8.6-9.12**	**9.13-9.30**	**10.1-10.20**
主观题60天冲关班	8.10-10.09	10800	8800			9800		
主观题旗舰集训班	9.14-10.09	9800	6480	6680	6880	无优惠		
主观题案例点睛班	10.03-10.09	5980	3880				4880	无优惠
主观题案例密卷班	10.12-10.13	2980	无优惠（4980不过全退，2980不过不退）					
主观题案例技巧班	10.10	580	无优惠					
主观题案例提升班	10.03-10.13	7480	5680				6080	无优惠

一对一班次

课程名称	课程区间	标准价格	12.2-3.15	3.16-4.10	4.11-4.25	4.25-7.08
私教一对一	随报随学-10.13	59700	51700	55700	无优惠	
			赠送客观题学习包（客观不过，收取1000元服务费；客观通过，主观不过，收取19800）			
全程一对一	3.20-10.13	20700	无优惠，赠送客观题学习包 （客观不过，重读2022旗舰全程班；主观不过，重读2022网络主观题提升班）			
客观题全程私教班	3.20-08.25	13800	无优惠			
主观一对一	随报随学-10.10	26800	21800	22800	23800	24800
		限额招生100人，招满即止，不过退费 赠送主观题学习包，主观题不过仅收1000元资料费				

——众合全国分校咨询电话——

序号	分校名称	咨询电话
01	北京众合	15511383383
02	上海众合	13818894921
03	广州众合	15992401274
04	天津众合	13752327078
05	济南众合	18663708655
06	保定众合	18101073995
07	唐山众合	18630507911
08	石家庄众合	0311-8926 5308
09	青岛众合	18669705081
10	太原众合	18835102114
11	沈阳众合	024-8100 2199
12	哈尔滨众合	17611039099
13	大连众合	15842658825
14	长春众合	18604303152
15	杭州众合	0571-8826 7517
16	南京众合	025-8479 8105
17	福州众合	18905011890
18	合肥众合	0551-6261 7728
19	徐州众合	18626007405
20	深圳众合	13717089464
21	南宁众合	13377183019
22	海口众合	15289735847
23	武汉众合	027-8769 0826
24	郑州众合	15670623227
25	长沙众合	13677369057
26	南昌众合	0791-86426021
27	西安众合	18691896468
28	兰州众合	18691819574
29	呼和浩特众合	15147157978
30	成都众合	15208448426
31	重庆众合	15825932808
32	贵阳众合	0851-8582 0974
33	昆明众合	18687506473
34	银川众合	18709605353
35	西宁众合	18997222862
36	乌鲁木齐众合	18999939621
37	华东市场拓展部	13851436246
38	加盟事业部	13701200741